딸들에 관하여

딸들에 관하여

김진애 지음

더 큰 세계를 열어갈 이들에게
김진애 박사가 건네는 12가지 힘

열아홉 살을 살고 떠난 '임당'에게 이 책을 바친다.
다니와 여름이를 다 만나주어 몹시도 고맙다.

두 딸이 낳은 두 딸의 성장을 보면서
나는 또 새로운 세계를 만나고 있다.

열아홉 '임당'이가 무지개다리를 건넜다. 두 살 무렵 길에서 구해서 심장사상충을 치료하고 우리 가족과 동생 '도돌'이와 함께 십칠 년 살았다. 열둘에 여름(큰 딸의 딸)이를 만나고 열여섯에 다니(작은 딸의 딸)를 만났다. 모든 기쁨을 같이하고 모든 에너지를 쓰고 간, 완전한 삶이었다.

프롤로그

살아갈 힘은 온전히 네 거야!

'딸'이란 말이 나는 참 좋다. 우리말에 한 자짜리 기분 좋은 말이 꽤 많은데 그중에서도 딸이 으뜸이다. 발음할 때의 느낌도 좋다. 혀가 입천장을 딱 치면서 맺음이 확실해 똑 부러지는 느낌이다. 모든 여성은 딸이다. 엄마가 되지 않을지는 몰라도 누구나 딸이다. 그러니 딸에 관하여 쓰는 것은 모든 여성에 관해 쓰는 것과 같다.

결혼 안 했을 것 같고 아들만 있을 것 같다는 세상의 편견과 달리 나는 두 딸이 있다. 두 딸에게도 각기 딸이 있다. 어린 손녀 딸들이 자라는 모습을 보며 이 책을 쓰리라 작정했다. 내가 살아온 세상보다, 두 딸이 살아온 세상보다, 두 딸의 두 딸은 훨씬 더 복잡하고 훨씬 더 위험하고 훨씬 더 유혹 많고 훨씬 더 큰 세상에서 살아가야 한다. 그만큼 훨씬 더 큰 힘이 필요할 거다. 딸로 태어난 모든 여성, 딸의 엄마 역할에 고민하는 여성, 또한 자라는 딸, 다 큰 딸을 애틋하게 바라보며 망설이는 아빠들에게도 이 책이 힘이 되기를 바라는 마음이 간절하다.

"우리 딸이 진애 쌤처럼 자랐으면 좋겠어요!" 이 말을 자주 듣는다. 정작 나의 두 딸은 코웃음을 친다. 나의 장점이나 강점보다 엄마의 단점과 결점을 잘 아는 딸들의 평이니 그럴 법하다. '엄마처럼 힘들게 사는 거, 그렇게 일하면서 돈도 크게 못 벌고, 온 세상일을 자기 일처럼 여기는 게 뭐가 좋다고?' 두 딸의 평에는 아마 나의 엄마 역할에 대한 불만이 적잖이 섞여 있을 것이다. 하나의 사람으로서의 나에 대한 평가는 어떨까? '진애 쌤처럼'이란 말에는 당신의 딸이 주체적이고 적극적으로 살기를 바라는 마음이 담겨 있을 거라 짐작한다. 그러지 못했던 회한, 험한 세상에 대한 걱정, 더 많은 기회에 대한 소망, 더 나은 미래를 꿈꾸는 마음이 다 녹아 있을 것이다. 씩씩하고, 멘탈 강하고, 거친 세상을 유쾌하게 헤쳐가기를 바라는 마음의 발로일 거라 믿는다.

그런데 나는 아직도 모르는 게 너무나 많고 마음을 정하지 못하는 사안들이 너무도 많다. 나이 들면 흔들리지 않는다고? 다 거짓말이다. 인생은 첫 경험의 연속일 뿐이다. 지금도 처음 맞닿는 사안과 상황에 당황하기 일쑤다. 흔들림은 전혀 사라지지 않는다. 다만 그 흔들림을 다스리는 지혜가 조금 더 늘었을 뿐이다. 이 책을 쓰면서 내 생각을 형성하게 됐던 순간의 고민과 생각을 잘 전하고 싶다. 산전수전 겪고 별별 경험을 해봤으니 다 통달했다는 식은 영 재미없다. 그 상황, 그 문제를 맞닥뜨렸을 때의 흔들림과 괴로움을 공감하고 싶다.

다만 이 책을 훨씬 더 애틋한 마음으로 쓸 것 같다. 딸은 애틋하다. 아빠에게도 애틋하지만, 엄마에게는 더 애틋하다. 딸의 딸을 생각하면 더 애틋해진다. 외손녀에게 끌리는 것은 미토콘드리아 DNA가 모계를 통해 유전되기 때문이라는 설이 있다. 또 어떤 특징은 세대를 건너 손자 세대에게 더 강력하게 전해진다는 설도 있다. 눈살을 심각하게 찌푸리는 표정과 온통 몰입하는 눈빛이 나를 닮은 것 같은 두 손녀딸은 나를 어떻게 생각할까? 내가 직접 보호자가 아니니, 조금 더 한 인간으로서의 나를 바라보지 않을까?

이 책을 구어체로 쓴다. 이야기하듯 쓰고 싶으니, 구어체가 자연스러울 듯해서다. 솔직히 털어놓고 싶은 심정에서 나온 것이기도 하다. 정작 나의 딸들에게는 눈치 보여서 못 했던 말도 딸의 딸에게는 털어놓을 수 있지 않을까? 각 잡고 그릴 때보다 자유롭게 그릴 때 그림이 더 잘 그려지듯 나에게 더 너그러워질 것도 같다. 세상의 딸들에게 해주는 말 이상으로 나 자신에게 들려주고 싶은 말이 나올 것 같기도 하다. 때로는 대화처럼, 때로는 독백처럼, 때로는 프리 토크처럼. 처음 시도해 보는 만큼 잘될는지, 그렇지만 해보련다. 이제 시작해 본다.

22세기까지 살아갈 딸들에게

이 책을 통해 무엇보다도 너희의 힘을 끌어내고 싶어. 살아갈 힘은 온전히 네 거야. 마음의 힘이란 얼마나 커질 수 있는지 하지만 또 얼마나 좁아들기도 하는지 몰라. 사람이란 얼마나 작은 존재인지 그러나 또 얼마나 큰 존재인지 모르는 것과도 같지. 세상은 얼마나 잔인하게 우리를 부수려 드는지 그러나 또 얼마나 우리를 키우려 하는지 몰라. 슬픔의 힘을 익히고 기쁨의 힘을 키워 봐. 지옥과 천국은 다 네 안에 있지. 인간의 위대함과 초라함을 같이 맛보기를 바라. 인생에서 일어날지도 모를 최악의 시나리오와 최상의 시나리오를 다 견뎌낼 힘이 필요해. 서로 달라 보이는 복잡한 세계를 넘나들며 사는 게 얼마나 흥미진진한지 발견하는 힘을 키워. 그렇게 달라 보이는 세계 사이에 통하는 그 무엇을 발견하는 힘은 더 중요하지.

    살아가는 데에는 여러 종류의 힘이 필요해. 특히 외로움을 견디는 힘을 키워. 불안을 이겨낼 힘도 키워야지. 외로움과 불안은 우리 삶의 업보야. 생명과 지능이라는 축복 대신 받은 저주의 선물이지. 외로움과 불안을 같이 살아갈 인생의 친구로 여겨봐. 다독이고 쓰다듬고 안아주고 대화하면서 인생 내내 옆에 있어 줄 친구로 보는 힘을 길러. 친구는 언제나 힘이 돼.

    인생의 의미란 무엇일까? 철학적, 사회적, 정치적, 문화적, 실존적 의미를 다양하게 정의할 수 있겠지만, 궁극적으로 삶의 기쁨을 발견하고 한껏 누리는 게 인생의 궁극적 의미라고 나는 생각해. 첫 경험의 짜릿함은 인생 내내 계속될 수 있다고 나는 믿어. 우리의 순진무구함과 호기심을 깨어 있게만 한다면 말이지. 그 짜릿함은 언제나 잠재해 있지. 어떻게 깨울까? 어떻게 간직할까? 어떻게 기억에 남길까? 인생은 누구에게나 첫 경험의 연속이야. 첫 경험의 놀라움과 기쁨을 인생 내내 맛보기를 바라. 긴 것 같지만 짧기만 한 백 년의 삶 속에서, 그러나 길기만 한 백 년의 고독 속에서 삶의 기쁨을 발견하는 힘을 키우기를 바라.

근사한 여자 사람이 되기를 바라. 너희가 사는 세상을 넓히고, 작더라도 좋은 변화를 일으키면서 이 시간, 이 공간에 잠시 존재하는 뜻을 맛보기를 바라. 행동하는 휴머니스트이자 씩씩한 페미니스트로 살아 봐. 세상에 실망하고, 때로는 같은 여성에게도 실망하고, 다른 남성에게 실망하는 일은 부지기수로 일어날 테지만, 인간의 성장에 대한 기대를 잃지는 마. 더 넓은 세상, 더 깊은 인간에 대한 희망 속에서 너 자신이 더 커지고 더 깊어질 테니까. 토닥이고 쓰다듬고 힘을 불어넣으면서 나는 언제나 너희의 건투를 응원할 거야.

2025. 9.
김진애너지

차례

프롤로그 살아갈 힘은 온전히 네 거야! _6

1장. 백 년의 삶
백 살을 넘겨 산다니, 징글징글하지 않아? _15

백 년의 삶, 축복일까 저주일까? | 『백 년의 고독』보다 더 외로울까? | 죽는다는 걸 언제 알았어? | 코로나 베이비와 코로나 키즈의 위험한 미래 | 재앙 시나리오와 종말 시나리오 | 외로움·두려움과 함께 살아남는 힘

2장. 유혹과 욕망
너희가 겪을 다채로운 흔들림, 재미있겠지? _41

초양극화 사회에서, 너는 1% 아니면 99%? | 부자 욕망, 권력 열망, 명예 야망 | 슈퍼 허영의 시대 | 유혹에 흔들리되, 휘둘리지는 말 것 | 상처 없는 삶, 모자람 모르는 삶은 위태로워 | 자아분열 시대에 불안과 함께 사는 힘

3장. 실패와 성공
실패 이야기가 성공 이야기보다 더 흥미진진해 _67

'망한' 이야기는 왜 더 재미있을까? | "많이 벌 거 없다. 니 하나 앞가림만 하면 된다" | 인생에서 꼭 해봐야 할 실패 세 가지: 창업, 출마, 낙선 | 안 하고 후회하기, 지고도 이기기 | 부티·빈티·귀티·싼티 이상의 진짜 가치들 | 실패 이야기를 웃으며 할 수 있는 힘

4장. 인문 인간·이공 인간·잡학 인간
우리는 더 잘 놀려고 공부하는 거야 _94

인문계, 이공계, 아니면 잡학계? | 빅뱅과 DNA: 내가 기적이라서, 내가 하찮아서 너무 좋아! | 김진애식 공부론 | 『세상의 바보들에게 웃으면서 화내는 방법』 | 그게 철학의 힘, 그게 예술의 힘

5장. 외모와 캐릭터
외모가 더 이상 보이지 않을 때까지 _114

외모가 중요하지 않다는 거짓말 | 화장과 패션은 최고야, 표정과 자세는 더 최고야! | 내가 좋아한 배우들은 미남미녀는 아니었지만, 빛났지 | 목소리와 말투가 주는 끌림 | 어릴 적 내 거울이었던 『도리언 그레이의 초상』 | 스스로 나를 칭찬하는 힘

6장. 쓸모와 매력
우리는 쓸모로 판단되고 매력으로 구분되지 _138

쓸모와 매력, 사람 보는 눈 | 질투는 나의 힘, 자존감은 나의 뿌리 | '마녀'라 불리면 너는 영혼이 있는 사람일 거야! | '착하다'는 말은 듣지도, 하지도 마 | 너의 인물을 가슴에 품어봐! | 매력과 쓸모를 발견하는 힘

7장. 양성성
남성성과 여성성을 넘나들어야 멋있어 _165

여자예요, 남자예요? | 남녀의 돈벌이보다 쏨쏨이 기준이 더 중요해 | 요리 좋아하는 남자를 만나! | '동방불패'와 '올란도' 다음에 또 누가 나올까? | 멋진 남자와 멋진 여자의 공통점 | 양성성을 넘나드는 힘

8장. 파트너와 라이벌
함께 일을 도모할 재목을 미리미리 찾아놔 _193

"야, 오늘도 신나게 놀았다!" | 파트너로 주목받고 라이벌로 견제받아! | 여자 사람 친구, 남자 사람 친구 | MBTI 이상의 사람 이해법 | 하고 싶은 일과 하기 싫은 일, 잘하는 일과 못하는 일 | 팀플레이어로 일하는 힘

9장. 사회적 언니와 사회적 형님
본캐릭터와 부캐릭터를 즐겨! _218

'언니'라 불리면 스트레스였어 | 설마 '오빠'라는 호칭은 없어졌겠지? | 진애 형님·진애 언니, 부캐·본캐? | 고해성사: 너를 알아줄 사람은 의외로 다른 성일지도 몰라 | 다양한 모자를 쓰고 같이 노는 힘

10장. 분노와 눈물
가슴이 뜨거운 사람으로 살자 _240

모든 건 사적이고 동시에 공적이야! | 너의 분노 지점은 어디야? 너의 눈물 지점은 언제야? | 분노하지 않는 자, 울지 않는 자 | 가끔은, 펑펑 울어! | 슬픔을 이야기하는 힘

11장. 정치와 권력
권력 의지는 키우고, 금기는 깨고 _265

더 큰 세계에서 더 큰 너희를 만났어, 환한 빛과 함께 | 여자도 타락해, 특히 권력욕에 사로잡히면 | 후발 주자 여성들의 권력 의지 | "그 더러운 걸 왜 해요?" | 금기가 없어지는 세상이 올까? 그럴 리가! | 변화에 대한 희망의 힘

12장. 소녀와 엄마와 '함니'
인생이란 첫 경험의 연속이야! _294

소녀는 별로였어, 엄마 된 건 좋았어, '함니' 된 건 더 좋았어 | 딸과 엄마의 끊어지지 않는 탯줄 | 인생은 '의외로' 멋지다! 나의 묘비명 | 인생은 짧지만, 기억을 품은 인생은 길어 | '귀엽다'는 소리를 들으면 이긴 거래 | 첫 경험의 기쁨을 이어가는 힘

에필로그 문을 열고 더 큰 세계로 나아가라! _321

1장 백 년의 삶

백 살을 넘겨 산다니, 징글징글하지 않아?

존재하는 외로움과 사라지는 두려움…
이 숙명 속에서 어떻게 살아갈까?

> 다니와 여름이 이야기

코로나 베이비와 코로나 키즈

다니는 코로나 베이비, 여름인 코로나 키즈다. 코로나 위기가 극에 달했던 2020년 크리스마스 무렵에 태어난 다니는 손가락으로 빰을 찌르는 걸 뽀뽀로 알고 큰 아가였다. 뽀뽀는커녕 뺨을 비비는 것마저 조심스러웠다. 배 속에 있을 때 혹시나 엄마가 감염될까 봐 조심조심했고 무사히 태어난 데에 감사했다. 아가 내음을 마스크를 통해 맡는 것만으로 만족했고, 보송보송 살결을 눈으로 어루만지고 포동포동 몸매를 포대기 위로 확인하는 것만으로도 행복했다.

미국 플로리다의 큰이모할머니 집에서 백일 된 여름이를 2015년 크리스마스 무렵에 처음 만나서 꿈같은 휴가를 보냈다. 어찌나 잘 웃고 순한지 아기천사 같았다. 다시 만난 건 첫돌 무렵이다. 서울 우리 집에서 석 달을 같이 지냈다. 기적의 첫걸음마를 목격했고 기적의 첫 말하기 순간도 같이 했다. 삼한 첫째 손주에게 데었던 남편이 천사 같은 손녀에게 흠뻑 빠졌다. 여름이는 하삐(할아버지를 부르는 애칭)를 아빠라 불렀다.

돌 지난 다니가 유아원에서 하루 종일 마스크를 쓰고서도 잘 놀고, 친구 마스크가 내려오면 고사리 같은 손으로 올려주면서 손 잘 씻는 아가로 크는 게 뿌듯하면서도 이게 무슨 일인가 싶었다. 언어 성장이나 관계 발달에 영향을 주지나 않을까? 여름이네는 상하이에 파견되어 일하다가 코로나 3년 동안 발이 묶였는데, 인적 하나 없는 놀이공원과 관광지를 다니는 사진을 보면 마치 SF 영화 속 한 장면 같았다. 코로나 재창궐로 당국이 상하이 봉쇄를 강행했을 때 가족 넷이 몇 달 동안 아파트에 갇혀서 식량 배급을 받으며 살아야 했는데 별별 걱정에 뒤척이곤 했다.

팬데믹을 이겨낸 모든 코로나 세대에게 박수를 보낸다. 이 재앙은 어떤 흔적을 남겼을까? 앞으로는 또 어떤 트라우마가 생길까? 백 년을 사는 동안 또 다른 위기가 생기진 않을까? 나는 가끔 악몽을 꾼다.

백 년의 삶, 축복일까 저주일까?

다가올 세상에서는 많은 이가 백 살을 넘겨 살 확률이 무지 높다. 기대수명이 백 년을 넘는다고 하거든. 코로나가 발발한 2020년에 이미 평균 기대수명이 83.5세에 이르렀고, 여자는 더 오래 살아서 86.5세라고 해. 50년 전 1970년에는 평균 기대수명이 62.3세였다니, 변화가 놀랍지? 의학과 생명공학이 비약적으로 발전하는 시대이니 2100년경에는 온갖 수술 기법과 의약품, 이식과 줄기세포 치료까지 대중화되면서 기대수명이 백 살을 훌쩍 뛰어넘겠지. 축복일까, 저주일까?

그렇게 오래 살리라고 생각해 본 적 있니? 고백하자면, 나는 오래 살리라 생각해 본 적이 없어. 내 어릴 적엔 가족의 죽음을 유난히 자주 겪었어. 초등 5학년 때 세 살 위 언니가 연탄가스 중독으로 하루아침에 갔어. 사춘기 언니가 부엌 옆 골방에 자기 방을 마련하고 막 신나 했던 모습이 떠오르곤 해. 울부짖던 엄마, 눈물을 훔치던 아버지 모습이 기억나지. "왜 혼자 재웠을까, 환기를 잘해야 했는데!" 얼마나 땅을 쳤을까? 여섯 살 땐 세 살 밑 남동생이 겨울 양식으로 쌓아놓았던 쌀가마니 위에 올라가 놀다가 떨어져서 그만 죽고 말았어. 여덟 살 무렵엔 갓난쟁이 여동생이 하늘나라에 갔어. 나는 얼굴도 제대로 못 봤는데 말이지. '한국전쟁'이라는 사건을 알고 나서 어린 나는 엄마 아버지가 갑자기 사라지고 고아가 될지도 모른다는 악몽에 시달리곤 했지. 죽음이 삶의 일부라는 걸 어릴 때 알아버린 거야.

 내가 백 년의 삶을 본격적으로 생각하게 된 것은 사십 대로 접어들 무렵 한 점술가와의 만남 이후야. 최고의 대화였어. 이후엔 점술가를 아예 안 찾게 됐으니까. 정갈한 가구, 단정한 필기구를 갖춘 마치 지식인의 서재 같은 공간에서 점술가 여인은 내 손금과 눈을 들여다보며 내 인생을 읽어. 그러고는 "질문 있으면 하세요." 하는 게 무슨 토론 같았어. "아흔다섯까지 산다고 하시는데, 저는 오래 못 살거라 생각했는데요." 내 첫 질문이었어. 너무 이상했거든. 점술가의 대답인즉, 내가 삼 년 전에 다시 태어났기 때문에 오래 산다는 거야. 순간 짚이는 게 있었어. 궁금하지? 내가 다시 태어났던 그 사건이 뭐였을까? 뒤에 3장에서 알려 줄게.

이 진기한 만남 이후로 나는 오래 살 거라는 예언을 받아들이고 살기로 했어. 아예 백 살까지 살지도 모른다고 생각하기로 했지. 백 년 삶을 생각하니 삶의 태도가 달라지더라. 훨씬 더 여유로워지더라. 시간도 많고 기회도 더 많아질 것 같은 거지. 훨씬 더 신중하고 조심스러워지더라. 한 번의 선택이 가져올 영향이 오래갈 테니까 더 깊이 생각하게 된 거지. 훨씬 더 무서워진 것도 사실이야. 아니 그 오랜 세월 동안 뭐 먹고 살지? 무슨 일을 하고 살지? 훨씬 더 외로움을 느끼게 된 것도 사실이야. 누구랑 놀고 살지? 나만 혼자 남으면 어떡하지? 이런 의문들이 시시때때로 찾아와.

'그 긴 긴 백 년의 삶을 어떻게 살래? 뭐 하며 살래? 뭐 하며 놀래?' 이게 22세기까지 살 너희들 앞에 놓인 가장 근본적인 과제야. 수명은 길어지는데 벌이 기간은 짧아져. 한 가지 일만 하고 살기엔 너무 길어. 살아갈 시간은 긴데 당장은 시간에 쫓겨. 길게 보라지만 마음은 급해. 잠시 큰 숨을 들이쉬고 자신을 돌아봐. 백 살까지 살지도 모른다고 생각하게 된 후에 내가 겪었던 변화를 너희는 일찍부터 받아들여 봐. 여유롭고, 신중하고, 조심스럽게 삶을 대하면서 긴 호흡으로 인생을 보는 습관을 들여 봐.

젊은 나이에 큰일을 했다고 띄우는 시류에 괘념치 말고 긴 인생을 거쳐 무르익고 때로 위대해진 인물을 생각해 봐. 예컨대, 미켈란젤로(1475~1564)는 이십 대에 〈피에타〉와 〈다비드〉를 조각했고, 사십 대에 〈천지창조〉, 육십 대에 〈최후의 심판〉을 그렸고,

구십에 세상을 떠날 때까지 베드로 성당을 설계하고 미완의 〈론다니니 피에타〉를 조각하고 있었어. 히틀러 부역으로 논란의 인물이었던 레니 리펜슈탈(1902~2003)은 나치 다큐인 「의지의 승리」(1934), 손기정 선수가 우승한 베를린 올림픽을 기록한 「민족의 제전」(1938)이라는 뛰어난 영화적 성취를 남겼어. 종전 후 복역하고 영화 작업을 할 수 없게 되자 그녀는 수중 사진가로 변신해서 무려 백두 살까지 활동했어. 의지의 승리라고 해야 할까, '흑역사 이후에도 삶은 계속된다'라고 해야 할까. 내가 영혼의 멘토로 삼는 박경리(1926~2008)는 『토지』를 쓰려고 사십 대에 원주의 허허벌판에 있는 외딴집으로 이사했어. 그렇게 26년 동안 하나의 작품에 매진했지. '작품이 실패하면 재봉틀 질로 먹고살겠다' 했다던 각오가 너무 멋지지. 나는 어릴 적부터 박경리 선생을 닮고 싶었어.

진짜 역사는 실패 이후에 만들어지는 걸 거야. 지금도 얼마나 많은 사람이 자신의 긴 긴 인생 속에서 영욕을 거듭하며 시도하고 실패하고, 또 일어나서 새로운 길을 찾으려고 노력하겠어? 백년 이상 살지도 모를 인생에는 제2의 인생뿐 아니라 제3, 제4의 인생이 펼쳐질 수 있는 거야. 게다가 요즘처럼 선택할 수 있는 길이 많고 위험 변수가 많은 사회에서는 마치 'N잡러'처럼 'N생러'로 살아가야 하는 건지도 몰라. 'N차 생'이 가능할 수 있다니, 동시간대에서 다차원의 삶을 누리는 'N생러'로 살 수도 있다니, 흥미진진하겠지? 두근두근해지지?

『백 년의 고독』보다 더 외로울까?

너희 인생이 얼마나 흥미진진한 백 년이 될지는 모르겠지만 한 가지만은 확실해. '외로움의 저주'를 피할 수 없다는 사실이야. 인생 내내 '외로움을 어떻게 견디지?'라는 과제에 마주할 거야. 어느새 슬금슬금 내 옆에 와 있을 외로움을 어쩌지?

라틴 아메리카를 대표하는 컬럼비아 소설가 가르시아 안드레아 마르케스가 쓴 『백 년의 고독』(1967)이라는 소설이 있어. 아무리 애써도 인간은 고독할 수밖에 없다는 걸까? 돼지 꼬리를 단 아이가 태어나면 집안이 망한다는 오래된 예언이 백 년 동안 일곱 대의 세대교체로 전개되며 결국 맞아떨어지고야 말지. 개인의 운명과 가문의 운명이 얽히고설킬 뿐 아니라, 번영을 위해 세웠던 도시의 운명과 제국주의가 침탈한 국가의 운명이 엎치락뒤치락하며 결국 모두의 몰락으로 치닫는, 한바탕 꿈과도 같은 이야기야.

이 소설을 읽다 보면 우리가 하나의 인간으로 살고 사랑하고 일하는 모든 활동이 얼마나 허망한지 알게 될 거야. 인간의 욕심과 야망이 얼마나 허망한지도 알게 될 거야. 정복이라는 이름으로 벌어지는 침략, 복수의 이름으로 자행되는 폭력, 국가의 존망까지 쥐락펴락하는 자본의 탐욕이 얼마나 역겨운지 몰라. 인류의 역사를 핏빛으로 물들여 온 온갖 종류의 영토 전쟁, 민족 전쟁, 원산지 확보 전쟁, 시장 확대 전쟁, 기업 전쟁, 가문 전쟁을 들여다보면, 인류의 본성에 학을 떼게 될 정도지.

그 전쟁은 일상 공간에서도 일어나. 고전 중의 고전, 「대부」(프랜시스 코폴라 감독, 마리오 푸조 원작, 1편 1972, 2편 1974, 3편 1990)를 봐. "거절하지 못할 제안을 하지!" "친구는 가까이, 적은 더 가까이!"라는 명대사를 남긴 1편에서는 절대 마피아가 되지 않겠다던 셋째 아들 마이클이 결국 아버지의 뒤를 이어 대부가 되는 서글픈 운명으로 끝나지. 2편은 원조 대부 콜레오네가 아홉 살에 시칠리아로부터 홀로 도망 나와 뉴욕의 거친 거리에서 대부로 커가는 과정과 새로운 대부가 된 마이클이 네바다에서 도박 패권을 둘러싸고 벌이는 혈투를 대비하는 방식으로 연출했는데, 자신을 배신한 형까지 죽여 버리는 마이클의 쓸쓸한 모습으로 끝나. 3편의 무대는 이탈리아로 옮겨져. 바티칸 교황의 펀드 관리를 통해 더러운 돈의 굴레에서 벗어나 존경받는 사업을 펼치며 딸의 미래를 빛나게 해주려고 했던 마이클은 피의 총격전이 벌어지는 가운데 결국 딸을 잃고 말아. 정적의 고통은 신의 응징이지.

"왜 살아왔는데? 무엇 때문에 피와 땀으로 가문과 조직을 지켜왔는데? 복수의 여신은 왜 이리 가혹한데? 신은 왜 용서가 없는데? 이 복수의 저주를 어떻게 벗어날 수 있는데?" 이런 질문들이 자연히 솟아오르지. 마이클 콜레오네는 딸을 잃고 시칠리아 고향집에서 홀로 늙어 죽지. 마피아를 일군 아버지는 토마토밭에서 손주랑 장난치며 놀다가 죽었으니 행복한 결말이었는데,

마피아의 굴레에서 벗어나고자 무진 애를 쓰던 그 아들은 결국 외로움의 저주에 빠져서 죽는 거야. 그 주검 곁을 강아지 한 마리가 맴돌지. 운명이라니!

「대부」의 바탕에 흐르는 건 인간의 깊은 외로움이야. 기댈 데 없이 타지에 떨어진 아홉 살 소년, 배신을 떡 먹듯 하는 오랜 동지, 배반을 서슴지 않는 사업 파트너, 조직의 굴레에서 벗어나기를 갈망했으나 운명에 굴복하는 아버지와 아들. 마피아 조직을 떠나겠다는 약속을 지키지 못하고 결별하는 부부, 피의 복수극에 희생되는 딸. 복수는 복수를 낳고, 비즈니스는 전쟁이고, 이 세상에 깨끗한 돈은 없고, 세상에 믿을 건 가족밖에 없으나 그 가족마저 제 손으로 제거해야 권력이 유지되는 등, 외로움의 계곡은 깊고도 깊어. 세상에 자기 혼자 밖에 없다는 외로움, 살아남아야 한다는 외로움, 사방에 적으로 둘러싸인 외로움, 누구와도 통할 수 없는 비밀을 안고 살아야 하는 외로움, 피의 복수극을 되풀이할 수밖에 없다는 외로움, 운명의 굴레에서 벗어나려 하지만 또다시 묶이는 천형의 외로움 등.

사람들은 마치 절대 안 죽을 것처럼, 절대 안 늙을 것처럼, 절대 안 아플 것처럼, 어떤 불운도 닥치지 않을 것처럼, 성공 가도가 이어질 것처럼, 환희와 웃음이 만발한 이 순간이 영원할 것처럼 여기지만, 모두 착각이야. 행복하기만 한 인생이란 어디에도 없어. 온 인생이 행복하기만 하다면 그 또한 공허해서 외로울 거야. 살아가는 자체가 수많은 괴로움에 맞닥뜨리며 사는 것이기에 외로움은 언제 찾아올지 모르고, 살아 있는 기적의 시간이란 언젠가 끝나기에 외로움은 어쩔 수 없는 거지. 수없는 눈물과 웃음의 순간을 지내고 난 뒤에 찾아오는 허탈감과 허무함은 필멸하는 인간이 겪을 수밖에 없는 외로움이야. 이 외로움을 어쩔 거야? 백 년을 살면서 맞닥칠 수많은 외로움의 순간을 어떡할 거야!

죽는다는 걸 언제 알았어?

인간은 자신의 필멸을 아는 유일한 지적 생명체잖아? 죽을 걸 모르고 사는 동물이 때로는 부럽기도 하고 안쓰럽기도 해. 모르기에 마지막 순간까지 살아남으려 갖은 애를 쓰면서 생에 대한 의지를 포기하지 않는 것이겠지. 물론 죽음을 아는 인간 역시 생명 유지를 위해 끝까지 노력해. 오히려 더 아등바등할지도 몰라. 죽음을 알아서 더 힘든 것은, 죽음의 순간이 언제 올지 모른다는 두려움 속에서 살아야 한다는 거겠지. 어떻게 죽음을 받아들일 것인지는 바로 삶에 대한 태도로 이어져.

사람은 죽음이라는 사건을 언제 처음 알게 되는 걸까? 죽음에 대한 아이의 인식 변화를 확실히 알게 된 건 큰딸을 키울 때였어. 유학 시절이었는데 케임브리지에 있는 아름다운 마운트 어번 묘지에 다녀온 다음에 딸이 묘지 그림을 자꾸 그리는 거야. 푸른 잔디 위에 신기한 모양의 묘비와 납골당이 서 있고 사방에 꽃이 만 발했던 게 인상적이었나 봐. '이거는 엄마 거, 이거는 아빠 거' 하면서 무덤을 그리면서 노는 거야. 마치 프랑스 고전 영화 「금지된 장난」에서 어린 소녀가 무덤 만들기 놀이에 빠졌듯이 무덤을 계속 그리는 게 신선한 충격이었어. 엄마와 아빠가 언젠가 죽는다는 사실을 받아들이는 것 같았어.

그 무렵에 방문 중이었던 외삼촌이 딸에게 "앞으로 뭐 할 거야?" 하면서 계속 물어봤지. '학교 다닐 거고, 마음껏 놀 거고, 어른이 되고, 그림 그릴 거고, 일해서 돈 벌고, 결혼도 하고, 엄마될 거야' 등 차례차례 포부를 펼치던 딸이 외삼촌이 자꾸 "And then, and then?(그래서? 그다음엔?)" 하며 스무고개를 이어가자, 마지막에 한다는 말이 글쎄, "And then, I'm going to die!(그리고 나도 죽을 거야!)"였던 거야. 어린 딸이 엄마와 아빠의 죽음뿐 아니라 자기의 죽음까지도 받아들이게 되었음을 확인해 준 거지. 무척 감동적인 경험이었어.

내가 죽음을 알게 된 것은 여섯 살 무렵이야. 남동생이 어느 날 갑자기 사라졌는데 아무도 동생 얘기를 안 하는 게 너무 이상하고 무서웠어. 어떻게 알았는지 모르겠지만 동생이 죽었다는 걸 알아챘어. '죽음이란 건 아무도 그 사람에 대해서 이야기하지 않게 되는 거구나!' 이런 느낌에 무척 당황스럽고 더 슬퍼졌어. 죽음 이야기가 금기시되는 게 더 슬프지 않아?

아마 내가 소설과 영화에 빠졌던 것도 죽음의 의미를 이야기할 수 있어서 아닌가 싶어. 죽음이란 게 엄청나게 중대한 사건임을 일찍이 알게 됐지. 소설과 영화에는 항상 죽음이라는 사건이 등장했고, 그로 인한 사건들이 꼬리에 꼬리를 물고 이어지곤 했으니까. 이야기 주제는 대개 세 가지였어.

첫째 주제는, 어느 한 사람의 죽음이 다른 사람들의 생에 엄청난 영향을 미치는 이야기야. 죽음으로 끝나든 죽음으로 시작되는 이야기이든, 죽음은 항상 중대한 사건이었어. 나에게는 어떤 죽음이 닥칠까, 어떤 죽음이 나의 인생에 중요한 계기가 될지 상상하곤 했지.

둘째 주제는, 죽음을 피하려는 인간 군상의 피나는 노력을 담은 이야기야. 언제나 박진감 넘치고 아슬아슬하고 절박해서 흥미진진했어. 인생이란 언제 어디서 위기가 닥칠지 모르는 일종의 서바이벌 게임과 같다고 생각하며 나의 생존력을 높이는 방식을 구상하게 됐지.

셋째 주제라면, 필멸하는 운명을 안고 사는 인간이 불멸을 꿈꾸면서 벌이는 아수라장을 다루는 이야기들이야. 가문의 번영, 도시의 영광, 권력 쟁탈의 암투, 국가의 흥망성쇠 속에서 일어서고 싸우고 스러지는 인간들, 권력을 지향하는 인간의 집착과 야망과 탐욕이 이글이글 타오르는 게 흥미진진하기도, 한심하기도 했지. 인간의 역사는 이런 이야기들로 꽉 차 있어.

최근에 등장한 넷째 주제라면, 인간 개인을 넘어서 인간이라는 종種의 생존을 위해 사투를 벌이는 이야기이지. 주로 SF 소설과 영화에서 등장하는 주제인데, 비약적으로 발전하는 생명과학, 우주 과학은 물론 양자역학 등의 물리학 이론과 더불어 인류 생애를 넘어선 우주의 세계관을 상상한다는 게 아주 흥미롭지.

죽음이란 이상하고 겁나고 슬프고 무서운 것이지만, 죽음이라는 존재야말로 진정 우리를 키우는 불멸의 주제야. 우리가 마주하는 운명, 생존, 만남과 이별, 기억과 추억, 불멸에 대한 욕망, 우주 속에서 티끌과도 같은 나의 의미에 대해서 생각하게 만드니까. 죽음에 관해 깊이 생각할수록 죽음을 어떻게 받아들일 것인가에 대해서 자신의 답을 가지게 될 수 있지.

삶이란 죽음과 어떤 조건의 계약을 맺고 사느냐에 따라 달라지는 건지도 몰라. 죽음이여, 네가 언젠가 나에게 온다고? 언제 만날지 모르지만, 우리 어떻게 만나는 게 좋을까? 파우스트 박사가 아마 메피스토펠레스와 영혼을 파는 (또는 지키는) 계약을 하는 것과 비슷할 거야. 내가 이러이러한 삶을 사는 한, 죽음이 나를 거둬가는 한이 있더라도 나의 영혼은 영원히 살아 있을 거라는 믿음으로 살 수도 있지. 또는 죽음 이후에도 다시 태어나 새로운 삶을 살 수 있을 거라는 믿음으로 살 수 있을지도 몰라. 모든 종교가 추구하는 것이란, 필멸의 삶을 사는 인간에게 죽음과 어떤 약속을 하느냐에 따라 달라지는 인생관 아니겠어?

너의 삶을 위해서 죽음의 존재, 죽음과의 조건, 죽음과의 계약을 생각하는 건 필연적인 과제일 거야. 누구나 자기 나름대로 철학을 하게 되는 이유겠지. 언젠가 찾아올 죽음과 어떻게 만날지,

아주 괜찮은 조건으로 만나는 약속을 해보자. 너의 삶에 각별한 뜻을 찾아봐.

코로나 베이비와 코로나 키즈의 위험한 미래

팬데믹을 겪고 나니 문득문득 이 세계가 겪고 있는 온갖 위험이 더 무섭게 느껴지곤 해. 너희가 살 백 년은 무척 위태로울 거야. 당장이야 아주 풍요롭게만 보이지. 물건은 넘쳐나고, 놀거리도 너무 많고, 세계 여행이 가능하고, 사회 서비스도 다양하고. 그러나 위험은 사방에 도사리고 있지. 21세기는 20세기와 또 달라지고 있거든. 무도한 제국주의 시대를 건너온 20세기는 세계 전쟁, 이념 전쟁 등 폭력의 세기였지. 두 번의 세계 대전과 냉전의 시대를 겪었잖아. 20세기 전반기에 우리나라는 일제강점기를 겪었고 한국전쟁을 치르며 분단국이 되었고 아직도 세계 유일의 분단국으로 남아 있지.

그 와중에도 20세기 후반기는 폭발 성장의 시대였고 산업화, 도시화, 세계화의 시대였지. 전쟁과 평화, 절망과 희망, 폐허 위의 경제성장이 함께 일어났던 백 년이었어. 희망적 변화였다면, 중산층이 폭발적으로 증가하고 민주주의 열망이 폭발했다는 것이지. 누구에게나 경제성장과 민주주의의 크고 작은 과실이 주어지면서 인류 역사의 꿈이었던 다수 대중의 번영과 평등이 이루어질 것 같았어.

　21세기는 세계화라는 장밋빛으로 시작했지만, 양극화에 발목 잡히고 있다. 불평등이 커지고 중산층은 줄어들고 있지. 양극화는 국가, 지역, 도시에도 적용되고, 기업과 산업, 정치, 교육, 복지, 문화 분야에는 물론 부자와 빈자 사이에도 적용돼. 말하자면 잘되는 덴 더 잘되고 안 되는 덴 더 안 되고, 누리는 사람은 더 누리고, 갖지 못한 사람은 더 빼앗긴다는 거야. '부익부 빈익빈'은 언제나 현실이지만, 너무 심해진다는 게 문제지. 양극화 문제가 민주주의 위기까지 초래하는 징후가 심각하게 나타나고 있지.

　21세기에 최악으로 치닫는 거대한 문제는 환경 재앙이야. 지구 온난화, 기후 위기, 환경오염 등 지난 수십 년 동안 문제라고 떠들기만 하다가 드디어 엄청난 위력으로 지구 곳곳을 타격하는 거지. 뉴스 광경만으로도 무서워져. 빙하가 녹아서 먹이 사냥을 못하고 삐쩍 말라서 인간들의 쓰레기통을 뒤지는 북극곰, 고산의 만년설까지 녹여버리는 온난화는 지도를 바꿀 정도지. 홍수와 가뭄과 산불은 지구 곳곳의 삶터를 파괴하고 이재민을 양산해. 우리나라에도 아열대성 기후가 나타나서 작물 종류와 작황, 어종과 어획량까지 크게 영향받을 정도야. 이러다 미래 영화에 나오는 기후 재앙이 진짜 닥치는 거 아닌지 겁나. 게다가 2020년 코로나 팬데믹이 강타하면서 환경 위기가 인간 생명까지 위협할 수 있다는 경고까지 받았잖아.

　코로나 팬데믹 이야기는 공포의 전설처럼 이야기될 게 분명해. 마치 백 년 전 지구를 휩쓸었던 스페인 독감처럼 말이야. 1차 세계대전 중이었던 1918년에 발발한 스페인 독감은 전쟁보다 더 많은 사람을 죽였지. 전쟁으로 죽은 사람이 1,500만 명 정도였는데, 2년 동안 스페인 독감으로 죽은 사람은 2,000만 명에서 많게는 1억 명까지(당시 세계 인구 18억 명) 추산된다니, 정말 무섭지 않아? 아직 바이러스에 대한 경계심도 약하고 방역이 발달하지 못했던 시절에 전쟁과 함께 무섭게 번져버렸던 거야. 당시에 우리나라는 3·1운동 이후 전국적으로 만세운동이 펼쳐졌는데 그 와중에 스페인 독감이 빠른 속도로 퍼져서 희생 규모가 커졌다고 해.

섬뜩한 것은, 이런 팬데믹이 세계화와 절대적으로 관련되어 있다는 사실이야. 스페인 독감의 전파에는 제1차 세계대전이라는 변수가 작용했지. 다국적 군인뿐 아니라 전방과 후방에서 일하는 노동자들이 여러 나라를 전전하다 돌아오며 자기도 모르게 보균자가 되어버렸던 거야. 2020년 코로나 경우에는 이미 세계화가 일상이 된 시대에 번졌다는 게 더 무섭지. 발발 초기에 여행자가 많았던 유럽, 특히 이탈리아 작은 도시에까지 무섭게 번지며 주검이 산처럼 쌓이는 광경은 너무 끔찍했어. 전 세계 여행객을 태우고 지구 곳곳을 누비는 크루즈 여객선을 항구에 장기 억류했던 장면, 도시를 완전히 봉쇄해서 거리에 개미 새끼 한 마리 안 보이고 식량을 배급하던 장면은 전쟁 이상으로 무서웠지.

코로나 팬데믹이 이제 지역적인 '엔데믹endemic'으로 잦아들기는 했으나 과연 이번으로 끝날까? 환경 파괴는 여간해선 멈출 것 같지 않고, 바이러스 변이를 가져올 자연재해들은 더 잦아질 테고, 온갖 생명공학 실험은 통제 불능의 상태로 치달을 위험성이 높고, 더욱 거세질 세계화가 지구 곳곳을 천편일률로 만들고 환경을 황폐화할 위험이 커질 테니 말이야. '자연의 보복, 지구의 반격'이 말로만 그치지 않는 시대야.

게다가 지구촌은 자꾸 위험 사회가 되어가. 인간이 성취한 온갖 발전만큼이나 사회는 훨씬 더 복잡해지고, 통제 불가능한 변수들이 너무 많아지고, 인공물의 관리유지 비용이 너무 많이 들고, 사회적 대응 역량은 상대적으로 떨어져. 특히 눈앞의 이익에 골몰하는 정치권과 책임 회피에 능한 행정 권력이 위험 사회 리스크를 키우지. '세월호 침몰, 이태원 참사, 오송 참사, 광화문 네거리와 강남역의 침수, 장기 산불, 폭발 화재, 지하철과 기차 탈선, 성수대교 붕괴, 삼풍 백화점 붕괴, 후쿠시마 오염수 해양 방류' 등 위험한 사건의 종류도 많아지고 규모도 커지고 있어. 흉악 범죄와 성범죄, 디지털 범죄, 마약 범죄, 혐오와 차별로 야기되는 신종 테러가 늘어나는 것도 우려를 키우지.

기술 발전이 과연 위험 사회를 개선할 수 있을까? 그리 낙관적이지는 않아. 왜 인간의 기술이 거의 신의 수준에 이른 것 같은 시대에 지구를 치유하는 기술 발전은 느림보일까? 왜 편리하고 신기한 문명 이기들이 많아질수록 에너지 소모는 증가하기만 할까? 왜 잘 팔리는 품목 개발에는 엄청난 돈을 쏟아부으면서 위험

환경을 치유하는 기술 개발에는 투자가 잘 안될까? 도대체 어느 정도로 위험해져야 인간의 커진 힘을 제대로 쓰게 될까?

세계 곳곳의 분쟁이 3차 세계대전을 일으키는 게 아닌지 우려될 정도야. 우리는 지구를 수없이 날려버릴 핵폭탄을 안고 살아가는 게 현실이고, 한 나라를 초토화할 무기를 장착하고 있고, 생명을 절멸할 생화학, 생물학 무기까지도 개발하는 지경이야. 세계 곳곳에서 언제 터질지 모를 분쟁과 지금도 진행되고 있는 지역분쟁의 뉴스를 보자면, 분단국인 우리나라에서 지난 72년 동안, 비록 정전 명목이긴 하지만, 평화를 유지하고 있다는 게 기적으로 보이지.

이런 생각을 하면 무서워지지? 그런데, 무섭다고 눈을 감아 버릴 거야? 너희 세대는 재앙의 가능성을 모두 알고 사는 시대에 사는 거야. 너희 세대의 운명이야. 생존 자체가 번영 이상으로 중요해. 부디 생존해. 생존 기술을 만들고 실현하는 미래 세대가 되기를 바라. 소비를 줄이건, 착한 소비를 지향하든, 사치 욕망을 누르건, 환경 소비 행태를 실천하든, 분리수거를 잘하든, 비상구를 잘 찾아 놓든, 안전사고에 잘 대비하든, 전쟁을 부르는 정치에 반대하든, 평화 운동을 하든, 지구 살리기 운동을 하든, 네 자리에서 할 수 있는 그 무언가를 하기를 바라. 부디 안전하게 22세기까지 살아남기를 진정으로 바라. 안전이 번영보다 먼저야.

재앙 시나리오와 종말 시나리오

겉보기와 달리 나는 무척 겁이 많아. 어릴 적 겪은 죽음 트라우마 때문일지도 몰라. 대학 다닐 때 고층 호텔이었던 '대연각 화재'가 큰 뉴스였는데, 불을 피해 떨어지는 사람이 많았거든. 그중 대학 동기가 있었는데 TV에서 그 장면을 볼 때 큰 충격이었지. 안전이 가장 중요한 변수인 건축 분야를 내 전공으로 택한 건 운명의 장난일지도 몰라.

요즘은 인재로 일어나는 온갖 안전사고가 무서워. '일어날 일은 일어나고야 만다'는 메시지의 소름 끼치는 영화 「데스티네이션」(2000)처럼, 이 세상 어디도 완벽히 안전한 덴 없어. 집안, 목욕탕, 부엌, 침실, 차, 주차장, 거리, 엘리베이터 등. 미끄러지고, 넘어지고, 구르고, 끼이고, 찔리고, 베이고, 추락하고, 충돌하고, 불나고, 감전되고, 중독되는 등, 그 많은 일상의 안전사고 위험 속에서 살아 있다는 게 기적일 정도야. 더구나 우리는 세월호, 이태원, 성수대교와 삼풍 백화점 붕괴, 우면산 산사태 등의 참사를 겪었잖아?

요즘 무서워진 건 정전이야. 단수는 그나마 빗물로라도 견디겠는데 정전은 얼마나 견딜 수 있을까? 수년간 내가 주말 텃밭을 가꾸며 지내는 강화에 폭풍이 들이쳐 24시간 동안 정전된 적이 있어. 도시에는 요즘 정전이 거의 없고 길어야 몇 분 안에 다시 들어오는데, 몇십 년 만에 겪은 정전은 완전히 악몽이더군. 깜

깜한 밤, 안 터지는 인터넷, 먹통이 된 TV와 스마트폰, 멈춰버린 정수기와 가스레인지, 이러다 자동차 기름마저 똑 떨어지면 어떡하지? 이 사건 이후에 나는 배터리 라디오와 휴대용 버너를 샀고, 장작도 쌓아놓고, 생수통과 양초를 잔뜩 들여놨지. 그런데 그 다음엔 한 번도 정전이 없더라.

갈수록 테러가 무서워지는 건 어쩔 수 없는 심리야. 설마 9·11 테러 같은 건 아니더라도 길거리의 무차별 테러도 생길 수 있으니까. 테러는 일상의 공포라는 점에서 가장 악질이야. 길에 서 있는 사람, 엘리베이터에 같이 탄 사람, 지하철에 놓인 가방을 의심해야 한다는 게 얼마나 끔찍해? 내가 일상적으로 재앙에 대비하는 건 딱 하나, 휴대전화 충전을 70% 이상으로 맞춰놓는 거야. 비상 전화 쓰고 뉴스 듣고 SNS 주고받고, 정 아무것도 안 되면 마지막 말이라도 남겨 놓겠다는 심산이지.

죽을 걸 알기에 우리는 재앙 영화나 종말 영화에 열광하게 되나 봐. 액션과 모험이 신나서이기도 하지만, 고난과 역경을 딛고 죽음을 이길 수 있다는 희망이 좋지. 재앙 영화를 보고 나면 괜히 안심되지 않아? 내 땅 밑은 흔들리지 않는다는 것, 나는 안전하다는 확신을 되찾고 '휴~' 하면서 살아 있는 기쁨을 맛보는 거지. '주인공은 죽지 않는다. 나는 내 삶의 주인공이다!' 같은 환상이 찾아오잖아.

성격은 비슷한 데가 있지만, 나는 SF 영화가 재앙 영화보다 더 좋더라. 재앙 영화가 현실 속 무서움을 경고하는 육체적 어드벤처라면, SF 영화는 인간의 존재와 세계의 본질을 의문하는 지적 어드벤처라는 점이 흥미로워. 사이언스 픽션 Science Fiction답게 다양한 과학기술이 나와서 흥미롭고, 판타지 같은 상상을 하게 만들고, 한 세계의 멸망과 새로운 세계의 등장을 그리는 서사가 두근두근하지. 내 직업상 SF 영화 속 공간을 분석하는 재미도 쏠쏠해. 완전히 파괴된 세상, 완벽히 새로운 세상, 환상적인 건축물, 고대로 돌아간 듯한 건축물 등이 등장하는 세계가 유토피아와 디스토피아를 그리게 만들지.

너희 시대에는 얼마나 더 기상천외한 착상을 풀어내는 SF가 나올까? 내가 SF를 통해 발견한 수많은 의문이 있어. "나는 누구인가? 나는 왜 지금 여기에 있으며 어디로 가나? 인간이란 무엇인가? 인간성이란 무엇인가? 로봇은 어디까지 진화할까? 인간과 기계는 필연적으로 대립할 운명인가? 인공 지능은 어디까지 발전할까? 인조 인간에게도 마음과 의식이 있을까? 생명의 기원은 언제 어디서 무엇에 의해 촉발되었을까? 이 드넓은 우주에 지적 생명체가 과연 인간밖에 없을까? 외계인과의 소통은 어떤 방식으로 가능할까? 지구의 멸망은 어떤 방식으로 찾아올까? 인류의 멸망이 곧 지구의 멸망일까? 인류 문명이 무너진 후에 인간은 문명을 다시 일으킬 수 있을까? 어떤 문명이 될까? 인류는 지구 소멸 후 우주 그 어딘가에 정착해서 다시 번성할까? 생명공학은 신의 경지에 이를까? 복제인간은 가능한가? 불사의 인간이 되는 건 가능한가? 수십, 수백, 수천억 년 후의 미래는 어떤 모습일까?

시간의 역사는 어디에서 오고 어떤 미래로 갈까? 시간여행은 가능한가? 평행우주는 진짜 가능한가? 멀티버스multiverse란 가능한가?" 등 철학적인 의문이 꼬리에 꼬리를 물고 다가와.

수많은 SF 영화가 이런 철학적 의문을 다루지. 성찰하고, 경고하고, 예견하고, 후회하고, 상상하고, 과거를 짚어보고, 미래를 그려보지만, 결코 어떤 미래라고 특정하는 건 아니야. 우리는 미래를 알 수 없으니까. 다만 수많은 가능성 중 하나를 보여주면서 우리가 성찰할 그 무엇을 던져준다는 것에 의미가 있지. 우리의 지금 선택이 그 어떤 미래로 향하게 할 테니까.

내가 특별한 영감을 받은 SF 영화 셋이 있어. 첫 번째는 「칠드런 오브 맨Children of Men」(알폰소 쿠아론, 2006). 인류 멸망의 원인으로 핵전쟁, 환경오염, 운석 충돌, 해수면 상승, 빙하 시대 도래, 괴질 바이러스 출몰 등을 그리는데, 이 영화가 그리는 원인은 인간 번식력의 증발이야. 왜 그렇게 됐는지도 몰라, 유산이 많아지더니 임신이 더 이상 없어졌어. 아가의 울음소리와 웃음소리가 사라진 세상에서 세계도시는 폭동과 약탈로 무정부 상태가 되지(여기에 서울도 나오더군). 인류의 불임이 가장 평온하면서도 가장 절망적인 종말이겠다는 생각이 들더라. 기껏해야 백 년 안에 인간이 사라지는 시한부 디스토피아에서 산다는 게 어떤 느낌일까? 인간이라는 종種과 나의 유전자를 이을 아가가 더 이상 안 태어난다면 미래도 없어지는 거지. 미래가 없는데 더 살 희망이 있을까? 주인공 테오는 기적처럼 아기를 잉태한 엄마를 구해줌으로써 새로운 세계에 대한 희망을 열어.

두 번째 영화는 「컨택트」(원제는 Arrival, 드니 빌뇌브, 2017). 어느 날 홀연히 나타난 조개껍데기처럼 생긴 우주선 속 외계인은 언어학 박사인 주인공 루이즈에게 외계어를 가르쳐주더니 또 어느 날 홀연히 흔적도 없이 떠나버려. 루이즈는 외계어를 배우며 시간을 초월하는 예지력이 생겨. 특정 언어를 쓰면서 그 언어 체계의 세계관을 갖게 된 거지. 딸을 낳아 천국 같은 시간을 보내겠지만 그 딸이 일찍 죽는다는 것도 예지하게 돼. 고통스러운 미래를 알고도 그 미래를 선택할 수 있을까? 루이즈의 독백은 가슴 아려. '미래를 알면서도 한순간 한순간의 인생을 껴안는다!'

세 번째 영화는, 「블레이드 러너 The Blade Runner」(리들리 스콧, 1982)야. 천재 엔지니어가 4년 수명의 인조인간을 설계하는 과정에서 기억을 삽입하면 그 기능이 훨씬 더 좋아진다는 착안을 해. 자신을 인간으로 아는 인조인간이 되는 거지. 어릴 적 기억이 너무 생생해서 자신이 인간이 아니라는 걸 도저히 믿을 수 없는 비극이 벌어지는 거야. 이 영화의 백미는 인조인간 로이가 자신을 추격하던 블레이드 러너, 데커드를 죽음에서 구해주면서 하는 마지막 말이야. "두려움 속에서 산다는 게 어떤 건지 이제 알겠지?" "나는 인간이 못 볼 걸 수없이 봤지. 이제 그 순간들도 시간 속에 다 사라져. 빗속의 눈물처럼." 그러고는 "죽을 시간이야(Time to die)" 하며 고개를 떨구고 죽지. 자신이 죽을 시간을 알면서도 그 마지막 순간에 다른 인간을 구해주는 인조인간이라니, 인간보다 더 인간적 아니야?

　세 영화의 공통점이 있어. 첫째, 모두 원작 소설이 있다는 점. 동명의 『칠드런 오브 맨』(P. D. 제임스, 1992), 『네 인생의 이야기』(테드 창, 1998), 『안드로이드는 전기양의 꿈을 꾸는가?』(필립 K. 딕, 1968) 세 권이야. 둘째, 개봉할 땐 별 주목을 못 받다가 시간이 지날수록 명작으로 인정되었다는 점. 셋째, 기막힌 명장면을 담았다는 점(「칠드런 오브 맨」의 숨 막히는 롱테이크 장면, 「컨택트」에서 외계인과의 희한한 대화 장면, 「블레이드 러너」에서 사람 눈동자에 담긴 LA 장면). 넷째, 마치 외계에서 들려오는 것 같은 소리를 담은 음악을 깔았다는 점.

　그 외계의 소리에 홀려서 생명을 향한 인간(인조인간까지)의 의지, 죽음을 받아들이는 방식, 삶을 껴안는 방식에 빠지다 보면, '아, 하나의 생명이란 얼마나 숭고한 건가?' 느끼게 된다. 아무리 일순간의 환상이라 해도 말이야. SF 영화에서 발견하는 깨달음의 순간이지. 생명이란, 죽음이 있기에, 숭고한 것이야.

외로움·두려움과 함께 살아남는 힘

사라짐이 죽음의 두려움이라면, 외로움은 삶의 괴로움이지. 존재하는 외로움과 사라지는 두려움 사이에서 끊임없이 괴로워하는 게 인간이야. 나의 숙명이듯 너희의 숙명이고 모든 인간의 숙명이지. 이 숙명 속에서 어떻게 살아갈까? 어떻게 외로움과 두려움을 이겨낼 수 있을까?

외로움을 견디는 힘은 외롭다는 걸 인정할 때 나오는 걸 거야. 어차피 외로울 거니까 차라리 외부와 차단하고 완전히 혼자 있겠다는 태도는 어리석지. 외로움을 잊으려 사람들에게 둘러싸여 떠들썩하게 보내겠다는 태도 역시 어리석기는 마찬가지야. 외로움은 사람들과 같이 있을 때 더 깊어지기 십상이니까. 세상을 등져도, 사람에게 휩쓸려도 외로움은 마치 그림자처럼 나의 일부니까. 외로워하는 연습, 외로운 연습을 많이 하면 할수록 견디는 힘이 생긴다. 내가 어릴 적부터 혼자 있는 연습 또는 사람들에 휩쓸리려는 유혹을 견디는 연습을 많이 해보라는 이유야. 자기도 모르는 사이에 힘이 생겨 있음을 느끼게 될 거야.

두려움을 견디는 힘 역시 두려움을 인정할 때 생긴다. 두려우니까 아예 눈을 감고 '모른 척, 없는 척 이 순간만 살 거야' 하는 태도는 별로 도움이 안 되지. 왜 두려운가, 무엇을 두려워하는가 의문하면서 두려움의 실체를 알아내려고 할수록 두려움을 다스리는 힘은 커진다. 설령 답을 모른다고 하더라도 구체적으로 의문을 던지는 자체가 두려움을 덜어주는 효과가 있어. 무엇인가를 스스로 하고 있다는 의식이 무기력감을 덜어주는 이치지. 모른 채 당하지 말자고. 알고 맞서보자고.

「블레이드 러너」에서 인조인간 로이가 죽을 위험에 처한 인간 데커드에게 던진 "두려움 속에서 사는 게 어떤 건지 이제 알겠지?"라는 말은 아주 의미심장해. 우리는 언제 죽을지 모르니 얼마나 다행이야? 하지만 죽음의 두려움을 스스로 깨달았을 때 데커드는 다시 태어났겠지. 로이가 그 두려움 속에서 살며 체득한 깨달음을 마지막 순간에 실천했듯이 말이야.

내가 앞에서 거론한 SF 명작 속에 나온 테오, 루이즈, 로이의 태도는 인간의 근본적인 외로움과 두려움에 대한 신선한 배움을 주지. 테오는 전쟁터에서 아가의 울음소리가 총격을 멈추는 기적을 보며 아가와 엄마를 지켜줌으로써 깊은 외로움에서 벗어날 수 있었어. 루이즈는 미래에 일어날 비극을 알면서도 삶의 기쁨을 누릴 기회를 포기하지 않음으로써 두려움을 이기고 삶을 껴안지. 인조인간 로이는 자신의 두려움을 너무도 잘 알기에 인간 데커드를 두려움으로부터 구해줌으로써 자신의 두려움을 이기고 의미 있는 죽음을 맞아.

어차피 없어질 건데 뭣 때문에 연연하냐? 어차피 사라질 삶인데 살 가치가 어디 있어? 부질없다? 헛되고 헛되도다? 이런 바보 같은 생각에 빠지지 말자고. 살아 있는 동안 죽음이 언제 올지 모르고 사는 행운을 누리면서 지구의 아름다움, 우주의 신비로움, 생명의 아름다움을 흠뻑 맛보기를 바라. 삶의 외로움과 죽음의 두려움을 안고 살면서도 매 순간 삶의 기쁨을 힘껏 껴안기를 바라.

2장 유혹과 욕망

너희가 겪을 다채로운 흔들림, 재미있겠지?

자기만의 좋은 유혹을 가진
사람이 많을수록
재미있는 세상이 될 것 같지 않아?

> 다니와 여름이 이야기

글로벌 세상의 복잡다단한 선택

우리 가족은 어쩌다 글로벌 가족이 되었다. 여름이는 미국에 사는 한국 아이, 다니는 한국에 사는 미국 아이다. 두 딸이 어릴 적에 '외국인과 결혼한다면?' 하고 질문했었는데 현실이 됐다. 큰딸은 토종 한국 남자와 긴 연애를 거쳐 결혼했는데 미국에서 취업하면서 그곳에 살게 됐다. 작은딸은 교환학생 시절 만난 토종 미국 남자와 눈이 맞았는데, 그 남자가 한국에 쫓아와 취업하고 오래 연애하더니 결혼에 골인했다. 작은딸네는 우리와 다세대주택 아래윗집에서 산다. 김장도 바비큐도 같이 하며 다니 크는 모습을 보는 재미까지 생겼으니 웬 복인가 싶다. 큰딸네와는 SNS 소통도 많거니와 이 핑계 저 핑계로 자주 와서 떨어져 사는 느낌이 별로 안 든다.

미국 사위는 한국에 살고, 한국 사위는 미국에 사는 상황이 웃긴다. 사위들이 영어로 스포츠며 차며 게임이며 남자들이 열광하는 주제에 몰입하는 모습을 보는 것도 재미있다. 친인척까지 넓히면 다문화는 더 다양해진다. 캐나다인과 결혼한 조카, 스페인 사람과 결혼한 사촌, 아프리카에서 사는 사촌, 파리에서 사는 조카, 미국인 남편과 한국에 돌아와 사는 언니 등, 바야흐로 글로벌 가족 시대다.

글로벌 사회에 살 너희의 미래는 어떻게 펼쳐질까? 훨씬 더 복

> 잡하고, 다채롭고, 흥미롭고, 무엇보다도 예측 불가성이 더 높아질 건 분명하다. 선택의 폭이 넓으니, 갈등을 더 크게 겪지나 않을까? 앞으로 어디에서 살고 또 일하게 될까? 더 커진 세계에서 마주칠 유혹과 욕망은 또 얼마나 더 커지고 복잡해질까? 그 어느 때보다 유연함이 필요한 시대다.

초양극화 사회에서, 너는 1% 아니면 99%?

다니 엄마와 여름이 엄마는 내가 입버릇처럼 하던 말을 기억할 거야. "세상은 20% 대 80%로 나뉜 양극화 사회야. 20%에 들지 않을 확률이 더 커. 그렇더라도 행복하게 사는 능력을 길러야 해." 두 딸은 이 말을 듣고 속으로 섭섭했대. 왜 20%에 들 수 있다고, 더 잘할 수 있다고 격려하고 압력을 넣지 않았느냐고 불만스러웠대. "무슨 엄마가 이래?" 속마음은 이랬을지도 몰라. 학원을 알아봐 주는 것도 아니고, 진학에 열성적이지도 않고, 학교에 찾아가기는커녕 바쁘다는 핑계로 졸업식에도 종종 빠질 정도였으니까.

내가 양극화 얘기를 꺼냈을 때가 삼십여 년 전인데, 이후에 덜해지기는커녕 더 심각해지고 있어. 요즘은 2% 대 98% 사회라고 하기도 하고, 1% 대 99% 사회라고 하기도 하지. 현실은 0.1% 대 99.9%일지도 몰라. 초양극화로 치닫는 거지. 왜 이리 심각해질까? 꼬리에 꼬리를 무는 복합적인 이유가 작동해. 아이러니하게도 우리가 대체로 긍정적으로 생각하는 세계화, 첨단기술화, 첨단 산업화는 양극화를 가속하는 큰 물살이야.

이 물살에 따라 글로벌 기업, 글로벌 주식시장, 글로벌 투자와 시장 경쟁이 생기고, 그에 따라 일자리 양극화, 도시 양극화, 지역 양극화가 번지고, 그 결과로 교육 양극화, 소비 양극화, 복지 양극화, 문화 양극화가 심해지지. 양극화 구조가 심해질수록 기득권의 자본 이익(부동산, 주식, 펀드, 코인 등)의 비율이 높아지고 교육 자본과 일자리 자본을 먼저 차지한 기득권의 이익이 더 커져. 한마디로, 가진 사람(과 기업, 도시, 국가 등)이 더 큰 이익을 챙기고, 잘되는 덴 더 잘되고 안 되는 덴 더 안 되는 악순환이 일어나는 거지. 양극화가 사회 곳곳에 침투하면서 계층 의식, 계급 의식이 다시 커지고 우리의 일상에까지 영향을 주는 건 정말 우려되는 현상이야.

사람 사는 사회에서 빈부 차이, 계층 차이, 계급 차이가 없어질 수 있냐고? 물론 완벽하게 없어질 수는 없어. 다만 정도가 문제지. 역사의 교훈은, 양극화가 심해질 때 국가 간 갈등도 심해져서 자칫 전쟁으로 치달았고(1차 세계대전이 대표적이지), 양극화가 극심해질 때 사회 불안이 심해져서 결국 폭동이나 혁명으로 분출되었지(프랑스 혁명, 러시아 혁명이 대표적이지). 게다가 지금의 양극화는 전반적인 경제 수준이 향상되고 중산층 폭이 두터워지고 성장과 분배의 형평에 대한 기대가 상당히 커진 후에 닥친 퇴행이라서 더 충격적으로 다가오는 거지.

너희의 일상에서도 양극화 문제는 분명 문제를 일으킬 거야. '금수저, 은수저, 흙수저'가 거론되는 사회가 되어버렸잖아. 양극화가 사회 문제가 되는 건, 젊은이들이 자신의 출신, 배경에 대해서 의식하지 않으려야 않을 수 없게, 실제로 출발선 자체가 다르다는 것에 불만하지 않으려야 않을 수 없게 만들기 때문이지.

'수저론'으로 해석한다면 나는 적어도 스텐 수저는 됐지. 끼니 걱정, 학비 걱정은 안 했으니까. 하지만 어릴 적부터 아버지가 밥상머리에서 하던 "아래 보고 살아!"라는 말을 나는 아주 싫어했어. '아니 아래만 보면 언제 위로 올라가?' 반발했지. 하도 근검절약을 강조해서 나는 우리 집이 영 못사는 집이라고 생각했었어. 그러다가 친구들 반경이 넓어지면서 우리 집이 상대적으로 괜찮게 살고 친구 중에는 나무 수저도 흙수저도 있음을 깨닫게 됐어. 의사, 변호사, 교수, 기업인 등 부모 직업에 따라 이른바 은수저 존재를 알게 됐고, 부모가 학교에 행차하면 건물 앞까지 차를 타고 교장이 버선발로 영접하는 금수저의 존재도 알게 됐어. 권력실세나 재벌급 집안 등 특권층이지. 내가 은수저, 금수저 친구들을 못마땅해했던 건 당연해.

내가 어떻게 극복했냐고? 첫째는 은수저, 금수저로 자랐다고 해서 걔들이 실력도 없이 잘되는 건 아니라는 걸 알게 된 것, 둘째는 나도 내 실력으로 승부를 걸 수 있다는 걸 믿게 된 것, 그리고 셋째는 어른이 된 후에 은수저, 금수저 친구들과 교류하면서 그 친구들도 여느 사람처럼 나름의 고민과 열등감에 시달리고 있음을 알게 된 것.

적어도 내가 자랄 때는 흙수저, 나무 수저, 스텐 수저, 은수저, 금수저가 섞여서 살 수 있었어. 고민을 나누고 논쟁도 하고, 격려도 위로도 할 수 있었어. 두 딸이 자랄 때도 그리 힘들어 보이지 않았어. 내 인생에서 잘한 선택 중 하나가 아파트 단지에서 탈출해서 일반 동네에 집을 짓고 살았던 거야. 집과 회사를 한 건물에 합쳐서 출퇴근 시간을 아끼고 점점 쇠약해지는 시부모님과 가까이 살기 위해서였지만, 다른 긍정적 효과도 있었어. 두 딸이 온 동네를 마음껏 탐험하고 여러 성격의 친구들을 사귀게 된 게 최고였지. 아파트 단지에서 비슷비슷한 친구와 놀던 것과 달라. 보통 동네에는 식당도 세탁소도 달걀 가게도 있잖아. 친구의 집과 가게에 드나들고 다양한 삶이 있음을 알게 되면서 세상에 눈뜨는 모습을 보는 게 아주 좋았어.

그런데, 너희 시대에도 이게 가능할까? 양극화가 일상적 문화 현상이 되어버리는 것 같아서 걱정이 커져. 특권층은 돈과 연줄을 이용해서 화려한 스펙을 차지하고, 오직 성공에 목매면서 천박한 계급의식에 절어서 온갖 방식으로 갑질을 하려 들고, 교육과 취업과 투자 현장에서 출발선에서부터 뒤처지는 젊은이들이 열패감에 시달리고 자포자기하는 현상이 우려스러워.『정의란 무엇인가』로 잘 알려진 하버드대학교 마이클 샌델 교수가『공정하다는 착각』에서 지적한 바와 같이, 겉으로는 '능력주의'로 포장된 사회체제가 실제로는 기득권이 만든 구조 속에서 굴러가기 때문에 절대 공정하지 못하다는 진실이 드러나는 거지.

'시험 잘 치면, 성적 높으면, 명문 학교 나오면, 외국 유학하면, 자격증 따면, 의대 들어가면, 취직 잘하면, 공기업 들어가면, 공무원이 되면, 고시 붙으면, 대기업 들어가면, 결혼 잘하면, 연봉 높으면, 상속받으면, 유아 교육 잘 받으면, 영어 유치원 다니면, 조기 유학하면' 등 성공의 조건이 점점 더 전형적이고 단조로워지는 게 숨 막힐 정도야. 부와 권력과 명예를 향해 아이들을 1%로 올리려 온갖 전쟁을 벌이게 만드는 사회 풍토라서 어쩔 수 없다고 부모들은 말하지만, 그건 핑계에 불과해. 우리 스스로 그런 불행한 전쟁을 끝내지 않는 한, 우리 아이들의 행복은 점점 멀어질 뿐이야.

나는 우리 속담처럼 '개천에서 용이 나는 기적'을 믿을래. 그렇지만, 나는 너희들이 용이 되는 걸 마구 독려하지는 않을 거야. 대놓고 기대하는 짓은 절대 안 할 거고. 너희가 혹시 용으로 자라더라도 속으로는 너희의 행복을 더 바랄 거야. 나는 99% 사람들이 살아가는 개천이 얼마나 풍부한 생태계인지 너희가 알기를 바라. 나는 너희가 열패감을 이길 '행복을 느끼는 능력'을 갖추도록 도와줄 거야. 우리는 용이 되지 않더라도 풍요로운 개천에서 얼마든지 행복하게 살 수 있으니까!

부자 욕망, 권력 열망, 명예 야망

돈(부자)과 권력(출세)과 명예(명성)는 모든 인간이 갖는 3대 욕망이라고 하지. 이 욕망의 실현 기회를 넓히려고 인류 역사를 통해 수없는 실험을 거듭했고, 자본주의와 민주주의라는 사회체제를 만들게 됐지. 나 역시 이 욕망에 대해서 계속 의식하면서 살아. 때로는 모자라고 때로는 넘치고 때로는 흔들려. 나름 나의 원칙을 갖고 살려고 노력하지.

첫째, 나는 많은 결함에도 불구하고 시장경제(또는 자본주의)가 그나마 인간의 본능에 가장 잘 부합한다고 생각하는 편이야. 누구나 자기 재산을 소유하고 싶어 하고, 시장에서 이익을 얻고 싶어 하고, 가격을 매겨 사고팔며 필요한 것을 얻고 싶어 하잖아. 다만 그 폐해에 대해서 지속적인 교정이 필요하다고 생각하지.

둘째, 수많은 시행착오에도 불구하고 민주주의가 인간의 욕구에 가장 부합한다고 생각해. 누구나 자기 삶의 주인이 되고, 자신의 권리를 지키고, 자신의 미래를 스스로 결정하고 싶어 하잖아? 과정이 좀 복잡하고 때론 시끄럽고 때론 잘못된 집단 선택을 하기도 하지만 모든 사람의 권리를 보장하고 책임감을 높이는 데에 민주주의가 가장 괜찮은 제도라 봐.

셋째, 인류의 역사는 명예의 기록(물론 불명예의 기록도 포함돼)이라고 생각해. 역사는 기록하는 사람의 것이니까 의도적으로 잘못 기록된 역사도 적지 않지만 그나마 수많은 기록을 통해 인간이 성취할 수 있는 명예의 기준과 인간이 저지를 수 있는 불명예의 기준을 판단하는 데 좋은 백미러 역할을 하는 게 역사일 거야.

장점이 분명함에도 시장경제와 민주주의 바탕 위에서 '부자가 되겠다는 욕망, 권력을 잡겠다는 열망, 유명해지겠다는 야망'이 온 사회를 사로잡는 현상이 되는 것은 참 아이러니야. 왜 그렇게 된 건지 이유야 분명하지. 왕권 사회, 봉건사회, 신분사회, 세습 사회가 아닌 이 시대에는 언제나 욕망과 열망과 야망의 실현 가능성이 있어 보이니까. 일확천금, 신데렐라적 신분 상승, 하루 아침에 스타 탄생 등, 이 시대의 신화는 그 어느 때보다도 막강하니까. 하지만 현실에 뿌리내리고 살아야 하는 우리는 돈과 권력과 명예에 대해서 어떤 개념을 갖고 살 것인지 각자 정의해야 하지. 안 그러면 너무 흔들리게 되니까.

나는 이렇게 내 개념을 정의했어. '첫째, 돈은 수고에 따라오는 것, 둘째, 권력은 내가 결정하는 권한이라는 것, 셋째, 명예는 약속을 지키는 것.'

첫째, 돈에 대해서. 어릴 적에 나는 돈을 벌 방법이 없을까 무척 고심했었어. 용돈은 항상 부족했고 엄마한테 아쉬운 소리를 할 때면 자존심이 상했으니까. 소설에서는 아이들도 용돈을 버는 얘기가 많이 나오던데, 그땐 '알바' 개념이 없어서 아쉬웠지. 그래서 일찍이 '내 손으로 벌어서 먹고살 거야!'라고 결심했던 거야.

둘째, 권력에 대해서. 딸부잣집 대가족 내에서 권력관계는 미묘할 정도가 아니라 아주 노골적이었지. 하찮게 여겨지는 딸이라는 존재, 나이에 따라 정해지는 서열, 발언권을 얻지 못하는 상황, 뭔가 발언하거나 요구하면 '나선다, 지나치다, 드세다' 같은 비난을 듣는 게 항상 못마땅했지. '왜 나를 인정하지 않는 거야? 왜 내 권리를 제한하는 거야? 똑같은 사람인데.' 그래서 내 결정권에 대한 열망이 커졌지. 투표권과 민주주의 열망은 그렇게 싹튼 거야.

셋째, 명예에 대해서. 어린 나는 여러 시행착오를 거쳐서 이윽고 가족과 친척과 친구에게서 인정받는 방법을 깨달았어. 그건 신뢰를 얻는 거였어. '믿을 만한 아이구나, 일을 시킬만한 아이구나, 이야기를 터놓을 수 있는 친구구나.' 약속을 지킬 때 따라오는 게 신뢰라는 걸 알게 된 거지.

내가 엄마가 되었을 때 이 개념을 아이들이 어떻게 깨닫게 할까 여러모로 궁리했지. 어렸을 때부터 돈에 대한 감각과 자기 결정에 대한 책임 감각과 약속 지키기에 대한 감각을 자연스럽게 익히기를 바랐거든. 내가 궁리해 낸 건, '집 청소에 가격을 매기고, 나서서 할 때마다 수고비 주기'였어. 부모는 필수적인 청소 부담을 덜고 아이들은 경제활동을 하기에 아주 좋은 방식이지. 딸들은 청소 작업 하나하나에 단가를 매겼지. 예컨대 진공청소기 돌리기, 물걸레질, 화장실 청소, 신발장 정리, 대문 앞 쓸기 등에 단가를 스스로 결정해. 그리고 용돈이 필요하면 나서서 일하지. 수고비 청구를 하면 나는 군소리 없이 주는 거야.

이걸 하면서 두 딸은 노동의 수고에 대한 단가를 매기는 감각이 생겼어. 작업 시간과 노동 강도에 따라 단가를 정하는 안목이 생긴 거지. 청소하느냐 마느냐는 본인 결정이야. 그게 딸들의 결정 권리니까. 뭔가 사고 싶은 게 생길 때는 집안이 반짝반짝해지고, 세뱃돈이 들어오는 명절 후에는 집안이 너저분해지지. 수고비 청구 요령도 생기고 정직하게 약속을 지키고 수고를 하면서 돈을 버는 데 대한 자부심도 높아졌지. 이게 명예의 의미야.

이렇게 작은 일상의 일에도 돈과 권력과 명예가 적용되는 거야. 그러니 사회로 넓히면 돈과 권력과 명예에 관련된 일들이 얼마나 많겠어? 학생일 때, 알바할 때, 취업할 때, 직장에서 일할 때, 승진할 때, 퇴직할 때, 창업할 때, 시장 볼 때, 백화점 갈 때, 월세살이할 때, 전세 구할 때, 집 마련할 때, 병원에 갈 때, 아이 낳을 때, 아이 기를 때 등 다양한 상황에서 서로 주고받는 보상이 합당한지, 각자의 결정권이 존중되는지, 서로 간에 만든 약속을 지키는지 관찰하고 판단하고 문제도 지적하면서 개선해야 하는 거지.

좀 더 넓혀서 공적인 판단을 할 때는 더욱 돈과 권력과 명예에 대한 개념이 중요해지지. 모든 정책에 적용돼. 주거, 교통, 의료, 보건, 복지, 개발, 환경, 세금, 경찰, 행정, 안보, 국방, 재판, 선거 등, 우리가 하나의 사회를 이루면서 갖춰야 할 수많은 제도 속에서 건강한 돈·권력·명예 개념이 잘 작동하는 건지 판단해야 해.

너희 일생 내내 돈·권력·명예는 갖은 방법으로 너희를 시험에 들게 할 거야. 너무 겁내지 말고, 불만에 그치지 말고, 혐오에 빠지지 말고 너의 기준을 세우고 지킬 수 있기를 바라. 돈을 가지면 더 큰돈을 노리고, 돈으로 권력을 사고 권력으로 돈을 더 벌려들고, 권력을 부여잡으면 명예라는 훈장까지 획득하려 드는 공허하고 천박한 풍토에 휩쓸리거나 상처받지 않기를 바라. 수고에 따라 적정 보상을 주고받는 사회, 나의 결정권과 함께 다른 이의 결정권이 존중받는 사회, 인격을 지키며 같이 사는 약속을 만드는 사회라는 기준을 갖게 되면, 좀 더 편안한 마음으로 이 세상을 바라볼 수 있게 될 거야.

슈퍼 허영의 시대

고백하자면 내 인생에서 가장 큰 유혹이라면 멋있는 사람이 되고 싶다는 유혹이었던 것 같아. 부와 권력과 명예에 대해서는 그리 어렵지 않게 원칙을 세웠어. 부자가 아니라 수고에 정당한 보상을 받으며 경제적 독립을 이룰 정도면 된다고 생각했고, 출세보다는 좋은 변화를 일으키는 힘을 갖고 싶었고, 유명해지기보다는 스스로 약속을 지키는 명예로운 사람이 되고 싶다고 생각했지. 대신에 나는 멋있는 사람, 요즘 말로 쿨한 사람이 되고 싶었어.

더 솔직하게 말한다면, 부자 되기는 그른 것 같고, 출세한다는 건 불가능한 것 같고, 명성을 얻는다는 건 언감생심이라고 생각했기 때문이 아닌가도 싶어. 반면, 멋짐이란 그 자체로 근사해 보이거니와 효과도 즉각적이라 재미있기도 했지. 여러 방향으로 시도하고 반응을 보고 내 기분도 좋아지면 '그래, 잘 맞는 거야!' 더 발전시키는 재미까지 있었으니까. 그리 나쁜 유혹은 아니었어. 멋을 정의하고 그걸 담는 스타일과 캐릭터를 열심히 생각해야 했거든.

누구나 이 유혹을 느끼고 나름대로 시도하지. 멋지고 쿨하고 싶지 않은 사람이 이 세상에 어디 있어? 자기만의 스타일과 캐릭터를 갖추고 싶지 않은 사람이 어디 있어? 문제는 이 유혹이 자칫 허영에의 유혹으로 기울어버린다는 거야. 돋보이고 싶고 칭찬 듣고 싶고 박수받고 싶고 인기 높아지고 싶어지는 거지. 잘못하다가는 중독될 수도 있는데, 한 번 빠지면 점점 더 빠지게 된다는 점에서 무척 경계해야 할 유혹이지.

지금 시대엔 더 힘들어. 허영이란 어느 시대에나 인간을 유혹하는 욕망이었지만, 요즘 시대에는 그 강도가 점점 심해지는, 바야흐로 '슈퍼 허영의 시대'거든. 두 가지 맞물리는 이유 때문이야. 첫째는 대중미디어 시대라는 것. 작은 커뮤니티뿐 아니라 지역, 국가, 세계를 대상으로 대중의 규모가 엄청나게 커지지. 미디어 덕분에 팬덤을 빠르게 만들 수 있고 그런가 하면 단번에 무너질 수도 있어. 둘째는 '허영의 시장'이 점점 더 커지는 현상이야.

멋짐과 쿨함, 스타일과 캐릭터를 사고파는 시장 규모는 놀랍게 성장하고 있어. 소비 산업과 미디어 산업, 엔터테인먼트 산업 규모가 커지는 추세하고도 통해.

슈퍼 허영의 시대에는 멋짐과 쿨함 자체가 부와 권력과 명성으로 통하는 엄청난 도구가 되어버리는 거야. 셀럽이 될수록 부의 힘, 권력의 힘, 명성의 힘도 더 커지지. 팬덤 효과를 노리는 상술도 작동하고, 이미지가 신분 상승의 도구가 되어버려. 게다가 허영의 시대를 확장하는 도구들은 휘황찬란해. 성형, 명품, 명소, 소장품, 취미, 매너, 하물며 연애사, 결혼사, 심지어는 스캔들도 이용되지. 빛의 속도로 정보가 퍼지는 시대, 언제 어디서나 사진 찍고 바로 퍼뜨리는 SNS 시대, 밈과 바이럴이 공기처럼 떠도는 시대에 이미지로 세상을 유혹하기란 너무 쉬워. 관건은 경계를 어떻게 짓느냐겠지. 멋과 쿨이라는 시대의 유혹을 즐기되 허영의 유혹에 휘둘리지 않는 것. 지금 시대를 살아가는 모든 사람이 알게 모르게 신경 쓰는 사안일 거야.

진정으로 자기만의 스타일과 캐릭터를 지닌 사람, 진정으로 멋과 쿨이 풍기는 사람을 만나기 어려운 이유는, 그게 돈과 권력과 명예와 연관되는 경우가 많아서 그럴 거야. 돈과 권력과 명예를 이용해서 멋과 쿨을 사려 드는 사람이 워낙 많거든. 그래서 안목을 길러야 해. 명품 브랜드 두르고 신상으로 휘감는 사람이 진짜 멋있기는 쉽지 않아. 주변에서 부러워하고 칭송할지 모르지만, 립서비스이기 십상이야. 자기 스타일 없이 명품에 기대는 사람들은 공허해. 권력의 위세로 목이 뻣뻣한 사람만큼 졸렬해 보이는 사람도 없지. 고가의 명품을 걸쳤더라도 속 빈 강정처럼 금방 드러나. 상투적인 셀럽은 멋지지도 않거니와 그런 셀럽에게 쉽게 현혹되는 사람도 쿨한 사람이 되기 어렵지.

사람은 욕심쟁이야. 이 시대의 모든 사람이 돈과 권력과 명예 이상으로 멋과 쿨을 갖고 싶어 하고 자기 스타일과 캐릭터를 지니고 싶어 해. 하지만 성공하기란 쉽지 않아. 돈과 권력과 명예에 집착할수록 더 어려워져. 돈으로 세상을 갈라치기 하는 천박한 계급주의자는 절대로 멋질 수 없고, 자리보전과 출세에 연연하는 권력 지향자는 절대로 멋질 수 없어. 셀럽 되기와 셀럽 추앙하기에 목매는 사람 역시 절대로 멋질 수 없어.

진짜 부자는 부 자체를 초월하지. 빌어먹게도, 돈이 돈을 버는 세상이니 말이야. 진짜 권력자란 이 세상에 더 이상 없어. 불멸하는 권력은 없기 때문이지. 진짜 셀럽은 있을 수 있어. 한 시대의 아이콘이 되어 시간이 지나도 기억되기 때문이야. 다만 그런 사람이 되기란 쉽지 않지. 그런데 돈과 권력과 명예에 연연하지 않으면서 자기만의 스타일과 캐릭터를 갖춘 사람은 누구나 될 수 있어. 멋과 쿨을 사고파는 허영의 시대에, 허영에의 유혹에 중독되지 않으면서 멋과 쿨을 지향해 보자고.

유혹에 흔들리되, 휘둘리지는 말 것

"우리를 시험에 들지 말게 하고 다만 악에서 구하옵소서!" 주기도문에 나오는 이 말은 정말 절절해. 그런데 나는 속으로 뜨끔해지면서도 이렇게 생각했어. "마귀의 유혹이라는 시험이 만만치는 않지만, 왜 유혹을 꼭 악으로 치부할까?"

사십 대를 '불혹不惑'이라 부르며 더 이상 미혹되지 않는다고 공자가 정의하셨다지만 나는 해석이 달라. 오히려 더 많은 유혹이 널려 있으니까 그에 흔들리지 말라는 뜻 아닐까? 사십 대라면 충분하게 젊고 마지막으로 열정을 불태울 시기라고 사람들이 생각하는지도 몰라. 실제로 많은 사람이 여태까지 안 하던 일을 사십 대에 시도하곤 하지. 창업, 이직, 투자, 새 취미, 여행, 연애뿐 아니라 심지어는 불륜까지도.

그런데 유혹은 불혹에만 많이 찾아오는 게 아니야. 하늘의 뜻을 알고 인생의 의미를 안다는 지천명(知天命, 오십을 일컫는 말)에도, 남의 말을 듣는 귀가 순해진다는 이순(耳順, 예순을 일컫는 말)에도, 마음이 가는 대로 따라가도 괜찮다고 하는 종심(從心, 칠십을 일컫는 말)에도 유혹이 없을까? 유혹에 넘어갈 힘은 좀 달릴지 몰라도, 아니, 유혹을 견딜 힘이 떨어지기에 오히려 유혹은 더 강렬해지지. 오, 마음으로 저지르는 온갖 죄악이여!

사람은 평생, 매 순간 유혹에 시달리게 마련이야. 우리는 결코 예수나 부다가 될 수는 없으니까. 40일간의 금식 기간 중 마귀가

속삭이는 유혹을 이겨내고 소명을 확신한 예수, 6년의 고행 중 마왕이 던지는 유혹을 물리치고 깨달음을 얻은 부처의 경지에 우리가 도달하기는 어렵지. 분명 물리친 것 같았는데 금방 내 곁에 다시 찾아온 유혹들은 가지가지 많아. 연애의 유혹, 색色의 유혹, 눈먼 돈의 유혹, 높은 자리의 유혹, 단맛의 유혹, 명품의 유혹, 성형의 유혹, 패션의 유혹, 고급 여행의 유혹, 게임에 빠지고 싶은 유혹, 마약을 시도해 보고 싶은 유혹, 잘나 보이고 싶은 유혹, 돈보이고 싶은 유혹, 놀고 싶은 유혹, 욕하고 싶은 유혹, 비밀을 폭로하고 싶은 유혹, 유혹에 항복하고 싶은 유혹 등, 유혹은 일생 내내 찾아오는 거야. 사람이 유혹에 더 이상 흔들리지 않는다면 이미 끝난 삶이나 다름없지.

그런데 '왜 유혹이 악일까? 유혹은 악이기만 할까?' 주기도문의 그 대목을 보면서 내가 가졌던 의문이야. '아니, 유혹이 이렇게 많다는 건 그만큼 자연스럽다는 거 아니야? 내가 유혹을 느끼는 건 당연한 본능 아니야? 유혹에 손든다고 내가 그리 나쁜 거야?' 차츰 깨닫게 됐어. 인간의 욕망을 악으로 보는 것은 인간을 통제하려는 의도일 가능성이 높다는 것을. 누가 통제하려 들어? 종교라는 이름으로, 도덕이라는 이름으로, 국가라는 이름으로, 공권력이란 이름으로. 때로는 부모가, 선생님이, 학교가, 고용주가, 회사가, 종교인이, 지식인이, 언론인이 통세에 나서지. 물론 이해는 돼. 모든 사람이 갖가지 유혹에 빠져서 허우적댄다면 그 소모적 삶이 개인을 붕괴시킬 뿐 아니라 사회를 위험에 빠트릴 수도 있으니까. 그러다가 자칫 통제자의 권력을 위협할 수도 있을 거잖아? 그러니 통제하려 드는 거지.

그래서 내 나름대로 유혹의 기준을 설정해야 했어. 유혹을 이기기란 쉽지 않을지언정 남이 정한 기준에 통제받지는 않아야겠다는 생각에서지. 위험한 유혹, 위험하지 않은 유혹, 덜 위험한 유혹, 질 나쁜 유혹, 질 좋은 유혹, 빠져도 되는 유혹, 견제해야 하는 유혹, 시험해 봐도 좋은 유혹, 조금 더 빠져 봐도 좋은 유혹, 깊이 빠져도 괜찮은 유혹 등, 혼자서 열심히 나의 기준을 세우고 세상의 기준과 비교해 보는 거였어.

내가 열심히 생각해 낸 유혹을 대하는 나만의 비법은, '좋은 유혹으로 바꿔보자!'였어. 예컨대, '좋은 글쓰기를 하고 싶다는 유혹, 공감하는 말하기를 하고 싶다는 유혹, 이왕이면 유혹하는 글쓰기, 유혹하는 말하기를 하고 싶다는 유혹' 등. 남들은 "에이, 그게 무슨 유혹이야?"라고 할지 모르지만 나한테는 유혹인 걸 어떡해. 누구에게도 그런 유혹이 있을 거야. 남은 몰라주더라도 자기에게 강렬한 끌림이 있는 유혹 말이야. 엉뚱한 것일수록 좋을지도 몰라. 예를 들어보면, 이런 거야. 세상에서 제일 큰 호박을 길러보겠다는 유혹, 이걸 위해서 토양 연구, 씨앗 연구, 품종 연구, 비료 연구 등 별별 짓을 하는 사람이 있더라. 자기만의 좋은 유혹을 가진 사람이 많을수록 세상은 상투적이지 않고 재미있는 세상이 될 것 같지 않아?

져도 괜찮은 유혹을 느끼는 건 인생의 맛이지. 최근에 내가 매혹된 노래가 테일러 스위프트의 〈크루얼 서머Cruel Summer〉인데, 그 짧은 노래에 담긴 유혹의 메시지가 너무 좋아서야. 일상에서 느끼는 강렬한 감정, 혼란, 갈등, 흔들림, 반란, 유혹을 아주 간결한 대사로 은유까지 섞어가며 써 내려가는 솜씨가 일품이야.

이 노래에 담긴 잔인한 여름, 열병처럼 습격한 너라는 사람에 대한 끌림, 그 유혹이 어찌나 강한지 잔인하다고까지 표현하지. 게다가 여름밤이야. 땀 흘리는 낮의 열기는 가라앉았지만, 몸은 더 달아올라. "악마는 주사위를 던지고, 천사는 눈을 흘길 거야(Devils roll the dice, angels roll their eyes)"라는 가사는 유혹의 선과 악이라는 측면을 기막힌 운율로 표현하지. 잔인한 유혹과의 이런 샅바싸움은 누구나 겪는 감정이지. 드디어 유혹에 손을 들고 자신의 마음을 폭발하는 마지막 가사 한마디가 너무 통쾌해. 유혹에 완전히 항복함으로써 유혹의 잔인함에서 해방되는 순간이야.

이 노래에 별 시장 반응이 없다가 사람들이 입에서 입으로 부르고 '밈'으로 만들면서 4~5년 뒤에 대형 히트를 기록했다는 뒷이야기에, '뜨겁고 잔인한 유혹의 맛'을 알아보는 대중의 감성에 내 기분이 덩달아 좋아졌어. 일상의 유혹과 전율과 저항, 이윽고 항복이라는 과정에 누구나 마음이 흔들린다는 사실에, 아주 안심되지 않아? 그게 인생의 맛이지.

우리는 인간일 뿐이야. 오직 인간에 불과하므로 유혹에 흔들리는 게 지극히 정상이야. 다만 인간이기에 유혹에 휘둘리지 않으려 애쓰는 거지. 유혹에 흔들리되, 휘둘리지는 말 것. 자신의 유혹을 다스리는 비법을 만들어봐. 정답은 없어.

상처 없는 삶, *모자람 모르는 삶은 위태로워*

"상처받았어!" "상처받지 마!" "상처네!" "상처 주지 마!" 우리는 이 말을 부지기수로 하고 또 부지기수로 듣지. 왜 상처란 말이 부쩍 자주 쓰일까? 기대가 꺾이고 욕망이 좌절되는 지점에서 상처가 비롯되니 이 시대의 욕망과 기대 수준이 무척 높고 또 그 좌절을 쉽게 드러내는 세태라는 증표이지. 그만큼 공격적으로 서로 할퀴는 일이 많아져서 심리적 방어 기제가 높아진 걸까? 사람들이 감정적으로 되어가고 극단적 반응을 보이는 쪽으로 치닫는다는 뜻일까? 가해자-피해자 프레임이 지나치게 작동하기 때문일까? 이유가 여하하든, 상처를 무척 나쁜 것인 양 얘기하는 세태가 나는 그리 마땅치는 않아.

'모자람'에 대해서도 마찬가지야. 모자라는 걸 문제 상태로 일컫는 경우가 너무 많다는 게 나는 불만이야. 부족의 상태, 덜 만족한 상태, 풍족하지 않은 상태가 문제라는 건데, 과연 그럴까? "나는 모자라!" "왜 그렇게 모자라게 구니?" "사람이 모자라!" 이런 말이 자주 나오는 건, 그 어떤 기준에 비해 미흡하다는 것을 표현하는 건데, 그 기준이 뭔데? 이 세상에 완벽한 기준이란 게 어디 있는데? 양적 기준이 적용되는 것들, 예컨대 재산, 연봉, 학력, 경력에 어디 만점 기준이 있나? 최소 기준이나 적정 기준이라는 게 있나? 양적 기준일수록 사람에게 적용하기 힘든 것 아닌가? 내가 어릴 적 가졌던 의문들이야.

상처 중 가장 아픈 상처는 실연 아니겠어? 나의 존재와 나의 마음이 거절당하는 경험은 정말 상처가 되지. 상실의 상처는 아프고 괴롭지. 가슴이 도려내지는 것 같으니까. 부정받는 모욕의 상처도 만만찮지. 인간적 모멸감을 느끼게 만드니까. 무시당하는 차별의 상처도 만만찮아. 자존감을 깎아내리게 만드니까. 잠이 안 오고 이불킥하게 만들고 자꾸 생각나고, 가슴 한쪽이 아프고 온몸이 쓰라리고, 식욕은커녕 토할 듯한 복통이 나타나는 등, 마음의 상처로 인해 생기는 현상들은 결국 몸 건강까지 망쳐버리지.

하지만 생각해 봐. 실연의 상처 없이 어떻게 사랑 이야기를 쓰며, 모욕당하는 상처 없이 어찌 사회적 분노를 키우며, 차별받는 상처 없이 어떻게 더 크겠다는 야심을 키우며 어떻게 좋은 변화에 대한 포부를 키우겠어? 실연의 상처가 있으면 작가나 배우가 될 수도 있겠다, 모욕의 상처가 있으면 통쾌한 복수를 꾀할 사업을 구상할 수 있겠다, 차별의 상처가 있으면 변호사나 정치인이 될 수도 있겠다고 여겨도 좋겠지? 상처는 분명 스트레스로 남지만, 스트레스는 우리를 자극하니까.

모자람 중에 가장 문제 있는 모자람은 '사랑'일 거야. 사랑받지 못해서 생기는 상처는 가장 큰 상처가 아닐 수 없어. 특히 아가 적에 스킨십 사랑을 받지 못하면 치유하기 힘든 상처가 돼. 네 명 이상의 출산을 강요하는 정책으로 집단 육아 지옥을 초래했던 차우셰스쿠 정권(루마니아 1960년대에서 1980년대까지의 광기 어린 독재정권)하의 유아원에서 일절 스킨십 없이 자란 아가들이 사회적 인격 장애의 상처가 깊었다는 충격적 분석도 있어. 아이 시절에 사랑받는다는 믿음을 갖지 못하면 버림받을지도 모른다는 마음의 상처가 남아서 자칫 나르시시스트적 성향의 인간이 될 위험이 크다는 분석도 있지. 우리가 아이를 마음껏 안아주고 항상 곁에 있어 줄 거라는 신뢰를 심어주어야 하는 이유지. 사실은 아이 어른 할 것 없이 모든 사람에게 그래. 사랑에 대해서만큼은 지나침이라는 게 없어. 단순히 손잡아주고 눈 맞춰주고 안아주는 스킨십만으로도 기적의 치유가 되잖아.

모자람보다는 지나침, 아니 비틀림이 문제야. 사실 지나친 사랑이 비틀린 사랑을 낳는 경우도 많잖아. 지나친 집착이 되는 이유지. 지나침이 모자람에 대한 보상 심리에서 비롯되는 경우도 많지. 지나친 소비가 공허한 마음에서 비롯되고, 지나친 집착이 결핍된 사랑 때문에 비롯되고, 지나친 재산 집착이 어린 시절의 궁핍한 기억에서 비롯되고, 지나친 인정 집착이 자기 신뢰의 결핍에서 비롯되는 등, 모자람을 채우려는 보상 심리가 지나침이 되어버리고 비틀려져서 극단으로 치달을 위험성이 높지.

하지만, 모자람을 어떻게 대하느냐에 따라 아주 좋은 동기 부여가 될 수 있지. 모자람을 모르면 어떻게 성장하겠다는 동기가 생기겠어? 모자람을 모르면서 어떻게 사회의 상처를 이해할 수 있으며, 배고픔을 모르고 어떻게 빈궁한 사람의 심정을 이해할 것이며, 예금 잔고가 모자라 발 동동 구르던 경험 없이 어찌 곤궁에 허덕이는 사람들의 심정을 헤아릴 것이며, 남의 집에 사는 서러움을 모르고서 어떻게 내 집 마련의 고통을 이해할 수 있겠어? 모자람은 공감 능력을 키우는 자산이 될 수 있지.

상처 없는 인생이란 없어. 누구나 상처받지. 그러니 상처 자체보다는 상처를 통해 자라지 못하는 게 더 문제인 거야. 자신의 상처만 크게 보이고 정작 남에게 주는 상처에 대해서는 무신경한 건 더 큰 문제야. 모자람이 없는 인생도 없겠지. 그런데도 모자람이 없는 인생을 바라는 건 문제지. 물론 나는 내가 받았던 상처를 합리화하고, 내가 겪었던 모자람의 고통을 합리화하고 있을 거야. 굳은살이 생기고, 근육이 만들어지고, 면역 항체가 자라나고, 마음의 힘이 단단해지는 것, 그게 성장 멘탈이지.

자신이 받는 상처를 잘 들여다봐. 충분히 아파하고 회복할 힘을 키워. 다른 사람에게 줄지도 모를 상처에 예민해져. 다만 다른 사람에게 상처 줄까를 두려워해서 자신의 상처를 깊게 하지는 마. 자신이 시달리는 모자람을 잘 들여다봐. 어떻게 채울지, 어떻게 어디까지 채울지 고민해 봐. 상처는 이윽고 아물고, 모자람은 어느덧 채워져. 그리고 우리도 훌쩍 자라지.

자아분열 시대에 불안과 함께 사는 힘

"미치지 않고 살 수 있겠니?" 온 사방에 널려 있는 유혹들은 자아분열의 씨앗이 되기 십상이야. 어느 시대에나 유혹은 가지가지 많았지만, 지금 시대가 더 힘든 것은 그 유혹이 실현 가능하다는 환상 때문이지. 잘생기고 싶으면 성형으로, 멋진 몸매는 바디 트레이닝으로, 벼락부자는 로또나 코인 투자로, 돋보이고 싶으면 인스타그램으로, 혼자 놀고 싶으면 게임과 OTT로, 상처받기 싫으면 SNS로, 취직하기 싫으면 N잡러나 프리랜서로, 유명해지고 싶으면 유튜브로, 셀럽 놀이는 명품으로, 도망가고 싶으면 여행으로, 투자하고 싶으면 대출로 등. 이런 유혹이 버젓이 뉴스에 나오고 일상 대화에도 심심찮게 끼어드니 마음이 흔들리지 않을 수 있어?

실현 가능하다고 보이는 유혹은 우리를 더 불안하게 만들어. 선택할 게 많아지고, 기회가 많은 것 같고, 이 기회를 놓치지 않아야 할 것 같고, 뒤처지지 않으려면 당장 뭔가 더 해야 할 것 같고, 상상뿐 아니라 환상 때로는 망상까지도 찾아올 정도니까. 신데렐라 콤플렉스나 온달 콤플렉스가 너무도 많고, 왕자님과 공주님이 우리를 구해줄 것이라는 동화가 어른이 되어서도 어른거려. 현실화할 듯한 유혹의 시대가 불안의 시대를 악화시키지.

불안을 이길 힘을 어디서 얻을까? 많이들 희망이라고 해. 희망은 좋은 것이지만 고문을 하기도 해. '희망 고문'이란 말이 괜히 나왔겠어? 그리스·로마 신화의 판도라가 열지 말라는 상자를 열면서 온갖 걱정거리가 온 세상에 쏟아지고 그나마 희망 하나가 남아서 우리를 달래준다지만, 실현 불가능한 희망은 고문이 될 뿐이야. 기대로 인해 불안감이 더 높아지거든.

불안감을 재워줄 수 있는 게 뭘까? 믿음? 성취? 그런데 무언가 이루고 나서 안정된 것 같을 때 불안은 다시 찾아오지. 괜히 꿈자리가 사납고 마음이 콩닥콩닥해지고 무슨 일이 벌어질 듯한 불안이 다시 시작되는 거야. 많은 걸 가질수록 불안은 더 심해져. 종교에 귀의하고 믿음으로 안정된 듯할 때 다시 불신이 찾아오기도 하지. 인간의 흔들림은 피할 수 없는 걸까?

그러면 뭐가 가능할까? 아예 포기해 버릴까? 그런데 포기하면 자칫 도피처나 탈출 비상구를 찾게 될 위험이 크지. 더구나 포기란 쉬운 것 같지만 실제로는 참으로 하기 어려운 것이라서, 겉으로는 포기했다고 하면서도 속으로는 기대와 희망이 남아 있을 확률이 커. 요행을 바랄 수 있고, 행운을 기대할 수도 있고, 내일은 또 어떤 태양이 뜰지 모르는 거 아니냐고 생각하게 되는 거지.

그러면 뭘까? 나는 불안의 반대를 '일상'이라고 생각해. 또는 '습관'이라고 해도 좋아. 불안은 전쟁과도 같아. 언제 포탄이 날아오는 전투가 발생할지 모를 예측불허의 전쟁 상태는 팽팽한 긴장이 계속되게 하지. 그 예측불허의 긴장이 못 견디게 불안하게 만드는 거야. 전쟁의 반대말을 평화라고 하지만, 정확히는 일상이지. 일상의 규칙성이 지켜질 수 있는 상태가 평온함을 만들어주고 그것이 바로 평화의 상태야. 불안해지는 나를 붙들어줄 수 있는 건 일상의 평화를 느끼게 해주는 매일매일의 습관이야.

우리가 하루 세 끼를 먹고, 여섯 번은 물을 마시고, 규칙적으로 변을 봐야 한다는 게 얼마나 다행이야? 몸을 씻고, 옷을 입고, 장을 보고, 요리하고, 빨래하고, 잠을 자야 하는 게 얼마나 다행이야? 길을 걷고, 지하철역을 서성거리고, 잠시 걸터앉을 수 있는 건물 앞을 지나, 가게에 들러 내일 아침거리를 사고, 단골 식당에 들를 수 있어서 얼마나 다행이야? 집이 있다면 네가 가장 좋아하는 구석도 있겠지. 침대 옆에는 읽다 만 책이 놓여 있겠지. 창밖의 익숙한 풍경이 있고, 눈을 돌리면 항상 거기 있는 사람을 기대하는 것도 좋겠지.

너희에게도 끊임없이 불안이 찾아올 것이 분명해. 유혹이 많은 흥미로운 세상인 만큼이나 걱정, 초조함, 무기력, 실망, 좌절 등 여러 모습으로 찾아올 거야. 서성거리게 만들고 잠을 못 이루게 할 거야. 흔들리는 너를 붙들어줄 일상의 습관을 만들어봐. 잘 자고, 잘 먹고, 잘 싸고, 잘 마시고, 잘 걷고, 잘 햇볕 쐬고, 잘 숨 쉬는 등, 평소에 너무도 일상적이어서 신경조차 쓰지 않는 일상의 습관들이 너의 불안을 잠재워 줄 수 있을 거야. 불안은 인생 내내 같이 가야 할 친구야. 좋은 습관으로 불안을 다독이며 같이 살아보자.

3장 실패와 성공

실패 이야기가 성공 이야기보다 더 흥미진진해

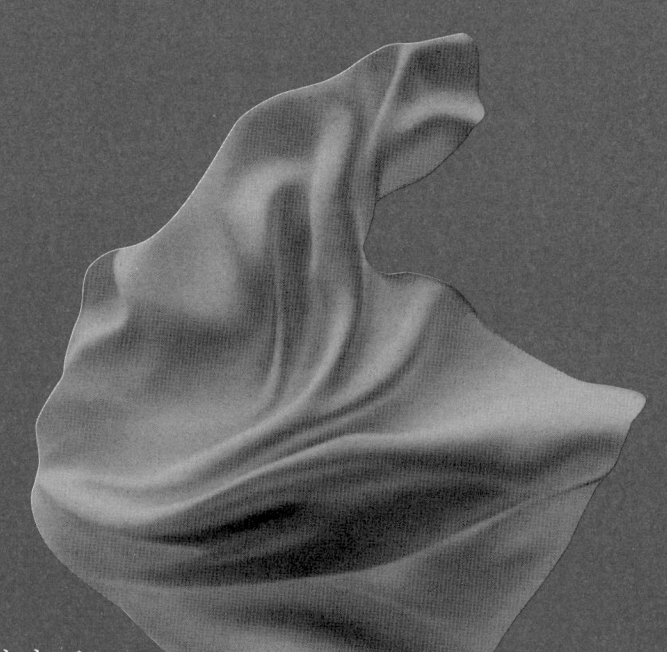

인생의 성공은
'실패 이야기를
웃으며 할 수 있는 힘'에
달린 게 아닐까?

> 다니와 여름이 이야기

실패를 응원하는 이유

여름이는 샘이 많다. 둘째라서 더 그럴 게다. 뭐든지 더 잘하는 오빠에게 지지 않으리라 기를 쓰며 자랐을 터이다. 오빠 따라 태권도도 바이올린도 배우고, 오빠한테 기어오르고 싸움도 하고, 엄마 아빠 사랑을 경쟁하는 게 너무 귀엽다. 다니는 그저 느긋하다. 아빠 기질을 똑 닮았다. 너무 느긋해서 당하고만 사는 게 아닐지 은근히 걱정했는데, "다니 거야!" 하면서 장난감 싸움을 곧잘 하며 친구를 울리기도 해서 다행이라 생각한다. 소유욕과 질투심을 의식적으로 알게 될 날이 곧 오리라.

사촌 동생 생겼다고 동네방네 자랑하며 오매불망 만나기를 기다렸던 여름이가 두 살 다니를 처음 만났을 때 함니 하삐(할머니 할아버지를 부르는 애칭)가 다니를 더 이뻐하는 것 같다며 질투심에 불타올랐다. "뭐든지 내가 훨씬 더 잘하는데, 다니만 칭찬해" 하면서 울먹였다는 엄마 귀띔을 받고 크게 반성했다. 우리 모두 속상했던 경험이 있지 않은가? '왜 엄마는 쟤만 이뻐해? 왜 선생님은 쟤만 좋아해?' 하면서 말이다.

사촌인 다니와 여름이의 역학 관계는 앞으로도 다채롭게 펼쳐질 것이다. 여름이는 '지고도 이기는 법'을 배울 테고, 다니는 '정색하고 치받는 법'도 배울 터이다. 지는 게 이기는 것, 당장 지더라도 길게 이기는 방법을 잘 배우기를 바란다. 말 잘 듣는다고 칭찬받는 '착한 어린이'로만 불리지 않기를, 공부 잘한다고 칭찬받는 '범생이'로 남지 않기를, 실패하지 않으려고 시도도 하지 않는 '소심이'가 되지 않기를 바란다.

온갖 실수를 저지르고 시행착오를 하고 다양한 실패를 하고 나중에 그 이야기를 신나게 하면서 웃는 과정이 인생이다. 해보기와 실수하기, 도전하기와 실패하기, 다시 도전하기와 성공하기, 이기기와 지기의 연속 드라마다. 그중 '망했어!' 이야기가 제일 흥미진진한 에피소드가 된다.

'망한' 이야기는 왜 더 재미있을까?

"망했어!" 이 말이 나오면 꽤 재미있는 이야기가 나오리라는 예감이 들지 않아? 귀를 쫑긋하게 만들지. 사람들이 각자 망한 이야기를 신나게 터놓는 세상이 된다면 정말 근사할 거야. 스트레스가 덜 쌓일 테고, 긴장감이 풀어지고, 자기의 단점과 약점을 보여주는 데에 겁이 없어지고, 인생에서 일어나는 오만가지 우연에 대한 기대감이 커지겠지.

인생이 근사해지려면 실패 이야기가 많아야 한다는 게 내 소신이야. 실패가 많다고 인생 자체가 실패한 건 아니야. 그만큼 도전과 모험이 많았다는 뜻이지. 실패가 많으면 성공 확률도 조금은 더 올라가지 않을까? 시도하는 일마다 모두 실패하기도 어렵잖아? 실패할까 봐 시도하지도 않는 인생보다는 시도하다가 깨지고 부서지며 실패하고 또 시도하는 인생이 훨씬 더 흥미진진하리라는 건 확실해.

주변에 민폐를 끼치는 실패를 계속하는 건 물론 곤란하겠지. 하지만 실패를 무슨 죄악처럼 여기는 사회 분위기는 정말 유감이야. 절대로 실패하지 않겠다고 안전 제일주의로 살아야 한다는 분위기도 유감이고, 더구나 아이들을 성공주의로 몰아가는 부모의 행태는 정말 유감이지. 아이들이 하겠다는 걸 위험하다고, 잘 안될 거라고, 해봤자 소용없다고 지레 주저앉히는 거야말로 큰 실수야. 일단 뭔가 해보겠다고 나서면 같이 신나 하면서 격려하고 응원하고 지원하는 게 우리 모두의 의무야. 친구로서, 동료로서, 선후배로서, 상사로서, 선생으로서, 부모로서, 가족으로서 말이야.

'안 해본 건 해보자!'가 소신인 나에게는 당연히 '망한 이야기'가 훨씬 더 많아. 사람들은 내 학력이나 경력을 보고 성공 꼬리표를 붙이지만, 어림도 없어. 성공 꼬리표나 실패 꼬리표나 낙인 효과는 똑같아. 누구에게나 성공한 일도 있고 실패한 일도 있게 마련이지. 성공 가도만 달리는 사람만큼 재미없고 또 재수 없는 사람이 또 있을까?

자랑질이 재수 없는 건 확실해. '득템', 맛집, 패션 자랑 같은 건 애교 섞인 거니 봐줄 만하고 요즘은 다이어트, 성형, 휴가, 해외여행에 대한 SNS 자랑도 유행하지만, 지나치면 립서비스 칭송이나 받을 뿐 속으론 경멸당하기 십상이지. '자식 자랑, 배우자 자랑, 가문 자랑, 여친 자랑, 남친 자랑, 마당발 연고 자랑'은 말 그대로 팔불출이지. 조금 애매한 자랑질도 있겠지? '학벌 자랑, 재산 자랑, 연봉 자랑, 직장 자랑' 같은 거는 노력과 실력과 운이 섞인 거니까 좀 봐 주자고. 왜 '직원 자랑, 후배 자랑, 친구 자랑, 독서 자랑' 같은 건 별로 없을까?

   자랑질은 재수 없을 뿐 아니라 재미도 없어. 왜 그럴까? 배 아파서 그럴까? 질투 심리가 작용하니까 그럴 수도 있지. 그런데 내 생각은 거북해져서 그런 것 같아. 인정받고 칭찬받고 싶어 하는 상대의 심리가 거북하고 대등하지 않은 분위기가 어색한데 어떻게 재미가 있겠어? 사실은 실패 이야기도 비슷해. 지나치게 늘어지면 동정과 위로를 기대하는 상대가 불편해져서 난처해지지. 위로를 잘못하면 어떡하나, 한탄하는 사람을 더 마음 다치게 하지는 않을지 조심스러워지니 말이야.

   성공 이야기나 실패 이야기를 거북하지 않게 하는 비결은 뭘까? '상대방뿐 아니라 자신의 박수나 동정을 기대하지 말 것'이라는 태도가 가장 중요할 거야. '상투적이지 않을 것, 공유할 정보를 담을 것, 공감할 지점이 있을 것, 결과보다 과정이 흥미진진할 것' 같은 것은 좋은 비결이지. 말하자면, 성공이나 실패 이야기는 일종의 수업 효과가 있어야 해. 그걸 딛고 또 다른 앞을 바라볼 수 있게 해주고, 결과만이 아니라 과정의 의미를 담아야 하지. 무엇보다도 웃음을 터뜨리게 하는 게 최고지. '나도 그거 해

봤는데!' 공감을 끌어낼 수 있거든. 사실 이런 비결은 남에게 이야기할 때만이 아니라 자신의 성공과 실패를 스스로 곱씹을 때 아주 유용해. 성공과 실패를 잘 곱씹으면 또 다른 성장의 발판이 될 수 있거든.

우리 인생에서는 수많은 실패가 일어나게 마련이야. 진학 실패, 수상 실패, 취업 실패, 이직 실패, 승진 실패는 너무도 자연스럽지. 영업 실패, 수주 실패는 당연히 일어나고 회복할 수 있지만, 사업 실패는 부작용이 꽤 오래가거나 회복 불가능이 될 수도 있지. 2022년 국가통계포털에 의하면 개업 후 3년 안에 폐업하는 게 절반이 넘고, 7년이 지나도 버티는 기업은 4분의 1에 불과하대. 투자 실패, 청약 실패는 누구나 하는 거 아니겠어? 작심삼일 실패는 부지기수고, 칠전팔기 실패도 만만치 않지. 성공의 확률이란 낮은 걸 받아들이자고.

감정이 개입되는 실패는 아프고 아프지. 그나마 연애 실패는 인생살이의 한 부분이지만 결혼 실패, 이혼 실패는 보통 문제가 아니야. 이혼율이 3년 내 18%, 10년 내 17%, 30년 내 17%라니, 언제 어떻게 깨질지 모르는 게 결혼이야. 아무리 사례가 많아졌더라도 이혼은 고통스러운 인생 사안임엔 분명해. 하지만 이혼을 못 해서 결혼 상태를 유지하는 게 결혼 실패임을 공감하는 시대야. 감정을 정리하지 못하는 이혼 후폭풍에 시달리며 자신의 삶을 찾지 못하는 게 이혼 실패일 텐데, 정말 극복하기 힘들지. 사람에 대한 신뢰를 잃게 만드는 실패야말로 가장 아파.

성공할 보장은 누구에게도 없지만, 실패할 권리는 누구에게나 있어. 성공할 권리는 누구에게도 없지만, 도전할 권리는 누구에게나 있지. 작은 실패를 많이 해보는 건 큰 실패를 줄이는 데에 도움이 될 수 있어. 너의 실패 이야기를 소중하게 여겨. 남들이 네 흉을 보면, 네가 아주 인간적이라고 생각하면 돼. 구직에 실패하는 건 당연한 거야. 네가 그 일자리를 못 잡은 것은 네 잘못이 아니야. 너의 쓸모와 그 일자리의 궁합이 잘 안 맞았던 것뿐이지. 어릴수록, 젊을수록 실패할 기회는 훨씬 더 많지. 너희들은 나보다 더 근사한 시행착오를 하기를! 나보다 훨씬 더 멋진 실수, 더 의미 있는 실패를 해보기를!

"많이 벌 거 없다. 니 하나 앞가림만 하면 된다"

울 엄마는 정말 대단했어. 열을 낳아서 셋을 잃고 일곱을 키웠지. 일곱 자식의 생일뿐 아니라 사위와 며느리 그리고 수십 명 손주의 생일을 일일이 기억하고 있다가 하얀 봉투를 주곤 했어. 아무리 적은 금액이라도 꼭 봉투에 넣어줘야 한다며 엄마의 문갑에는 봉투가 꼭 들어 있었지. 엄마를 묻을 때 마지막으로 하얀 봉투를 묻으면서 온 자식들과 손자들이 눈물지었지. 울 엄마에 대한 강렬한 기억이야.

엄마가 남긴 명언이 너무 많지만, 나는 이 말이 참 좋더라. "뭐 많이 벌 것 없다. 니 하나 앞가림만 하면 돼!" 엄마의 심정이 담긴 말이야. 어려웠던 시절에 앞가림 잘 못하는 친척들에게 치여서 살았거든. 특히 친정 식구들 도와주느라고 아버지에게 손 벌려야 할 때 얼마나 자존심이 상했을까? 하소연하는 엄마를 보면서 나는 결심을 했던 거야. '내가 벌어서 먹고살 거다! 남에게 돈을 타서 사는 처지는 절대 되지 않겠다!'

이 작은 목표가 얼마나 어려운 건지 커서야 알았어. 풍요로운 환경에서 자라나는 요즘 세대들은 이런 각박한 생각을 덜 할지도 몰라. 당연하게 직업을 갖고 돈 벌고 마음대로 쓰고 인생을 즐기리라고 여기며 자라겠지. 하지만 자기 하나 앞가림을 못한다는 데에 자괴감이 들 때가 생길 거야. '앞가림'이란 표현은 닥친 일을 해낸다는 뜻이야. 영어 사전을 찾아보니 "네 일을 해!(Do your job!)"라고 하는데, 앞가림이란 단어가 더 절묘한 것 같아. 우리 엄마가 앞가림이란 표현을 썼을 때는 남에게 손 벌리지 않을 만큼 경제적으로 독립하라는 느낌이 강했어. 비록 엄마 자신은 직업을 갖지 못하고 집안일에 얽매여 살았지만, 자식들은 무슨 일을 하든 밥벌이는 하라는 주문이었지.

'울 엄마가 바깥일을 했으면 아버지보다 훨씬 더 잘했을 거다. 머리 좋고, 오지랖 넓고, 정력 좋고, 추진력 강한 엄마가 벌어도 더 벌었을 거다. 말 잘하고, 논리 싸움을 피하지 않고, 그런가 하면 잘 웃고 잘 웃기고 사람 마음을 얻는 데 귀신 같은 엄마가 나처럼 교육과 일할 기회를 가질 수 있었다면 훨씬 더 많은 일을 했을 거다!' 엄마에 대한 이런 믿음은 내게 큰 힘이 됐어.

내가 아버지를 보는 시선도 열심히 분석했어. 사회적 기준으로 보면 아버지는 앞가림 잘하는 사람이지. '1년 365일 성실하고, 일밖에 모르고, 아홉 명 대가족 먹여 살리고, 더 많은 친척까지 안팎으로 지원해 주고, 놀이라면 기껏 술 한잔 곁들이는 반주 놀이와 걷기 놀이밖에 모르고, 뉴스에 나오는 얘기 아니면 대화를 이어갈 줄 모르고, 시사 얘기 통하는 나를 좋아하면서도 딸의 진보적 행보를 못마땅해하고, 집안 대소사는 엄마에게 다 맡겨 놓으면서도 제사와 기일만큼은 꼭 챙기는 가부장.' 이게 아버지에 대한 나의 평가였어. 그런데 내 기준으로 울 아버지는 전혀 앞가림을 못하는 사람인걸? 집에만 들어오면 무능해지는 사람, 밥 짓기는커녕 밥상도 못 차리는 사람, 빨래는커녕 다림질도 못하는 사람, 청소는커녕 사방에 옷 벗어 던지는 사람, 옷 한 벌 제대로 못 고르는 사람, 수발받지 않고서는 허둥대는 사람 등, 이런 게 앞가림 못하는 거 아냐?

그래서 나는 앞가림에 대해 이렇게 정의했지. '경제적 자립과 인간적 자립이 같이 가야 진짜 앞가림'이라고. 경제적 자립도 중요하지만, 인간적 자립은 더 중요해. 이른바 출세했다는 사람이 자리에서 내려와 비서나 수행원이 없어지면 지하철도 못 타고 핸드폰도 못 걸고 쇼핑도 송금도 못 하는 사람이 되어 버리잖아? 그런 사람이 요새도 있냐고? 부지기수야. 겉으로는 잔뜩 폼 잡으면서 속으로는 세상이 너무 무섭다고 벌벌 떨지도 몰라.

경제적 자립과 인간적 자립 사이에는 상호 작용이 있어. 인간적 자립이 잘 되어 있으면 경제적 자립에 대한 원칙을 잘 설정할 수 있지. 경제적 자립에만 몰두하다가는 자칫 성공 프레임에 빠져서 결국은 인간적 자립도가 떨어질 위험성이 높아져. 경제적 자립을 이루면 자존감이 높아지면서 인간적 자립에 여유가 생기는 효과가 생기지. 우리가 괜찮게 생각하는 사람은 경제적 앞가림과 인간적 앞가림이 같이 가는 사람이야. 걱정 안 끼치고, 믿어지고, 사람 맛이 나는 사람이지.

경제적 자립에 대한 너 자신의 원칙을 세워봐. 부와 권력과 명예에 대해 연연하지만 않는다면 먹고사는 자립은 다양한 전략으로 가능해. 내가 택한 전략은, '쓰고 싶은 것보다 약간 모자라게, 만약을 위해서 리스크 분산으로', 두 가지야. 나에 대한 사람들의 오해 중 하나가 건축가라서 돈을 많이 벌 거라 여기는 건데, 건축가라는 직업은 들이는 시간에 비해서 보상이 적고 생명도 그리 길지 않거든. 이 냉정한 현실을 깨달은 뒤에 나는 다양한 역할을 발굴하려 노력했어. 이른바 '멀티 잡'이지. 글쓰기, 책 쓰기, 방송 출연, 대중 강연을 한 것도, 도시와 건축 외에 문화 기획으로 활동 범위를 넓히려 노력한 것도 다 그 때문이야. 요즘 같은 위험 시대에서 요긴한 생존 전략이지.

나의 성향에서 오는 한계도 진즉 파악했어. 투자 작업에 시간을 쓰고 싶지 않아 하는 내 성향 때문에 큰돈을 벌 수 없다는 걸 깨달았어. 투자라는 게 그냥 있는 돈 굴리는 게 아니라 연구 분석과 실행에 상당한 시간을 써야 하는 작업이거든. 노동 소득이란 여간해선 투자 소득보다 많기 어렵다는 현실도 진즉 깨달았지. 그래서 돈이란 쓰고 싶은 것보다 약간 모자라는 것이 좋다는 경제적 자립 원칙을 세운 거야. 자기 합리화이긴 해도 마음을 비우는 데는 아주 효과적인 원칙이었어.

인간적 자립이란 거의 무한 도전이지. 쉽지 않은 것은, 그것이 일상의 습관이자 몸에 맞는 라이프스타일이 되어야 하고, 평생 도전해야 한다는 거야. '밥도 짓고, 맛집도 찾고, 쇼핑도 하고, 인터넷 검색도 하고, SNS도 잘 쓰고, 키오스크 주문도 하고, 쓰레기 분류도 잘해!'로써만 되는 건 아니야. 시대는 변하고 인간관계는 더 복잡해지고 기술 환경은 계속 새로워지니까. '나는 자연인이다' 스타일로 사는 사람에게도 인간적 자립은 평생 과제일 거야.

자립이란 자전거 타는 것과 비슷해. 넘어지지 않으려면 페달을 계속 밟아야 하지. 넘어지더라도 발딱 일어설 수 있어. 가끔 바퀴에 바람도 채워주고 윤활유도 쳐 줘야 해. 좋은 것은, 한 번 익힌 자전거 타는 법은 몸에 배어 있어서 언제 어느 때나 다시 탈 수 있다는 거지. 경제적 자립과 인간적 자립이라는 두 바퀴를 타고 인생을 헤쳐 가는 습관을 잘 들이면 언제든 다시 일어설 수 있는 거야.

지금도 나는 자립 시나리오를 구상하곤 해. 푸드 트럭을 할까. 도시 관광 통역 알바를 해볼까, 웹 소설 연재를 해볼까, 정 급해지면 뭐부터 팔까? 금붙이는 이제 하나도 없는데 뭐 팔 게 있을까? 웃기지? 이런 경제적 자립 구상을 계속하는 한 나의 인간적 자립은 튼튼하게 유지될 것 같은데, 어때? 동의해?

인생에서 꼭 해봐야 할 실패 세 가지
: 창업, 출마, 낙선

너희는 인생에서 한 번도 생각하지 않던 일을 하게 될지도 몰라. 막상 당할 때는 '이게 무슨 날벼락이야? 이런 일을 하게 될 줄이야! 내가 이것밖에 안 돼?' 같은 생각에 허둥댈 수도 있어. 하지만 약간 거리를 두고 보면 생각이 달라질 거야. 그리된다면 '이게 웬 복이야!' 하고 받아들여 봐. 완벽한 발상의 전환을 함으로써 인생에 새로운 지평이 열릴 수 있어. 여태까지 안 보이던 게 보이고, 그동안 눈감고 살았다는 깨달음이 오지. 무엇보다도 새로운 생각과 느낌이 인생에 찾아오지. 그리고 훌쩍 커.

내 인생에서는 세 번의 기회가 찾아왔어. 창업, 출마, 그리고 낙선. 저지르기 전까지는 한 번도 생각 안 해봤던 사건들이야. 스스로 결정해서 감행했다는 데 의미가 있지.

첫 번째, 창업. 사업하는 집에서 자랐는데도 37살에 창업할 때까지 한 번도 창업을 생각 안 했던 건 이상할 정도야. 딸에게는 상속 기회가 없을 테니 살길을 찾아야겠다고 여겼나 봐. 공부를 비상구로 삼아서 가방끈이 길어졌던 이유도 있을 거야. 유학 이

후 대한주택공사 주택연구원에서 3년을 치열하게 일했어. 도시개발과 주택 관련 사업에 연구와 실무를 겸할 수 있어서 역동적이었지. 다만 해가 지날수록 벽에 부닥쳤지. 3년 징크스가 찾아왔어. 새 길을 찾을 때가 온 거지. 그런데 오라는 데도 없었지만 가고 싶은 데가 없다는 게 더 막막했어. 내 인생에서 가장 황당했을 때였어. '내가 잘못 살아온 건가? 잘못 공부한 건가? 아니 어떻게 일하러 가고 싶은 데가 하나도 없냐?' 끙끙 고민했어.

어느 새벽에 번개처럼 생각 하나가 떠올랐어. 아니 오라는 데도 가고 싶은 데도 없으면 내가 만들면 되잖아? 드디어 '창업'이 떠오른 거지. 아니 어떻게 여태까지 이 생각을 못했지? 어쩌면 내가 이리 바보 같을까? 그동안 갇혔던 생각의 틀에서 벗어나자 온갖 아이디어가 떠오르기 시작했어. 내가 가진 모든 역량, 하고 싶어 하는 일들, 일하고 싶은 방식, 살아남고 번성할 아이디어가 뭉게뭉게 피어올랐어. 갑자기 겨드랑이에서 날개가 돋는 듯하고 머리는 터져나갈 듯했지. '바로 이거야! 나, 천재 아니야?' 혼자 신났지.

그렇게 '서울포럼'이라는 회사가 태어났어. 물론 창업은 무척 힘들었어. 생전 처음 해보는 일이니, 실수투성이였지. 프로젝트 따는 것부터 AS까지, 세금계산서부터 회계까지, 청소 허드렛일부터 각 잡는 대표 역할까지 직접 해야 했지. 아무리 작은 회사라도 대표란 처음부터 끝까지 책임진다는 뜻이니, '소의 꼬리보다 닭의 머리 역할이 훨씬 힘든' 걸 깨져 가며 배운 거지. 박사, 특히 여자 박사가 창업하는 사례가 드물던 시절에 개척자로서 큰 주목을 받았지. 회사 차리고 삼 년을 버티면 살아남는다는 속설이 있는데, 나는 살아남았어.

한 점술가가 '삼 년 전에 다시 태어났기 때문에 오래 살 거'라는 말을 해서 깜짝 놀랐다고 1장에서 얘기했잖아? 그게 바로 창업이었어. 한 번도 생각해 보지 않던 창업을 감행한 것이 다시 태어나는 사건이었던 거지. 실제 그랬거든. 새삼 나의 의지와 투지를 발견했고, 친화력과 경영 능력을 키우고, 순발력과 기획력과 창의력과 상상력을 발전시킬 수 있었거든. 창업을 안 했더라면 나의 자유분방함과 추진력과 모험 감당 역량을 다 쓰지 못했을 거야. 그때 내가 다시 태어난 거 맞아. 근데, 그 점술가는 그걸 어떻게 알았지? 소름이야.

두 번째는 출마. 정치에 관한 관심은 워낙 있었어. 혁명에 관한 관심이나 차별에 대한 예민함, 사회학에 관한 관심이 다 정치적 관심이었지. 도시계획으로 박사 학위를 하며 분야를 넓힌 후에는 정치와 행정 공부를 많이 하게 됐지. 내가 정신적 멘토로 삼는 정치철학자 한나 아렌트를 접했던 것도 내가 도시계획으로 방향을 틀었던 이유 중 하나야.

다만 현실 정치는 생각해 본 적이 없어. 그러다가 1994년에 미국 시사주간지 《타임》이 나를 '21세기 리더 100인' 중 하나로 꼽는 사건이 일어나서 그 이후로 꽤 유명해졌지. 우리 사회에서 여자가 유명해지면 꼭 겪는 일이 정치권의 유혹이야. 총선과 지방선거가 있을 때마다 여러 정당에서 출마 제안이 왔어. 솔직히 귀찮기만 했어. 내가 하고 싶은 일은 도시 작업인데 말이지. 우아하고 정중하게 거절하는 법을 구사하느라 힘들었지.

　십여 년 후에 계기가 왔어. 힘듦과 보람을 거듭하면서 전문가 활동에 전념하다가 오십 대 행로를 구상했을 때야. '사업을 키우자, 사업을 바꾸자, 공적 업무를 넓히자'라는 세 가지 시나리오를 세워놓고 고민했는데, 마침 노무현 참여정부가 등장했고 열린우리당이라는 새 정당 창당에 합류하면서 현실 정치 참여 기회가 온 거지.

　2004년 용산 지역구 출마가 내 첫 출마였어. 사람들은 깜짝 놀랐지. 전문가이니 당연히 비례대표를 하리라고 여겼거든. 내 소신은, '여당의 비례대표 역할은 그리 끌리지 않는다, 소수당이었던 열린우리당의 의석수를 늘리는 역할을 하고 싶다, 정면으로 승부하고 싶다'였어. 다만 내가 얼마나 아마추어였는지는 전혀 몰랐지. 지역개발 이슈가 많은 용산은 도시계획가 출신 후보가 가장 적합한 지역구라는 평이 있었고 그게 경쟁력이 될 줄 알았는데, 실제로 후보 경쟁력이란 아주 작은 변수라는 현실을 뼈저리게 겪었지. 총선에서 열린우리당은 과반 의석을 얻었지만, 공동선대위원장까지 했던 나는 보기 좋게 떨어졌어.

　세 번째, 그래서 낙선. 내가 출마를 꼭 해 보라는 이유는 세 가지야. '첫째, 자신을 온전하게 드러내는 최적의 기회다. 둘째, 표를 얻는다는 건 마음을 얻는 일이니, 성심을 다하는 최고의 기회다. 셋째, 자신을 대중적으로 폭넓게 평가받는 가장 극적인 기회다.' 낙선을 꼭 해봐야 한다는 이유 역시 세 가지야. '첫째, 자신의 바닥을 점검할 수 있는 최적의 기회다. 둘째, 자신에게 겸손해질 수 있는 최고의 기회다. 셋째, 주변의 공감과 연민을 얻을 수 있는 최선의 기회다' 등.

지역 출마를 감행하면서 나의 정치적 입장을 본격적으로 점검할 수 있었어. 내가 어떻게 일할 것인지 확실하게 제시하고 열심히 설득해야 했어. 나의 인간적인 매력이 무엇인지 파악하고 어필해야 했어. 나의 단점과 약점도 점검해 봐야 했어. 물론 나의 강점과 장점을 어필하고자 했지. 선거란 적절히 포장해서 홍보해야 하기도 하지만 적어도 자신을 정직하고 솔직하게 들여다보는 최고의 기회인 것은 확실해.

낙선하고 나니 더 잘 보이더군. '아, 내가 부족한 점이 이런 거였구나. 잘 나가는 게 선거에 꼭 도움이 되는 건 아니구나. 단점이나 약점이라고 생각했던 게 매력이 되기도 하는구나!' 등을 깨닫는 건 신선했어. 사람들이 나를 막 불쌍하게 여겨주는 것도 좋았어. 마음이 따뜻해지더군. 낙선이 후보에 대한 최종 평가는 아니야. 선거에는 운이 따르고 타이밍이 있는 법이니까. 더구나 낙선으로 훌쩍 성장하면 사람들이 더 높이 평가해 주지.

너희도 꼭 창업해 봐! 일찍 시도할수록 더 좋은 경험이 될 거야. 십 대, 이십 대의 창업도 가능한 세상이니까. 처음에야 간단한 알바부터 시작하겠지만, 네 아이디어로 사업할 수 있다는 포부를 가져. 취업과 창업은 너무 달라. 창업으로 처음부터 끝까지 책임져 봐. 돈과 조직과 사람과 프로젝트를 다 스스로 맡아 봐. 착상부터 구상, 기획, 조직, 제작, 영업, 품질관리, AS까지 다 해 봐. 세상이 달라 보여. 창업은 성공률보다 실패율이 더 높은 게 정상이야. 작은 프로젝트의 실패와 성공을 거듭해 봐야 나중에 진짜 프로젝트의 성공률이 높아지겠지?

너희도 출마하고 이왕이면 낙선도 꼭 해봐! 기회는 수없이 많아. 반장 선거, 팬클럽 회장 선거, 자원봉사 팀장 선거, 행사 단장 선거 등, 요즘은 단체 활동이 활발하고 민주적인 선출 방식으로 리더를 뽑는 시대이니까. 직장, 노동조합, 지역조합, 전문단체, 시민단체에서도 수시로 리더를 뽑으니까. 두 사람만 모여도 조합을 구성해서 공적 활동을 하는 걸 당연하게 여기는 유럽 사회처럼 우리도 참여 사회가 되어가는 중이니까.

너희 인생에서도 현실 정치권의 출마가 일어날 수도 있어. 사람들은 정치를 무슨 딴 데 있는 분야라 여기는데 절대 그렇지 않아. 자기 분야에서 적극 일하다 보면 누구나 정치권에서 일하게 될 수 있다고 생각하는 게 맞아. 구의회, 시의회, 국회, 자치단체장, 광역단체장, 그리고 대통령까지. 선진 사회가 될수록 선출직이 당연한 사회가 되니까, 내 인생에서 생각지도 못했던 창업과 출마와 낙선이라는 사건이 일어났던 이후 다른 창업, 출마, 낙선도 있었고, 다행히 당선도 있었어. 성공과 실패, 다 내 인생을 크게 키웠어.

안 하고 후회하기, 지고도 이기기

시에 전혀 관심 없는 사람들도 어디선가 들어본 시가 〈가지 않은 길The Road Not Taken〉일 거야. '노랗게 물든 가을 숲에서 두 갈래 길을 만났어, 사람들의 발길로 잘 다져진 길과 인적이 드물어 거친 길이었지. 어느 길로 갈까? 눈으로 닿는 데까지 길 끝을 가늠해 보다가 한 길을 선택해. 그때 인적 드문 길을 택했던 게 모든 걸 바꿨어.'

뭔가 의미심장한 게 느껴져? 다른 길을 갈 걸 하는 후회? 가지 않은 길을 갔더라면 어떤 인생이 되었을까 하는 아쉬움? 순간의 선택이 인생을 바꾼다는 깨달음? 모험을 택할 때의 위험에 대한 경고? 도전의 가능성에 대한 응원? 이 쉬운 시에 세상이 온갖 해석을 붙이니까 이 시의 시인 로버트 프로스트가 한 말이 있어. '그거 그냥 산책한 거 끄적인 거'라고. 작가로서의 태도가 담백하지. 그런데도 사람들은 여전히 이 시에 갖은 해석을 붙여. 그만큼 '가지 않은 길'에 대한 동경 심리가 강력하다는 거겠지. 동경, 그 중에서도 막연한 동경은 힘이 세.

가지 않은 길에 대한 동경이 그리 강한데도 세상엔 '가지 말라, 하지 말라'는 경구들이 많은 게 신기할 정도야. '모난 돌이 정 맞는다, 달걀로 바위 치기다, 못된 송아지 궁둥이에 뿔난다' 등, '하지 말라, 엎드려라, 고개 숙여라, 대세에 따르라, 조용히 살아라, 입 다물어라, 순응해라, 남들 하는 대로 하라, 실세에 굽히라'

같은 압력이 강하지. 일제강점기, 전쟁과 분단, 독재 권위주의, 쿠데타와 계엄 시대를 살아왔기 때문에 더 심해졌을 거야. '눈치 봐야 살아남는다, 튀지 않아야 버틴다, 찍히면 죽는다, 잘못 보였다가는 어떤 누명을 뒤집어쓸지 모른다' 등, 얼마나 비극적이야?

그나마 최근에는 꽤 달라졌어. '모난 돌이 살아남는다', '달걀로 자꾸 바위를 치면 그중 병아리가 나와 바위를 뛰어넘는다' 등 해보라, 부딪혀 보라, 가보라는 응원이 많아진 거지. '가지 않은 길을 후회하느니 가고 있는 길에 최선을 다해! 가지 않은 길이 후회된다면 다시 가보면 되잖아?' 같은 응원도 있어. N차 생이 가능한 시대에 여러 번의 선택을 할 수 있다는 걸 알게 된 거지. 실패란 가지 않은 길을 열어주는 계기야. 세상이 다 끝났다고 여겨질 때 비로소 새로운 길이 열리는 거야.

안 하고 후회하지는 말자고. 되도록 해보자고. '안 해본 건 되도록 해보겠다'는 내 소신은, 다만 후회하기 싫어서야. 물론 후회란 언제나 하게 되는 거지만, 안 하고 후회하기보다는 하고서 후회하는 게 훨씬 낫다는 걸 깨달았지. '왜 내가 그렇게 바보같이 제대로 못 했을까? 왜 실패했을까?' 하며 후회하는 게, '그때 할 걸, 왜 바보같이 못했던 거야?' 하는 한숨 섞인 후회보다 훨씬 더 나은 것 같아.

지고도 이길 수 있다는 걸 믿어보자고. 지금 당장 승패에 연연하지 말라는 거지. 물론 일부러 질 필요는 없어. 누구나 이기고 싶지. 성공하고 싶지. 성공하기 위해서, 지지 않기 위해서 할 수 있는 최선을 다하지. 하지만 승자가 있으면 언제나 패자가 있는 거고, 승자보다는 패자가 훨씬 더 많은 게 당연해. 당장 지는 게 문제가 아니야. 중요한 것은 지고 나서도, 패하고 나서도 남는 게 있어야 한다는 거야.

어떤 게 남아야 지고도 이기는 걸까? 첫째는 기량. 도전 과정에서 시간과 노력을 쏟아붓고 기량이 자라면 그것만으로도 최고지. 어떤 일에도 배울 게 있고 그 배움은 다음 일을 위한 기량으로 쌓이지. 자꾸 실패해 봐야 하는 으뜸 이유야. 둘째는 인정. '잘했어!' 자기 스스로 인정하는 것만으로도 좋고, 남의 인정까지 받으면 더 좋지. 오디션에서 탈락자에게 마음이 더 가는 경우가 있잖아? 부족하면서도 최선을 다하는 태도, 독특한 개성이나 인상적인 아이디어, 눈물을 삼키면서도 웃는 모습은 사람들 뇌리에 각인이 되지. 셋째는 미래에 대한 기대. 앞으로 쑥쑥 성장할 거라는 기대가 남으면 최고야. 지고도 이기는 거지. 그래서 다음 번 도전에서는 더 큰 응원과 박수를 받게 되지.

흥미롭게도 '지고도 이긴다'라는 역설이 출마와 낙선에서처럼 적용되는 경우가 없어. 우리는 탁월한 사례를 목격했지. 낙선할 걸 뻔히 알면서도 지역 정치의 벽에 도전하고 또 도전했던 노무현 전 대통령. 그래서 '바보 노무현'이란 웃픈 별명을 갖게 되고, 드디어 그 기량과 인정과 기대를 안고 대통령으로 선출될 수 있었어. 물론 무척 희귀한 사례이고 누구나 할 수 있는 것은 아니겠지. 하지만 누가 알아? 다음의 경우가 바로 너희가 될지? 열심히 해보자꾸나. 후회하더라도 해보자꾸나. 지더라도 해보자꾸나. 지고도 이겨보자꾸나!

부티·빈티·귀티·싼티 이상의 진짜 가치들

사람을 판단할 때 자주 쓰는 말 중에 '있어 보인다, 없어 보인다'가 있어. 이때 실제로 있는지 없는지 이상으로 중요한 게 '보이는' 거야. 무엇이 있고 없다는 걸까? 돈, 권력, 명예? 물론이지. '재산이 있는 사람인가, 높은 자리에 있는 사람인가, 유명한 사람인가'는 중요한 기준이야. 더 들여다보면, '연봉이 괜찮나, 인기 있나, 이름값 있나, 집이 있나, 아파트가 있나, 차가 있나, 괜찮은 친구가 있나, 알고 지내는 유명 인사가 있나, 여차하면 부탁할 만한 사람인가?' 같은 기준들도 있겠지. 찝찝하지만, 현실이야.

  사람들은 있어 '보이기' 위해서 여러 장치를 장착하지. '옷, 메이크업, 헤어스타일, 구두, 시계, 가방, 펜, 장신구, 핸드폰, 자동차' 등. 남의 눈에 직접 안 보이는 장치는 상대적으로 우선순위가 낮아. 사람들이 집보다 차에 더 힘을 주는 이유도 집은 안 보여줘도 되기 때문일 거야. 점심보다 브랜드 커피에 돈을 쓰는 것도 비슷한 이유겠지. 같은 물건이나 인테리어도 이왕이면 비싸 '보이는' 걸 선호하기도 해. 사람들은 없는 걸 감추기 위한 장치에도 신경을 쓰지. 거짓말까지는 아니더라도, '허세, 빈말, 과장, 허풍,

포장, 엄살' 같은 건 애교야.

  하지만 사람들이 진짜로 있어 보이고 싶어 하는 건 따로 있어. '능력, 실력, 영향력, 전문성, 매력, 멋, 교양, 매너, 품위, 유머, 침착함, 친밀함, 정중함, 예의, 좋은 평판, 분위기, 공감력, 소통력, 너그러움, 따뜻함, 건강, 체력, 활력, 정력, 신뢰, 자존감, 긍정적 기운, 우아함, 세련됨, 인격, 소신, 개성, 캐릭터, 스타일, 개념, 재미, 카리스마' 등, 참 많기도 하지? 다 무형의 가치야. 손에 안 잡히고 눈에 안 보여도, 사람들은 귀신같이 알아채. 있어 보이고 싶어 할 뿐 아니라 진정 갖고 싶어 하는 가치들이기 때문일 거야.

  그런데 더욱 중요한 게 있어. 바로 '왠지' 있어 보이는 거야. 사실 누구나 되고 싶어 하는 사람은 '왠지 있어 보이는 사람'일 거야. 보기만 해도 괜히 있어 보이고, 말 한마디에도 괜히 있어 보이는 사람이 되고 싶은 거지. 반면 누구나 되고 싶지 않은 사람은, '왠지 없어 보이는 사람'일 거야. 재산도 지위도 학력도 있고, 뉴스에 오르내릴 만큼 유명하기도 한데, 왠지 없어 보이는 건 왜일까?

  유형의 가치에 대해서 일컫는 말이 '부티, 빈티', 무형의 가치에 대해서 일컫는 말이 '귀티, 싼티'지. '유형 자산이 부족해서 빈티 나는 사람에겐 같은 인간으로서의 공감을, 많이 가졌음에도 빈티 나는 사람에겐 안쓰러움을, 못 가졌는데도 귀티 나는 사람에겐 존경과 경외를, 많이 가졌다고 부티 내는 사람에겐 혐오를, 많이 가졌음에도 싼티 나는 사람에겐 경멸을, 많이 가지고 귀티까지 나면 부러움과 질투 그리고 추앙을?' 이게 대다수 사람의 공통적 심리일 거야. 이렇게 '티'란 사람을 판단하는 데 적잖게 작용한다는 현실을 알고 대처할 필요가 있지.

그런데 우리가 꼭 염두에 둬야 할 것은 '왠지' 있어 보이는 진짜 퀄리티가 무엇이냐 일 거야. 다음 세 가지이지. '태도, 미래, 그리고 뜻'. 눈에 보이지 않고 뭐라 꼭 짚을 수 없는데도 분위기가 느껴지지.

첫째, 태도. 어떤 태도일까? 자존감 있는 태도. 담담한 태도. 지나치게 방어적이거나 공격적이지 않은 태도, 상대가 누구이든 같은 사람으로 보는 인간적 태도, 정중하고 신중하고 침착한 태도, 자신의 태도를 잘 조율하는 태도, 가식이나 위선이 아니라 진심이 느껴지는 태도, 이런 것들이지. 안정감이 있느냐 아니냐는 금방 알아볼 수 있어. '건드리면 훅 터질 것 같다, 금방 삐칠 것 같다, 화부터 낼 것 같다, 마구 덤벼들 것 같다'로 보이는 태도와 '함부로 건드리면 안 되겠다, 적절히 친하게 지내는 게 이롭겠다, 한편 먹는 게 좋을 것 같다'로 느껴지는 태도는 천양지차지.

둘째, 미래. 이른바 '될성부름'이야. 재산이든 지위든 인기든 현재 가치로만 상대를 판단하는 게 아니라 앞으로의 잠재력, 바로 미래 가치를 보고 판단하는 거지. 미래가 있는 사람이냐 아니냐 판단은 아주 중요한 사람 보는 기준이야. 젊은이 또는 신인을 더 후하게 평가하는 것도 그들의 미래 쓸모가 훨씬 더 길 거라는 기대 때문이지. '자랄 여지가 있는 사람이냐 아니냐' 즉 현재 가치 이상으로 미래 가치가 중요한 판단 기준이 되는 거야.

셋째, 뜻. 의지라고 해도 좋고 투지라고 해도 좋아. 아니면 소신 또는 목표라고 해도 좋아. 뜻을 품고 있는 것 같은 사람에게서는 왠지 풍겨 나오는 아우라가 있지. '심지가 있는 사람이구나, 목표가 있는 사람이구나, 소신과 철학이 단단한 사람이구나, 뭔가 뜻을 품고 있구나, 만만히 볼 사람이 아니네!' 이런 분위기는 사람에 대한 평가를 다르게 만들지. 이때의 뜻이란 출세나 야망과 같은 실속을 차리려는 뜻 이상으로 무언가 큰 명분을 추구하는 뜻을 말하지. 큰 뜻은 사람의 마음을 울리거든.

태도가 좋고 될성부른 미래와 자신만의 뜻이 있어 보이는 사람은 왠지 쓰고 싶고 기회를 주고 싶고 도와주고 싶은 마음을 일으켜. 위인전이나 전기, 소설 속에서 만나는 스승, 은인, 친구, 먼 친척, 이웃, 인생 파트너처럼 실제 인생에서도 후원자가 나타나지. '뜻이 있는 곳에 길이 있으리라!'처럼 '뜻이 있는 사람에겐 도움 주는 사람이 나타나리라!'도 성립해. 물론 『키다리 아저씨』같은 낭만적인 이야기는 소설에서나 가능하지만, 실제 우리의 인생에는 많은 후원자가 존재해.

우리 각자 이루는 일이 우리 혼자만의 힘으로 되는 게 아니라는 걸 꼭 의식하기를 바라. 실패가 너의 힘이 모자라서만 일어나는 게 아니듯이, 성공 역시 너의 힘만으로 되는 게 아닌 거야. 인생에서 일어나는 성공과 실패에는 실력만이 변수가 아니라 수많은 인간관계가 개입된다는 것을 자연스럽게 받아들이기를 바

라. 진심으로 너를 도와주고 싶은 사람을 만들어봐. 너의 가치를 알아보고 미래를 기대하는 사람을 만들어봐. 도와주고 싶게 만드는 건 정말 중요해. 유형의 가치 이상으로 무형의 가치를 인정받고, 현재 가치 이상으로 미래 가치를 더 크게 만들어봐. 분명히 도움 주는 사람이 나타날 거야.

실패 이야기를 웃으며 할 수 있는 힘

인생의 성공은 '실패 이야기를 웃으며 할 수 있는 힘'을 갖추는 데 달린 게 아닐까? 어릴 적에는 이런 지혜를 잘 모르지. 잘못은 부끄럽고 실수는 감추고 싶고 실패는 되도록 잊고 싶으니까. 야단맞을까 봐 흉볼까 봐 지적받을까 봐 잘못을 숨기는 건 어른이 되어서도 마찬가지야. 오히려 더 심해지는 건지도 몰라. 어릴 적에는 쉽게 극복되는 잘못도 어른이 되어서는 혹시나 불이익이 생길지도 모른다는 우려 때문에 더 숨기려 들곤 하지.

 이런 심리를 극복하는 게 진짜 어른이 되는 과정이지. 그 으뜸 지혜가 바로 웃음일 거야. 웃음이란 너그러움과 용서와 공감의 상징이거든. 웃어. 웃을 줄 알아야 해. 그리고 웃기는 연습도 해. 남을 웃길 줄 알고, 자신이 웃음 소재가 되는 것에도 스스럼없어져야 해. 자신의 실패 이야기를 유쾌한 웃음 소재로 삼아봐. 실패를 복기하면서 주요 상황에서의 생각, 판단, 최종 결단 등에 대해서 곱씹고 그걸 이야기로 만들어봐. 실패에 한을 품고 원망하고 후회로 자책하고 남을 질책하기만 하면 도저히 극복이 안 돼. 자칫 악감정의 늪에 빠지게 되지. 자신의 실패를 웃으며 얘기할 때, 너그러움도 여유도 생겨.

누구에게나 약점, 단점은 있게 마련이야. 잘못도 하고 흠결도 생기고 시행착오도 많고 실패 역시 일어나지. 실패란 약점이나 단점, 잘못과는 확실히 달라. 적극적으로 무언가 적극적으로 해 보다가 일어나는 거니까, 실패란 오히려 명예로운 훈장이 될 수도 있지. 우리가 실패라고 이름 짓는 대부분이 사실은 수업이야. '비싼 수업비'를 치렀다고 할 만큼 실패에서 잘 배워 보자고.

성공과 실패에 대한 기준은 사람마다 확실히 달라. 우리 커플도 달라서 자주 다투지. 남편은 치밀한 계획 형이고 나는 순발력 높은 시나리오 형이야. 당연히 내가 실수와 실패도 훨씬 더 많아. 남편은 왜 미리 대비하지 않느냐, 왜 좀 더 조심하지 않느냐, 왜 일을 자꾸 벌이느냐 자주 지적하지. 나는 대체로 '조심할게!' 하면서 상황을 넘기지만, 가끔은 무안해져서 '뭘 그리 추궁하냐? 실수는 당연한 거 아니냐? 일을 안 벌이면 사는 재미가 있냐?' 등 먼저 성을 내는데, 이러다가 곧잘 말싸움으로 번지지. 우리 커플의 티격태격 싸움, 남편이 지향하는 완벽성, 내가 저지르는 수많은 실수는 우리 집의 놀림거리가 되곤 해. 웃음으로 서로의 차이를 채워주며 또 다른 에너지를 얻는 과정이지.

너희 인생에도 실패가 당연히 일어날 거야. 세상은 너를 알아봐 주질 않을 거고, 친한 친구도 언제 너를 떠날지 모르고, 경쟁 회사가 먼저 프로젝트를 채갈 테고, 수십 년 동지가 배신할지도 모르고, 연애는 물론 평생을 기약했던 인생 파트너와의 관계가 깨질지도 몰라. 다이어트는 실패할 거고, 여행 계획은 무산될 거고, 사업은 망할지도 몰라. 그래도 나는 얘기하고 싶어. 나보다 훨씬 더 근사한 시행착오를 하기를. 나보다 훨씬 더 근사한 실수를 저지르기를! 나보다 훨씬 더 멋진 실패를 하기를! 그 이야기들을 어떻게 의미 있는 너의 인생 스토리로 만들지는 온전히 너에게 달려 있어. 언제나, 웃음을 잃지 마!

4장

인문 인간·이공 인간·잡학 인간

우리는 더 잘 놀려고 공부하는 거야

공부에는 '왜?'가 중요해.
공부하는 이유가 분명할수록 공부하고 싶어지지.

> **다니와 여름이 이야기**
>
> 이 넓은 세상을 공부한다는 것

여름이네는 미국 필라델피아에서 마치 자연인처럼 산다. 도시 외곽의 전원주택 동네가 널널해 보이는데, 바로 뒤에 평원이 펼쳐지고 시냇물이 졸졸 흐르고 호수가 있고, 그 사이를 아이들이 뛰어다니고 여러 동물과 마주치며 친구 삼고, 여름에는 물놀이하고 겨울에는 눈썰매 끌고, 마치 모지스 할머니가 그린 크리스마스 풍경처럼 사는 게 부럽다. 서울에서라면 언감생심이다.

다니네는 걷기를 너무 좋아하는 튼튼한 가족이다. 차가 없으면 꼼짝 못 하는 캘리포니아에서 자랐음에도, '서울에서 자가용이 왜 있어야 하는지 모르겠다'는 아빠의 철학대로 버스와 지하철과 두 발로 서울 곳곳을 누빈다. 타고 다니는 버스를 금방 알아보고 '다니 버스'라 주장하고, 지하철역 특성까지 곧잘 파악하며 자랑한다. 두세 블록쯤은 쉽게 걸어 다니면서 놀이터와 걷기 좋은 길을 찾아다니는 솜씨도 각별하다. 서울이 걷기 좋은 도시가 될 수 있음을 증명하는 가족이라 뿌듯하다.

이렇게 '천생 자연인'처럼 또는 '천생 도시인'처럼 자라는 아이들도 곧 디지털 기기에 빠져서 방콕할 테고 AI와 스마트폰을 친구 삼겠지만 그것도 자라는 과정 중 하나다. 뭘 잘할지, 어떤 전공을 선택할지, 어떤 일을 해야 할지 부모 세대는 노심초사하겠지만 부질없다. 어떤 선택도 가능한 시대다. 변화가 빠른 만큼 커리어 변

> 화도 잦은 시대다. 뭘 해도 좋다. 다만 자연과 도시를 부지런히 누비던 튼튼한 건강과 온 세상을 궁금해하던 호기심을 유지하기만 한다면 만사형통이다. 우리 모두의 인생은 이 넓은 세상을 공부하고 깨달아가면서 이윽고 하나의 예술이 되는 과정이니까.

인문계, 이공계, 아니면 잡학계?

인문계를 택할 것인가, 이공계를 택할 것인가? 대학에 가지 않는 사람이 거의 없는 요즘 시대에 전공을 정하기는 해야 할 테지만, 대학 전공은 별 쓸모가 없을 공산이 크다. 전공을 바꾸고, 복수 전공을 택하고, 전공과 완전히 다른 일을 하고, 전공과 무관한 일에서 재능을 발휘하며 사는 사람들이 워낙 많은 세상이거든. 사회 변화와 수요 변화, 직능 변화, 업종 변화가 워낙 빠른 이 시대에는 이런 현상이 더 두드러질 거야. 그래서 능력보다는 성향을 잘 파악하는 게 중요해. 많은 경우에 능력은 훈련을 통해 발전되는 반면에, 성향이란 면면히 흐르는 기질 같은 거라서 잘 변하지 않거든.

나는 내 성향에 잘 맞는 분야를 전공으로 택해서 행운인 편이야. 건축과를 택했을 때는 성향에 맞는지 아닌지 전혀 몰랐어. 인문계나 예술계보다 이공계가 그나마 먹고살기 나을 듯한데, 그중 건축과가 괜찮아 보였거든. 건축 분야 안에서도 내 성향에 맞는 부문을 찾아내고 넓히느라 꽤 노력했지. 그런데 남편은 너무 웃겨. 아무리 봐도 성향상 엔지니어링보다 더 잘 맞는 분야가 있을 것 같은데 왜 공학을 택했냐고 물어봤더니, 적성검사에서 가장 점수가 낮은 분야라서 오기로 택했다나? 난 여전히 남편이 다른 분야에서 더 잘했을 것 같아.

부모의 역할이란 아이의 성향을 잘 관찰하고 강점과 약점, 장단점을 파악하면서 자극과 용기를 주는 데 있지. 지나친 독려나 미흡한 배려는 독이 될 수도 있으니, 오히려 적절한 무관심이 약이 될지도 몰라. 이 시대의 부모들이 각별하게 새길 원칙은, '아이의 미래를 좌우할 수 있다고 생각지 말라'는 거야. 일곱 아이가 고삐 풀려서 방목하듯 자랐던 내 세대는 가끔 외로움과 서러움을 느끼면서도 무한대의 자유를 누리며 마음껏 상상하고 다양한 모험을 할 수 있었던 것 같아.

내가 부모였을 때는 어땠을까? 두 딸이 노는 모습을 보면서 미래를 상상하는 건 재미 만점이었어. 관찰한 걸 그림으로 잘 표현하고 동물을 좋아하던 큰딸의 기상천외한 포부는 '유니콘을 만들겠다'는 것이었지. '유니콘 농장을 만들 때 엄마한테 설계를 맡겨줄게!'라는 원대한 계획까지 세웠어. 이 몽상적인 꿈이 점점 더 현실적으로 되더니 '아프리카에서 야생동물 구호를 하겠다!'로 바뀌었지. 유니콘을 만들려면 생물학이 좋다는 내 말에 자극을 받았던지 큰딸은 대학원까지 잘 다니더니만, 어느 날 "결심했어. 수의사가 될 거야!" 선포하고 편입 시험을 준비하더라. 그렇게 미친 듯이 공부하는 건 처음 봤어. 늦었을 때가 가장 빠르다고 자기가 선택한 진로에 매진하는 모습이 뿌듯했어. 드디어 수의사가 된 큰딸이 늦게 시작했으니만큼 더 오래 일하기를 바랄 뿐이야.

작은딸은 만화책 외에는 방에 책 한 권 안 두던 친구야. 그림 그리기도 만들기도 싫어했는데 아이디어 내는 데는 기발했어. 작은딸이 어떤 발상을 하면 큰딸은 밤새고 만드는 식이어서 두 딸의 다른 성향을 신기해했지. 작은딸의 미래를 전혀 걱정하지 않았는데 상황 파악에 능하고 사람 심리를 잘 포착하니 '뭘 하든 살아남을 거'라 생각해서야. 경영학을 선택한 작은딸은 경영이 뭐든 할 수 있는 건 아니라며 지금도 이공계 전문직을 부러워하는데, 나는 여전히 뭘 하든 할 수 있다며 격려하지.

두 손녀딸의 모습을 보면서 나는 상상을 펼치곤 해. 세 살 다니가 백 개가 넘는 퍼즐을 맞추며 "아니, 이게 맞아!" 하면서 공간 추리력 약한 하삐를 압도하는 걸 보면 우리는 웃음을 터뜨리지. 퍼즐 조각에 놀라운 사진 기억력을 발휘하는 걸 보면서 나는 두근두근해져. 오, 드디어 공간추리력이 뛰어난 손녀가 건축가적 재능의 뒤를 이으려나? 여름이가 주위 환경에 남다른 관찰력을 보이고 근사하게 묘사하는 걸 보면서 또 두근두근해져. 오, 드디어 관찰력과 표현력을 두루 갖춘 손녀가 나의 작가적 재능의 뒤를 이으려나? 이게 다 허망한 바람인 걸 알면서도 가능성을 상상하는 것만으로도 유전자를 공유하는 가족으로서는 괜히 설레는 거지.

너희들은 특출한 재능을 가진 사람을 부러워할지도 몰라. 예컨대 음악, 미술, 댄스, 스포츠, 게임, 수학, 컴퓨터 등 분야에서 천부적 재능을 타고난 사람들을 나는 '신의 손이 닿은, 가장 인간적인 인간'이라 정의하지. 하지만 내가 그런 사람일 리도 없거니와 그런 사람이 되고 싶지도 않아. 주체할 길 없는 재능을 갖는다는 건 너무 힘들 것 같지 않아? 천재들이 해내는 작업과 작품에 감탄하면서 인간의 위대함을 확인하는 것만으로도 충분하다는 생각이 들어. 물론 너희 중 누군가 천재성을 발휘하겠다면 말리기는커녕 최대한 응원해 줄 거야.

이공계, 인문계, 예술계 그 어떤 분야를 선택하든 간에, 결국 모든 사람은 궁극적으로 '잡학계'가 되는 게 맞을 거야. 이왕이면 '잡학박사'가 되면 더 좋지. 나도 패널로 출연했던 TV 프로그램 〈알쓸신잡〉이 '알고 보면 쓸데없는 신비한 잡학 사전'이라는 말을 줄인 거고 패널을 '잡학박사'라 불렀는데, 그럴싸한 호칭인 것 같아. 한 분야의 전문가가 세상 사람과 대화를 나누려면 다른 분야에 대한 호기심과 서로 통하는 걸 발견하는 능력이 필요하거든. 세상은 수많은 잡학으로 구성되는 것이고, 잡학을 통해 세상은 넓어지고 깊어지며 더 흥미로워지지. 삶과 사람과 세상에 대해 넓은 호기심과 깊은 흥미를 갖고 살다 보면 우리는 모두 결국 잡학박사가 될 수 있는 거야. 잡학으로 이루어지는 인생, 만세!

빅뱅과 DNA:
내가 기적이라서, 내가 하찮아서 너무 좋아!

지식이 좋은 것은, 우리에게 힘을 주기 때문이지. 수많은 종류의 힘이 가능해. 아는 힘, 모른다는 걸 아는 힘, 느끼는 힘, 상상하는 힘, 만드는 힘, 묻는 힘, 본질을 파악하는 힘, 간접 체험을 넓히는 힘, 힘을 쓸 줄 알게 하는 힘, 힘을 절제하게 하는 힘, 내가 사는 동네와 도시뿐 아니라 방방곡곡을 탐험하고 지구를 탐험하는 힘, 지구 넘어 우주까지 알게 하는 힘, 복잡한 인간 세상을 이해하는 힘, 내가 왜 이런 생각과 이런 행동을 하는지 깨닫는 힘, 다른 사람과의 차이를 알게 하는 힘, 차이 속에서도 공통점을 발견하는 힘, 외로움과 불안을 견디는 힘, 내가 왜 이 공간, 이 시간에 있는지 깨닫게 하는 힘 등.

지식은 도구지만 도구 이상이야. 지식은 목적이 되기도 하지만 목적 그 이상이야. 내가 얼마나 작은지 또는 얼마나 소중한 존재인지 깨닫게 해주고, 내가 얼마나 운명적인 존재인지 또는 우연적인 존재인지를 동시에 깨닫게 해주기도 하지. 무엇보다 회의와 불안으로 흔들리는 나를 잡아주기도 해. 그래서 공부가 필요한데, 공부를 지나치게 강조하는 우리 사회에서 공부라는 말 자체가 주는 스트레스가 심각하지. 『왜 공부하는가』 책에서 쓴 바와 같이 공부에는 '왜?'가 중요해. 공부하는 이유가 분명할수록 공부하고 싶어지지. 내가 왜 지금도 공부하냐고? 여러 이유가 있겠지만 공부할 때 맛봤던 짜릿짜릿한 순간을 기억하기 때문일 거야. 해방과 자유의 짜릿짜릿함 말이야.

인생에는 그런 순간들이 가끔 찾아와. 모든 짐을 훌훌 벗어버리는 것 같은 순간 말이야. 많은 사람이 종교를 접하며 그런 순간을 맞는다지만 나는 지식을 마주할 때, 특히 과학을 접할 때 그런 순간을 맞고는 했어. 나를 이렇게 해방하는구나, 세계는 정말 신비롭구나, 자연의 이치란 참으로 정교하구나, 세상의 비밀을 알아가는 게 너무 재미있구나, 날아오를 듯한 기분이었어. 몇 가지만 들어볼까?

첫째는 빅뱅Big Bang. 지금은 대중적 지식이 된 '빅뱅'은 우주의 시초가 대폭발로 일어났고, 우주는 지금도 팽창하고 있고, 첫 폭발 후 최초의 3분 동안 생성된 원소들이 우주 만물을 구성한다는 이론이지. 『최초의 3분』(스티븐 와인버그, 1977 초판)과 동명인 이 이론을 처음 접하고 나는 너무 신났어. 우주의 기원과 나의 기원이 통한다는 데 감동해 버렸지. 그 짧은 3분 동안 생성된 원소가 나라는 존재의 기틀이 된다는 게 어찌나 신기하던지, 나와 우주가 합일된 것 같고 나라는 존재가 우주를 증명하는 아주 중요한 존재라는 생각이 들어서, 괜히 뿌듯하더라.

둘째는 DNA. 이제는 누구나 아는 지식이 된 유전자 이론이지. DNA 이중나선 구조가 밝혀진 것(1953년)도 놀라웠거니와, 드디어 『이기적 유전자』(리처드 도킨스, 1976 초판)가 나왔어. 이 책을 읽지 않았더라도 그 요점은 알고 있을 거야. 단순하게 얘기하자면, 우리는 사람이 아주 중요한 의사결정체라고 생각하지만, 실제로 인간은 유전자 보유자에 불과하고, 유전자는 유전자의 생존과 번영을 위해서 인간을 갈아치울 수 있는 기계처럼 이용할 뿐이라는 거야. 나를 움직이는 게 내가 아니고 유전자라고? 정말 망치로 쾅 머리를 맞는 것 같더라.

우주의 기적이라고 할 수 있는 생명체. 너무도 희귀한 확률에 의해 발생했다는 점에서 우주의 우연이자 운명이라고도 볼 수 있는 지적 생명체. 그게 나야. 나의 존재가 그렇게 기적적으로 이루어진 거라니 너무 기쁘더라. 내가 아주 귀하다는 느낌이랄까? 게다가 내가 나의 주인이었다고 생각했는데, 나의 본원을 이루는 DNA는 나라는 존재를 초월해서 생명의 연속을 추구하고 있다는 게 어쩐지 믿음직하더군. 내가 아주 하찮다는 게 왠지 마음을 가볍게 한다고 할까? 그런데도 이렇게 하찮은 존재인 나는 왜 이리 애쓰는 걸까? 왜 이렇게 고민하고 머리를 굴리는 걸까? 이런 생각을 하다가 또 한 번의 통찰을 만났어.

셋째는 우리의 뇌. 오묘하고 복합적이고 심오한 뇌의 메커니즘을 밝혀내는 뇌과학 연구들이 흥미를 높이는 가운데 나는 『통제 불능』(케빈 켈리, 1995 초판)이라는 '내 인생의 책'을 만났어. 착상이 흥미로워. '기계와 사회 시스템과 경제계의 새로운 생물학'이라는 부제가 붙어 있는데 인터넷으로 연결된 네트워크 세계와 우리의 뇌 메커니즘이 유사점이 있다는 거야. 세계가 마치 생명체처럼 진화와 돌연변이와 무수한 실험과 시행착오와 시냅

스와 생성과 도태와 재창조로 이루어진다는 해석을 읽자니, 보잘것없어 보이는 내 생각과 행위가 나름 역할을 하고 있다는 생각이 들어서 기분이 좋아졌지.

물론 나는 과장하고 있어. 빅뱅이나 이기적 유전자 이론이나 생물학적 세계관은 나의 하찮은 존재감을 위로하는 것보다 훨씬 더 큰 의미가 있지. 그렇지만 어떤 위대한 과학적 발견도 나에게 주는 개인적 의미가 각별하다면 훨씬 더 가깝게 다가오는 거야. 엄청난 과학적 진전을 이루고 있는 양자역학, 분자생물학, 뇌과학 등이 나의 삶, 나의 존재와 무관치 않다는 느낌이 아주 좋지. 너희들도 그렇게 세계의 비밀을 발견하고 너의 것으로 만들기를 바라.

멘델의 법칙, 이른바 우성·열성 유전의 법칙을 배웠을 때 너무 신기해했던 기억이 나. 오, 가족과 친척의 성격의 같음과 다름이 이렇게 만들어지는 거구나! 기하학을 처음 배울 때 어찌나 매혹되었던지, 자와 삼각자와 컴퍼스를 사 들고 온갖 도형을 그려가며 재밌어하던 기억도 나. 내가 건축과를 택한 게 우연은 아니었나 봐. 프랙털 구조(작은 구조가 전체 구조와 닮으며 되풀이되는 구조 원리)를 알고 자연 속 나무와 이파리와 눈 결정 속의 신비로운 형태의 원리를 알고 짜릿했던 기억도 나. 디지털 기술이 일취월장 발전하면서 새로운 발견을 새로운 아트로 표현하는데, 신비로운 체험을 넓혀주는 게 너무 재미있잖아?

너희 주변에서 만나는 자연의 비밀을 파헤쳐 봐. 우주와 지구가 펼쳐주는 온갖 신비로운 현상들, 생명체가 생존과 번영을 위해 펼치는 온갖 사투, 그 과정에서 나타나는 아름다움과 폭력, 잔인함과 생명력 등, 그 모든 게 네 안에 있다고 생각해 봐. 이 순간에 지적 생명체로 살아 있어서 너무 기쁘지 않아?

김진애식 공부론

과학의 힘을 접하며 더 재미있고 의미 있게 세상을 체험하게 됐지만, 사실 내가 사춘기를 통해 매료됐던 쪽은 인문이야. 소설과 그림에 빠졌기 때문일 거야. 특히 심리학과 사회학에 관심이 많았는데, 역사책을 보든 소설을 읽든 명화를 보든 그 바탕에 사회와 인간이라는 두 가지 테마를 가지고 봤지. 한마디로 나는 '인간들이 지지고 볶는 이야기'라고 생각했고 그 지지고 볶는 이야기가 너무 흥미로웠어. 그렇지 않은 사람도 어쩌다 있기는 하지만, 사람은 사람 이야기에 가장 흥미를 느끼는 것 아니겠어?

그중에서도 혁명에 관한 관심이 뜨거웠지. 프랑스 혁명, 러시아 혁명은 워낙 흥미진진했고, 스페인 혁명, 프라하의 봄, 그리고 물론 4·19혁명, 서울의 봄 이야기들에 가슴이 뛰었지. 사실 혁명이 없는 나라는 '거의' 없어. 그만큼 혁명이란 사회를 변화시키는 유일한 행동이자 당연한 행동이라는 생각이 들었어. 혁명에는 언제나 기득권자와 저항자가 등장하고, 가치관의 충돌이 생기고, 기존 질서에 대한 비판과 새로운 질서에 대한 구상이 등장하니 흥미진진하지 않을 수 없지. 유감은, 언제나 피를 흘린다는 점이야. '피를 흘리지 않는 혁명은 불가능한가? 사회를 변화시킨다는 건 왜 이리 힘든가?' 이런 생각을 하곤 했지.

피가 나오기로는 전쟁 이야기만 한 게 있겠어? 아니 인류의 역사는 전쟁과 혁명뿐인 거야? 이런 생각도 했어. 나 역시 어릴 때는 아주 순진하게 전쟁은 침략과 방어, 승리와 패배라는 단순한 논리로만 봤었지. 이윽고 혁명과 전쟁이 서로 얽혀 있는 이야기라는 것을 알게 됐고, 많은 경우에 전쟁은 권력자들이 자기들의 권력 유지를 위해서 일으키고, 내부 동요를 막고 변혁을 저지하기 위해서라는 걸 깨닫게 됐을 때, 토할 것 같았어. 아니 자기들의 존재 증명과 권력 유지를 위해서 수많은 사람을 죽음으로 몰아넣는 전쟁을 일으킨단 말이야? 인간의 사악함에 배신감과 혐오감에 사로잡히게 되더라.

이 와중에 르네상스를 발견한 것은 꽤 신선한 자극이었어. 그림 그리던 언니 덕분에 알게 된 미켈란젤로의 작품들에 홀딱 반해서 화집과 관련 책들을 찾아보면서 여러 작가를 알게 됐어. 건축에 관심을 가지고 도시에 흥미를 느끼게 된 것도 이 덕분일 거야. 그렇게 흥미를 갖게 된 것만도 행운이었어. 인간과 사회에 대한 희망을 되찾을 수 있었기 때문이지. 예술의 힘을 느끼게 된 것도 좋았어. 인간을 구원하는 것은 종교보다 예술이라는 생각도 했고, 예술의 힘이 종교의 힘으로 더 강해진다는 생각도 했고, 예술가들이 자신의 방법으로 사회 변혁에 대한 꿈을 표현하는 것에 끌리고, 예술가들이 가장 정치적이라는 생각도 하게 됐어.

그런가 하면, 마치 유토피아처럼 묘사되는 르네상스 시대에 얼마나 극심한 권력 다툼과 수많은 음모와 새로운 사업권에 대한 구상과 피 흘리는 전쟁이 있었는지 나중에 더 상세하게 알게 됐어. 르네상스란 평화의 시대가 아니라 변화와 혁명의 시대였던 거야. 지식과 예술에서의 새로운 모험이 권력 전쟁, 경제 전쟁의 쟁투 속에서 더욱 찬란하게 꽃핀다는 사실에 안심하기도 하고 흥미롭기도 했어.

소설이란 내가 체험하지 못하는 다른 사람의 인생과 마음을 간접 체험하며 생각하게 만드는 데 큰 의미가 있지. 다른 시대, 다른 공간에서 사는 사람들이 다른 문화를 가지고 있다는 점을 알게 되는 효과와 함께, 달라 보이는 그들도 공통된 인간 감정을 가진다는 것을 알고 적이 안심하게 되는 효과도 있어. 생각의 무대를 넓히고 사람의 마음을 헤아리는 데 아주 좋아. '이야기의 힘'이란 대단한 거야.

열 살 무렵에 몇십 번씩 읽어서 달달 외우다시피 했던 세 가지 이야기는 내 세계관에 꽤 깊은 영향을 미쳤으리라 싶어. 『그리스·로마 신화』에서는 인간의 감정을 고대로 가진 신들의 우스꽝스러운 이야기들, 신에게 도전하다가 온갖 고난을 겪고 하늘의 별이 된 인간들의 이야기, 신과 인간 사이에서 신의 어리석음과 인간의 욕망을 놀리고 또 도와주기도 하는 반신반인半神半人 이야기가 재미있었어. 내 수호신 하나쯤은 있어야겠다 싶어서 '아테나'로 정하기도 했지. 『플루타르크 영웅전』에서는 내가 아주 좋아하게 된 데모스테네스(말더듬이에서 웅변가로 변신한 정치인. 조국의 자유를 위해 반ᙆ마케도니아 동맹을 제기한 연설로 유명)를 발견했고, 한니발이 코끼리를 타고 알프스를 넘던 이야기가 강한 인상으로 남았지. '역경과 고난을 겪지 않는 영웅은 없다. 영웅은 태어나는 게 아니라 상황이 만든다'는 것이 나의 배움이었어. 표지가 뜯어져서 제목도 확실치 않은 '공자 일대기'에서 공자가 여기저기 지역의 권력자들을 찾아다니며 자신의 사상을 전파하기 위해 방랑하는 이야기를 읽으면서 참 신기하게 생각했어. 시대의 현자도 자기 시대에서 인정받기란 쉽지 않다는 걸 알게 됐지. 공자의 방랑을 보면서 '어떤 철학, 어떤 사상도 현장에서 나온다'는 실천적 앎의 중요성을 깨닫게 되기도 했지.

  이렇게 소설과 책과 그림과 역사와 전쟁과 혁명과 르네상스와 만물 신과 영웅 이야기를 접해서 가장 좋았던 건, 여행하고 싶다는 열망을 키웠던 거야. 여행에서 건질 게 아주 많아졌던 건 덤이지. 세계 곳곳 여행이 놀이가 되는 지금 시대에 인문적 배움이 얼마나 좋은 자양분이 되는지 몰라. 내가 읽었던, 감탄했던, 놀랐던, 경악을 금치 못했던 그 사건, 그 인물의 그 공간에 가보고 싶어지고, 가면 볼 것, 확인할 것도 많지만 무엇보다도 느낄 것, 생각할 것이 많아져서 아주 좋은 기억이 만들어지지. 『여행의 시간』(2023)에 쓴 것처럼, 여행이란 새로운 걸 경험할 뿐 아니라 우리의 기억을 곱씹으며 새로운 기억을 덧붙이는 체험이지. 그래서 아무리 여행의 시간은 짧아도, 여행을 품은 인생의 시간은 길어질 수 있는 거야.

공부를 왜 하는지 이제 알겠지? 더 잘 놀고 싶어서야. 아무리 통역 AI가 일취월장 발전해도 너희가 다른 언어를 진짜 구사할 줄 안다면 관심 자체가 달라지고 관계를 맺는 정도가 달라져. 아무리 내비게이션이 도와줘도, 길을 잃으며 너의 발과 눈으로 냄새와 맛으로 체험하는 세계는 훨씬 더 생생하고, 너의 온갖 기억을 되살리고 더 풍부하게 만들어. 시험에 붙고 출세하기 위한 공부가 아니라 잘 놀고 싶어서 하는 공부가 진짜 공부가 되는 거야.

잘 놀아 보자고! 짧은 인생을 더 길게, 더 진하게 즐기기 위해서 공부하자고!

『세상의 바보들에게 웃으면서 화내는 방법』

지지고 볶는 인간 세상에서 드디어 '현타'가 오지. '현실 자각 타임'이라니 너무 잔인한 신조어이긴 해. 현실 상황은 너무 복잡하고, 지저분하고, 사악하고, 음흉한 간계가 난무하고, 속임수와 거짓이 사방에 있고, 어리석은 인간이 벌이는 온갖 어리석은 짓들이 버젓이 벌어지고, 아닌 척하면서도 겉과 속이 다른 위선과 가식으로 포장하고, 언론 플레이로 여론을 조작하고, 정치질로 덮고, 아예 안 보이는 척, 없는 척하는 등 역겨운 현실이 드러나고야 말지.

'오산이었구나! 과학 공부를 통해 얻은 지식도, 인문 공부를 통해 얻은 지혜도 현실에서는 하나도 안 통하는구나!' 현타란 바로 우리의 오산을 발견하는 시간이야. 현타가 오면 어떡해야 하지? 가장 좋은 비법이라면, 세상의 바보들에게 웃으며 화내는 거야. 『세상의 바보들에게 웃으면서 화내는 방법』을 쓴 움베르토 에코(1932~2016)는 진기한 현대의 르네상스적 인간이야. 영화 「장미의 이름」의 원작자로 유명하지. 학문이란 학문은 다 섭렵한 후에 추리소설가로 등단해서 난해하면서도 흥미로운 작품들을 남겼지. 여하튼 천연기념물 같은 사람이야.

일단 바보들을 알아봐야 해. 속으면 안 돼. 바보도 종류가 많으니까 어떤 바보인지를 잘 분별해야 해. 방향을 정해야 하니까. 그리고 필요한 화를 내야 해. 그냥 피하거나 내버려두면 바보 덩어리가 더 커질 위험이 있거니와 바보는 자신이 바보인지 아닌지 잘 모르거든. 그리고 정확히 구체적으로 지적해야 해. 상대가 뜨끔할 정도로, 미안한 생각이 들 정도로, 사과할 정도로, 앞으로 시정할 정도로. 그런데 웃으면서 해야 해. 상대에게 고까운 마음이 들지 않게 또는 덜 들게 하려면, 또한 더 중요하게는 화내면서 스스로 마음 상하지 않으려면. 참 익히기 어려운 비법이지만 아주 중요한 원칙이지.

웃는다는 게 겉으로 미소 짓는 예의만 의미하지는 않을 거야.

진정 마음속으로 웃어야지. 움베르토 에코는 어떻게 웃었을까? 우리는 어떻게 웃을 수 있을까? 너희도 참으로 어리석고 우스꽝스럽고 한심스러운 세상의 바보짓들을 만나게 될 거야. 너무도 어이없어서 웃게 만드는, 웃지 않고는 배길 수 없는, 웃음으로 털어버리지 않고는 견딜 수 없는 바보짓이 세상에 너무도 많거든.

나는 사악하거나 음흉하지 않으면 대체로 견딜 수 있다고 생각하는 편이지만, 현실에서는 실제로 어리석은 짓 때문에 견디기 어려운 일들이 참 많아. 사실은 사악함이나 음흉함조차 어리석음 때문에 생기는 경우가 많지. 결국엔 드러날 텐데도 감추려 들고 덮고 가식적으로 포장하는 바보짓, 결국엔 실패할 게 빤한데도 속이고 당장 넘어가려 드는 바보짓들. 자신한테도 우리한테도 힘들어질 걸 빤히 알면서도 우기고 윽박지르고 위협하는 바보짓까지. 하지만 인간들의 위선과 가식, 수많은 어리석음과 바보짓을 우리는 웃음으로 분석하고, 웃음으로 지적하고, 웃음으로 화내 보자고. 움베르토 에코에게 한 수 배우며 사는 거야.

그게 철학의 힘, 그게 예술의 힘

너희가 철학책을 읽을지는 모르겠어. 철학이란 고리타분하고 고답적인 학문의 영역이라고 가볍게 치워버릴지도 몰라. 아니, 요즘은 실용 철학이라는 명목으로 간단하게 정리한 철학 명제들이 유튜브나 TV에서 곧잘 돌아다니니, 딱 요점만 파악하고 다 아는 척하는 유행에 올라탈지도 모르지.

어떠하든, 철학은 네 삶의 곳곳에 있을 거야. 네가 어떤 전공을 택하든, 어떤 일을 하든, 어떻게 놀든, 모든 게 철학으로 귀결될 거야. 철학은 생각의 힘이자 분별의 힘이자 분석의 힘이자 통합의 힘이거든. 무엇보다도 논리의 힘과 말하기·글쓰기의 힘과 관련되기 때문에 피할 길이 없고, 가치관과 윤리관과 세계관의 기반이기 때문에 더욱 피할 수가 없지. 철학 자체를 그리 어렵게 생각할 필요는 없어. 결국 모든 건 통해.

너희가 예술을 너의 일로 택할지 아닐지는 모르겠지만, 설마 고급 예술, 대중 예술, 저급 예술로 나누는 바보짓을 하지는 않겠지. 설마 예술가만 하는 게 예술이라고 여기지는 않겠지. 예술 정신의 기본이 상상력과 창의력, 다르게 보기와 새롭게 해보기라면, 우리 모두 예술과 무관하지 않아. 일정 역량을 넘어서려면 절대적으로 예술 정신을 가져야 하고, 일에 몰입하다 보면 어느새 예술적 경지에 이르게 되는 거야. 예술을 접하면 접할수록 너희의 삶과 일이 풍부해지는 건 당연하지.

내가 최근 아주 즐겁게 읽은 책이 『천재의 지도』(에릭 와이너, 2016)라는 책이야. 르네상스 도시 피렌체, 송나라 항저우, 영국 에든버러 등 천재들이 한꺼번에 나타나서 도시 르네상스가 탄생했던 공간을 찾아서 탁월한 예술 정신을 나타나게 하는 요인을 분석하는 내용이 흥미롭지. 우리의 세종과 정조 시대가 르네상스 시대라 볼 수 있는데 어떻게 그렇게 한 시대에 한 공간에서 그토록 많은 천재가 나타났는지 참 신기하잖아. 내가 이 책에서 건진 것, 천재는 어떤 분야든 모두 예술적이라는 것. 천재는 홀로 있는 게 아니라 같이 서로 머리를 맞대며 싹트듯 우수수 나타난다는 것. 그러니 너희도 언제 어떻게 천재가 될지 모를 일이야.

 너희가 어떤 공부, 어떤 일을 택하든 철학의 힘, 예술의 힘을 갖추고 또 즐기기를 바라. 우리는 절대 AI처럼 될 수는 없겠지만, 철학의 힘과 예술의 힘만큼은 AI가 넘볼 수 없지 않을까? 물론 AI의 무한한 잠재력을 볼 때 그 뛰어난 학습력으로 철학과 예술까지 하게 되겠지. 상상력과 창조력까지 갖추겠지. 그러나 내가 한 가지 믿는 것, AI는 즐기지는 못할 거잖아? 어리석은 바보짓을 하지도 못할 거잖아? 웃지는 못할 거잖아? 눈물을 흘리지는 못할 거잖아? 땀 흘리고 피 흘리지는 못할 거잖아? 그것이 내가 믿는 생명체의 힘이자 사람의 힘이야. 살아 있는 이 순간을 기뻐하자!

5장

외모와 캐릭터

외모가 더 이상 보이지 않을 때까지

내가 좋아한 배우들은
미남미녀가 아니었지만,
하나같이 빛났어.

> 다니와 여름이 이야기

「케데헌」처럼 훌쩍 성장하기를!

내 눈에 다니와 여름이는 너무 사랑스럽다. 콩깍지가 쓰여서 그런 건 나도 안다. 어린 여름이를 볼 때마다 '엄지공주'가 생각났다. 입술을 앙다물고 초롱초롱한 눈빛으로 호기심을 발할 때 꼭 완두콩처럼 이뻤다. 다니는 다문화 외모의 좋은 점을 물려받았다. 작은딸이 연애할 때 서구인 아빠의 긴 속눈썹과 눈동자 색깔에 반해서 "우리 아이는 얼마나 예쁠까?" 했었단다. 파트너에게 반하는 다양한 이유 중 아가를 상상하는 건 좋은 계기가 될 거다.

여름이는 서구 땅에서 살면서 외모와 정체성에 대해 더 의식하게 될지도 모른다. K-문화가 세계를 휩쓸며 한국 사람들이 더 높은 긍지로 외국에서 살게 되었다는데, 여름이의 삶이 더 흥미로워질 듯도 싶다. 다니의 이국적인 분위기가 주변 관심을 끄는데, 유난히 외모에 반응하는 우리 문화라서 신경이 쓰이지만, 다문화가 일상적인 분위기가 되어가는 사회에 대한 기대가 있는 것도 사실이다.

2025년 여름에 세계 팬들을 사로잡은 「케이팝 데몬 헌터스」에 빠져서 〈골든Golden〉을 신나게 부르는 다니와 여름이를 보면서 괜히 더 흐뭇해지고 기대에 부푼다. 누구의 인생에도 찾아오는 콤플렉스를 씩씩하게 이겨낸 루미와 조이와 미라처럼, 그 아프고도 신나고 멋진 성장 이야기를 그려낸 자랑스러운 K-아티스트들처럼,

너희들도 훌쩍 성장할 것을 기대하게 된다.

외모가 중요하지 않다는 거짓말

일단 명쾌하게 정리하자면, '외모는 별로 중요하지 않다'란 말은 거짓말이야. 자신과 상대를 위로하려는 하얀 거짓말 같은 거지. 사람은 본능적으로 외모로 다른 사람을 판단한다는 게 과학적 조사로 또 다양한 사례를 통해서 잘 알려져 있지. 일상의 경험으로도 그래. 우리가 다른 사람을 판단하는 데는 불과 이삼 초면 충분해. 딱 보면 느낌이 오는 거지. 삼십 초 정도면 첫인상이 결정될 정도야.

왜? 우리는 외모에서 그 사람의 성격을 유추하는 거야. 가장 중요한 것은, 위험한 사람이냐 아니냐지. 아마도 수만 년 전 수렵시대부터 낯선 사람을 만날 때 판단하던 경험이 유전자에 깊이 새겨져 있어서 아닐까? 내 식량을 뺏지 않을 사람, 내 사냥감을 훔치지 않을 사람, 나와 내 가족을 해치지 않을 사람이라는 판단을 재빨리 내리기 위함이지. 지금이라고 크게 다르지 않아. 공권력이 세워지고 상대적으로 안전한 사회가 되니까 좀 덜해졌지만, 지금도 우리는 순간적으로 위험한 사람이냐 아니냐를 판단해. 특히 여자는 이런 상황에 더 예민하지. 낯선 사람의 위협으로

부터 안전해야 하니까. 거리에서, 출퇴근길에서, 대중교통 안에서, 낯선 여행길에서 우리는 여전히 이 판단력을 요긴하게 사용하고 있지.

'안전성 판단'을 마치면 '호감·비호감 판단'을 하지. 착할 듯한 사람, 좋아할 수 있을 듯한 사람, 나에게 호감 있을 사람, 길을 물어봐도 될 것 같은 사람, 통할 것 같은 사람 등을 알아보는 거야. 말하는 걸 듣고 이야기를 주고받으면, '됨됨이 판단'으로 넘어가지. 같이 일할 만한 사람인지, 협력할 사람인지 경쟁할 사람인지, 가까이할 사람인지 거리를 둘 사람인지, 말을 섞을 사람인지 아닌지 판단하게 되는 거야.

하다못해 극악한 범죄를 저질렀음에도 피의자의 외모에 따라 법정에서 형량이 달라진다고 해. 5세기경 그리스 법정에서 기록되었던 바이고, 지금도 연쇄살인범이 준수한 외모라고 팬이 생기고, '머그샷(경찰이 찍는 피의자 식별 사진)'이 근사하다고 팬심을 자극하는 엉뚱한 일도 생기잖아. 설마 농담처럼 하는 말, '이쁘면 용서돼, 잘 생기면 용서돼'가 진짜일까?

외모란 사회생활에서 아주 중요한 변수지. 친구를 사귈 때뿐 아니라 소개팅, 중매, 취업, 면접, 인터뷰, 방송, 선거 등에서 외모는 알게 모르게 우리의 선택과 인간관계에 적잖이 영향을 미쳐. 그러니 어떻게 신경을 안 쓰겠어? 당연히 선입견과 편견이 작용해. 가족과 지인에게서 받았던 인상, 뉴스와 영화에서 봤던 경험, 대중적으로 형성된 이미지는 우리 머리 어딘가에 있다가 결정적

순간에 작동하지. 우리는 관상가가 아니니 당연히 통상적 이미지에 좌우돼. '코는 오뚝하고, 눈은 빛나고, 입술은 앵두 같고, 살결은 백옥 같고, 머리숱은 빽빽하고' 등 표준형 미남미녀에 대한 기준이 있는가 하면, 용모 단정, 품행방정 기준도 있잖아.

천만다행인 것은, '제 눈에 안경'이라고 외모만큼 평가가 다양한 경우가 없다는 거야. 얼마나 다행이니? 내 눈엔 별로인데 친구는 좋다 하고, 친구는 별로로 보는데 내 눈엔 너무 괜찮은 사람으로 보이는 거야. 취향이 다르거나 궁합이 맞아서일 수도 있고, 외모 외 변수가 작용하는 것일 수도 있지. 그래서 사람들은 저마다 짝꿍을 찾아내서 사는 거겠지?

천만다행인 건 또 있어. 대부분 사람은, 좋은 쪽이든 나쁜 쪽이든, 여간 특출하게 생기지 않는 한 '그저 사람'이고, 적절히 가꾸면 다 그럴듯해 보일 수 있다는 사실이야. 또한 과하게 돋보이는 외모보다 그저 이웃집 사람으로 보이는 게 살아가는 데 훨씬 편한 것도 사실이야. 천만다행이라 할까, 사람의 변덕이라 할까, 이상적 외모라는 것도 시대에 따라 자꾸 변해. 고전적인 외모가 요즘엔 영 힘을 못 쓰는 데에서 알 수 있지. 한때는 그리 열광했던 스타가 지나 보니 너무 촌스럽게 보이는 경우가 허다한 데에서도 알 수 있지.

그런데도 외모지상주의는 왜 이리 극성을 부릴까? 오직 현재의 순간에 살아서? 가장 손쉽게 고칠 데가 외모라서? 우리 사회가 너무 속물적이어서? 미국 사람인 다니 아빠는 이 현상을 너무 이상하게 생각해. 동네에 성형외과가 많은 것이 신기하고, 길거리에서 똑같이 생긴 여자들을 자주 만나서 당황스럽대. 한국 사람의 얼굴을 변별할 안목이 생겨서 이젠 같은 얼굴이 더 잘 보인대. 한국 문화가 '얼평(얼굴 평가)'이 지나치다고 비판도 해. 사람들이 다니를 예쁘다고 하는 것도 영 난처해해. 자칫 다니가 자의식이나 칭찬에 길들까 봐 걱정하는 거지. 유아 교육의 가장 중요한 게 외평을 삼가는 거라고 우리 부부가 주의를 많이 받지.

나도 어릴 때 얼평당하는 거를 너무 싫어했어. 스트레스가 엄청났거든. 넓은 이마가 스트레스였고(얼마나 잘생긴 이마인데), 짙은 눈썹이 스트레스였고(눈썹 손질만 하면 되는 건데), 너무 까만 머리가 싫었고(염색하면 간단한 건데), 큰 바위 얼굴이 언제나 스트레스였지(이건 교정이 안 되지만, 큰 바위 얼굴의 효용은 어른이 돼서 깨달았어). 외모 콤플렉스에 시달릴 때마다 '빨강 머리 앤'을 떠올리곤 했지. 사실 콤플렉스란 모든 소녀의 특권이기도 하잖아?

내가 아주 좋아하는 싱어송라이터 싸이를 봐. 데뷔곡 〈새〉부터 완전히 반했지. 〈강남 스타일〉이나 〈챔피언〉은 말할 것도 없고, 〈연예인〉을 들으면 너무 신나. 당신을 위해 배우, 가수, 코미디언, 탤런트, 댄스가수도 되겠다며, '나는 영원한 당신의 연예인'이라고 고백해. 나는 이 노래에서 천박한 계급의식에 대한 비판, 연예인에 대한 긍지, 사람에 대한 사랑을 느껴서 너무 좋아. 스타로 추앙하면서도 연예인을 딴따라라 비하하는 속물근성이 얼마나 천박해? 울고 웃게 만드는 연예인의 재능이란 얼마나 위대해? 사람의 마음을 달래주는 게 얼마나 의미 있는 일이야? 아티스트 싸이는 얼평, 외평의 기준을 완전히 초월했어. 그래서 더 좋지.

화장과 패션은 최고야, 표정과 자세는 더 최고야!

외모가 중요한 변수임을 아는 우리에게는 메이크업이라는 기막힌 도구가 있지. 메이크업 자체를 거부하는 의견도 존중하지만, 나는 필요한 만큼 쓰자는 주의야. '풀메(풀메이컵)' 스타일은 아니지만, 화장이 얼마나 중요한지 잘 알거든. 민낯으로도 반짝반짝 빛나는 여성도 있지만 적절한 화장으로 누구나 완벽하게 다시 태어날 수 있거든. '이효리'라는 아이콘을 보면, 데뷔 때부터 민낯과 풀메를 오가는 모습이 아주 좋았어.

민낯 사진 한 장 없는 여자의 운명은 너무 불행하지 않아? 예를 들면 '매릴린 먼로'를 보면 특별한 아이콘이 된다는 건 끔찍한 일이야. 그 화장을 안 하면 먼로가 아니니까. 휘어진 눈썹, 눈꼬리가 풍성한 긴 속눈썹, 볼륨 있는 입술, 게다가 애교점까지 찍어야 먼로가 되는 거야. 그 시대 할리우드 스타는 얼마나 애처로웠던지, 제작사가 만든 이미지에 딱 맞춰서 꼭두각시처럼 움직여야 하는 신세였으니 말이야.

'풀메 아니면 밖에 나올 수 없는 사람이 되지는 말자!' 내가 자주 하는 말이야. 민낯 사진과 못생기게 나온 사진이 있어도 지나치게 신경 쓰지 말자는 거야. 풀메를 하고 스튜디오에서 사진 수백 장을 찍어도 잘 나온 사진은 손꼽을 정도야. 분장을 완벽하게 하고 방송에 나가도 잘 안 나올 수 있어. 다만 메이크업 기법은 일취월장하고 있으니, 그 기법을 잘 익히고 TPO에 따라서 잘 써 보자고.

우리에겐 또 패션이 있어. 얼마나 강력한 무기야? 자신만의 패션 감각을 기르고 스타일을 만들어봐. 유행에 휘둘리지 말고 그렇다고 항상 똑같은 옷만 입고 다니지는 말고, 쓸데없이 비싼 명품에 속아 넘어가지 말고, 너의 멋을 만들어봐. 두 살 다니가 검은색 옷만 보면 '함니 꺼'라고 나한테 갖다주는 게 너무 웃겼어. 블랙이 함니 색깔이라는 걸 어떻게 벌써 안 거니?

남녀노소 가리지 않고 누구나 가끔은 풀메에 풀드레스업을 해봐야 한다고 나는 생각해. 남편이 근사하게 차려입고 나타나면 기분이 좋아져. '보기 좋은 떡이 먹기도 좋다'는 말은 남녀노소 누구에게나 적용되지. 두 딸이 어렸을 때 내가 외출 준비를 마치고 나오면 눈이 휘둥그레졌어. "엄마 근사하다, 엄마 멋지다!" 딸들에게 이 소리를 들으면 자신감이 빵빵해지지. 그날은 프레젠테이션도 잘되고 협상도 잘될 게 분명하거든. 칭찬은 우리를 춤추게 하지.

화장도 패션도 중요하지만, 더 중요한 건 표정과 자세야. 입만 웃고 눈은 웃지 않는 사람, 웃을 때 치아를 보이지 않는 사람, 찌푸릴 줄 모르는 사람, 항상 똑같은 표정만 짓는 사람은 자칫 보톡스 시술 때문이라고 오해받기 십상이야. 발음을 똑바로 하려면 여러 종류의 입술 모습이 나오는 게 정상이야. 말하는 도중의 스냅 사진에서는 입술 모양이 이상하게 나올 수 있지만 동영상에서는 너무 자연스럽게 보이지. 무엇보다도 발언이 정확하게 전달되지. 미소 짓는 표정, 박장대소하는 표정, 화내는 표정, 눈물 흘리는 표정, 엉엉 우는 표정까지 훈련할 필요는 없잖아. 우리가 배우도 아닌데 말이야.

모델 워킹을 연습할 필요는 없지만, 똑바르게 앉고 서고 걷는 건 엄청나게 중요해. 똑바로 앉지 않으면 척추가 휘고, 삐딱하게 서 버릇하면 다리 길이도 달라지고, 제대로 걷지 않으면 허리가 자주 아파. 어깨를 펴기만 해도 삼 센티미터는 더 커 보일 수 있어. 작아 보이고 싶어? 단화를 신으면 돼. 커 보이고 싶어? 높은 굽을 신으면 돼. 필요하면 가발도 쓰고 머리 스타일도 바꿔. 사진 찍을 때 자연스럽게 보이고 싶어? 한쪽 다리에 힘을 빼 봐. 자세가 얼마나 중요한지 여러 포즈로 실험해 봐. 자신감을 키우고 설득력을 높이는 데 절대적인 효과를 발휘하는 게 바로 자세거든.

우리는 죽을 때까지 외모에 신경 쓰면서 살 거야. 그러나 우리가 꼭 바라야 할 것은, 우리 외모가 더 이상 보이지 않게 되는 단계지. 이 점에서 기분 좋았던 에피소드가 있어. 내가 한창 이래저래 가꾸는 걸 실험하며 사람들의 칭송을 즐기던 시절이었지. 하루는 한 모임에 갔다가 완전히 대화에 빠져들어서 신나는 시간을 보냈어. 그중 한 젊은이가 하던 말, "처음 들어올 땐 선생님 스타일이 눈에 들어오더군요. 그런데 선생님이 말을 시작하자 더 이상 외모가 안 보이더라고요." 완전 극찬 아니야? 기분이 너무 좋아졌지. 내면이 외면을 압도하는 것, 그게 바로 우리가 원하는 상태니까.

내가 좋아한 배우들은 미남미녀는 아니었지만, 빛났지

연기 잘하는 배우를 보면 더 이상 그의 미모가 보이질 않지? 노래 잘하는 가수를 보면 더 이상 그의 미모에 혹하지 않잖아? 우리도 그런 목표를 삼을 만해. 우리의 미모가 더 이상 보이지 않을 때까지 진짜 실력을 갈고닦아 보자고. 나는 배우에게서 그런 면모를 발견하며 안심하곤 했어. 내가 좋아한 배우들은, 미남미녀가 아니었지만, 하나같이 빛났어.

　나는 글을 무척 존경하지만, 영화를 무지 사랑해. 소설가를 무척 존경하지만, 영화감독은 추앙할 정도지. 노래와 시와 소설과 영화와 연설 등에서 나타나는 '스토리텔링'의 힘이야말로 가장 인간다운 힘을 보여준다고 생각해. 그중에서도 배우는 스토리텔

링의 힘을 보여주는 최고의 매개체 아닌가 싶어. 영화란 기본적으로 감독의 작품이지만 그 한 장면, 그 한 표정, 그 한 대사에 나타나는 배우의 모습은 놀라울 정도로 영화의 메시지를 압축해서 전달하지. 사람이란 어떻게 그리 우리를 사로잡을까?

내가 진정으로 좋아한 배우들은 세기의 미녀는 아니었지만, 영화 속에서 정말 빛났어. 몇몇을 들어볼까? 영국 배우 주디 덴치는 그 평범한 얼굴로 배우가 되었다는 사실이 나를 용기백배하게 했지. 나도 저렇게 늙어야지! 메릴 스트립은 연기만으로 마력적인 여자와 평범한 여자를 자유자재로 넘나들어. 나도 시도해 봐야겠다 싶을 정도로. 영화 「듄」(드니 빌뇌브, 2021)에서 얼굴을 가리고도 무시무시한 포스를 뿜어낸 샬럿 램플링, 나도 그 포스를 배우고 싶어. 순결한 요정과 카리스마 넘치는 악녀를 오가는 케이트 블란쳇의 지적 연기는 그의 지적 능력에서 나와. 부지런히 훈련하면 되겠다 싶지. 새로 뜨는 배우 중 각별하게 주목되는 플로렌스 퓨의 광기와 순진무구함을 오가는 연기를 보면 도대체 이런 배우가 어디서 갑자기 튀어나왔을까 싶지. 우리의 본능 속에는 그렇게 광기와 순진무구함이 섞여 있는지도 몰라.

우리 사회에서 예전엔 예쁜 배우들만 많아서 영 별로였어. 그러다가 나타났지. 윤여정. 정형적 예쁨은커녕 허스키 목소리에 일상의 연기를 아무렇지 않게 하는데, 눈이 번쩍 뜨였어. 마음을 비우면 비범성과 쿨함이 생길 수 있다는 기대가 생겼지. 문소리를 처음 봤을 때 메릴 스트립을 처음 봤을 때 반가웠던 마음과 똑

같았어. 까칠한 평범함을 배우고 싶어지더군. 전도연은 완벽하게 영화 속 캐릭터로 녹아드는 게 감탄을 넘어 경이로울 정도지. 우리 주변에 있는 평범한 여자들 속에 얼마나 큰 재능이 숨어 있을까 상상하게 됐어. 드디어 자기의 미모를 보이지 않게 하는 김태리가 나왔어. 정말 예쁜데 예쁨이 보이지 않는 여자, 자기 안의 카리스마와 야심과 욕망을 드러내는 여자의 성장을 기대하게 만들어.

우리가 영화 속에서 역할로 빛나는 배우들에게 사로잡히는 궁극적 이유는, 그 역할에 나 자신을 투영하기 때문일 거야. 나는 배우도 아니고 더구나 그 영화 속의 주인공도 아니지만, 내가 바로 그 역할을 하고 있고 또 할 수도 있다는 환상이 찾아오는 거야. 그런 느낌을 자아내는, 영화 속에서 찬란하게 빛나는 배우가 존경스러워.

앞으로도 얼마나 더 근사한 여자들을 많이 만나게 될까? 두근두근하지 않아? 바로 우리가 그렇게 근사한 여자가 될지도 몰라. 미모를 더 이상 안 보이게 만드는 여자, 이야기에 집중하는 여자, 살아 있는 자체에 충실한 여자, 그렇게 될 수 있을 것 같아. 우리의 생에서 우리는 온전한 주인공이므로.

목소리와 말투가 주는 끌림

택시 기사님들은 다들 내 목소리를 알아보셔. 요즘은 주로 앱으로 택시를 부르니까 말을 건넬 필요가 별로 없지만, 행선지 체크를 하면 다들 뒤돌아보셔. "어디서 들어본 목소린데?" 내가 라디오와 유튜브에 많이 출연해서 그래. 특히 기사님들이 많이 듣는다는 '뉴스공장'에 사 년여 출연했었으니까. 가족끼리 택시를 타면 오만가지 얘기를 하는데, 내릴 때쯤 기사님이 "김진애 박사님이죠?"하고 말을 건네서 다들 소스라치게 놀라지. 남편은 본색 다 드러나겠다고 나보고 택시 안에서 얘기하지 말래. 움츠러들 내가 아니지만 누군가 항상 내 말을 듣고 있을 거라는 생각은 해야겠다 싶지.

사람들은 얼굴보다 목소리로 나를 더 떠올리는 거 같아. 민낯으로 캐주얼 옷을 즐기는 편이라 대충 녹아 들어가지만, 목소리는 감출 수가 없는 거야. '어디서 들어본 목소리 같은데' 하는 표정이 감지되면 들켰구나 싶어서 먼저 인사를 건네곤 해. 아예 '목소리가 내 시그니처(signature, 특징)'라고 생각하기로 했지.

좋아하는 배우들의 공통점이라면? 다들 딕션(diction, 정확하고 유창한 말씨)이 좋은 배우야. 내가 김태리를 「아가씨」(박찬욱, 2016)에서 처음 보자마자 끌린 것은 그의 외모가 아니라 목소리였어. "이렇게 찰지게 대사를 치는 콩알만 한 배우가 대체 누구야?" 김태리는 키가 작지 않은데도 콩알만큼 작게 보이게 하는 연기 파워가 있지. 막 데뷔한 배우에게 내레이션을 맡긴 박찬욱 감독의 안목에 감탄하기도 했지. 엄청난 역량이 필요한 게 내레이션이거든.

여러 나라 언어의 악센트를 잘 구사하기로 유명한 메릴 스트립이 토크쇼에 나와서 그 악센트로 말을 하면 데굴데굴 구르게 될 정도야. 케이트 블란쳇이 인터뷰하거나 연설할 때 그의 정확한 호주식(약간의 영국식이 들어간) 억양뿐 아니라 단어 선정과 구사하는 표현에서 그의 지적 수준을 알 수 있어. 아니 개념적 어휘를 저렇게 자유자재로 사용하는 배우라니, 열광하지. 내가 좋아하는 딕션 좋은 배우들은 다 연극배우 출신이야. 연극이야말로 대사 전달력이 중요하고, 어떤 기술적 포장 없이 자기 목소리로 표현해야 하잖아.

나는 가수도 딕션이 좋은 가수를 좋아해. '알리'를 좋아하고 '아델'을 좋아하는 이유 중 하나지. 알리가 가사도 음도 정확하게 내는 걸 보며 역시 판소리 공부를 했던 가수답다 싶고, 아델이 그 함축적이고 복잡한 가사를 정확히 전달하는 걸 보면서 역시 싱어송라이터답다 싶지. 최근에 뜨는 걸 그룹은 제대로 딕션 공부하고 나와서 아주 기분 좋아. 블랙핑크, 뉴진스 등. 알고 보니 노래나 댄스뿐 아니라 여러 언어와 인터뷰 등 집중적으로 언어 공부를 한다네. 오페라 가수가 되는 훈련 중에 의미를 전달하기 위해서 이탈리아어, 불어, 독일어 등을 공부한다는데, 이제 대중문화에서도 고도의 훈련이 이루어진다는 건 그만큼 발전하고 있다는 뜻이지.

직장 생활뿐 아니라 사교와 일상생활에서 얼마나 말이 중요한지는 우리 모두 뼈저리게 아는 사실이지. 목소리, 톤, 악센트, 리듬, 억양, 어휘, 말투, 콘텐츠, 적절한 PC(Political Correctness, 정치적 바름), 유머 등, 이론은 알면서도 정작 실천은 너무도 어려워. 말하기에 관해 수많은 책과 훈련 프로그램들이 나오는 건 그만큼 절실한 필요 때문 아니겠어?

나도 열심히 훈련했어. 지금도 열심히 연습하고 준비해. 끝나지 않는 평생 훈련이야. 적어도 지금은 말하기 자체를 즐기게 된 것만도 감사한 일이지. 내가 어릴 땐 아주 말이 많았고 질문이 많아서 학을 떼었대. 그런데 어른들한테 "넌 참 이상하다"라는 말을 자주 듣고선 상처받지 않으려고 아예 한동안 입을 닫았었어. 그 시절의 외로움과 소외감 때문에 '내가 어른이 되면, 말을 못해서 답답해지는 일은 절대 일어나지 않게 하겠다!'라고 작정했었지. 아이도 소년·소녀도 어른도, 남자도 여자도, 기업 대표도 노동자도, 공무원도 교사도, 사회적 강자뿐 아니라 사회적 약자도, 누구나 하고 싶은 말을 하는 사회를 꿈꿨던 거지.

이렇게 간절했음에도 불구하고 내가 말하기·글쓰기 훈련을 본격적으로 한 건 유학 시절이 되어서야. 중고교, 대학 시절에도 공적 말하기 훈련을 할 기회가 거의 없었어. 요즘엔 토론 배틀도 열리고 중고교생까지 TV에서 당당하게 말하는 걸 보면 정말 세태가 바뀌었지? 하지만 아직도 갈 길이 멀어. 미국이 인류 문화에 기여한 것이 '토론 문화'라고 했다는 프랑스 철학자 토크빌의 관찰처럼, 미국은 정말 말하지 않으면 존재가 무시되는 사회야. '말하지 않으면 아는 게 없다, 생각이 없다'고 여겨지는 사회에서 말하지 않고는 배길 수 없었지.

익숙지 않은 남의 나라 언어로 말하기·글쓰기를 배운다는 게 얼마나 힘들었는지 몰라. 하지만 늦을 때가 가장 빠르다고, 늦게 시작한 나의 말하기·글쓰기 훈련은 아주 유용했어, 그리고 효능이 확실했어. 그래서 나는 누구에게나 훈련하기를 권하지. 말하기·글쓰기 훈련에 늦음이란 절대 없다고.

너희들은 말하기 능력을 한껏 기르고 펼쳐 봐. 말할 기회를 잡아. 할수록 늘어. 물론 좋은 훈련이 필요하고, 훈련 여하에 따라 잘하게 돼 있어. 두 딸은 예전에 했던 수많은 독후 토론, 독후감 쓰기를 기억할 거야. 어린 시절 아쉬워했던 걸 내가 엄마가 되자 실천한 건데, 딸들은 질색했지. 여러 기억 중에서도 하루는 큰딸 방에서 노을이 지는 시간에 시간 가는 줄 모르고 셋이 토론했던 시간을 아주 아름답게 기억해. 그날의 주제까지 기억해. 내가 쓴 『매일 매일 자라기』(1997 초판)라는 책의 한 꼭지, 말하기 주제로 토론하는 시간이었는데, 딸들도 생각이 많았던지 토론이 길어졌어. 이윽고 큰딸이 하는 말, "그런데, 아는 거와 하는 거는 정말 다른 것 같아!" 어찌 그리 똑똑해졌니? 아무리 머리로 알아도 소용없어, 실제 해야지.

나는 평생을 말하기·글쓰기에 무진 노력을 해왔고 지금도 하고 있어. 준비도 많이 하고, 리허설도 하고, 실전하고 난 후에는 남의 평도 모니터하고 스스로 비평하면서 또 다른 말하기·글쓰기를 준비하지. 내가 자주 듣는 평은 두 가지야. 첫째는, 내가 하는 말은 귀에 꽂힌다는 것, 다른 하나는, 내가 쓴 글에서 내 목소리가 들린다는 것. 얼마나 다행이야. 목소리가 좋은 편은 아니지만 나의 말하기는 리듬과 강약이 있고 펀치라인이 좋아서 귀에 잘 꽂힌대. 무엇보다 유머가 있어서 좋대. 내 책에서 내 목소리가 들린다는 건, 그만큼 일상적인 언어로 글을 쓰려고 노력한 덕분이겠지. "말하듯 글을 쓰라!" 이게 좋은 글쓰기의 첫 번째 법칙이거든. 구어체로 쓰는 이 책에서는 아마도 내 목소리가 더 잘 들리겠지? 처음 시도해 보는 구어체 글쓰기를 너희를 위해 하면서, 실제로는 나 자신을 훈련하고 있는 거야.

내 평생, 외모 가꾸기에 기울인 시간보다 나의 말하기·글쓰기에 들인 시간이 훨씬 더 길었어. 그 효과는 아주 좋았어. 오래가고, 여전히 공부할 거리가 있어서 좋아. 말하기는 너무 중요해. 그 사람에게 끌리고 그를 믿게 돼! 가장 좋은 건, 훈련된다는 것이지. 글쓰기와 말하기는 같이 가는 거야. 서로를 도와주지. 글 잘 쓰는 사람이 말 잘하라는 법 없고, 말 잘하는 사람이 글 잘 쓴다는 법은 물론 없지만, 의식적으로 훈련하면 서로를 도와주지. 훈련으로 잘하게 되는 말하기·글쓰기, 건투!

어릴 적 내 거울이었던
『도리언 그레이의 초상』

극작가 오스카 와일드가 남긴 소설, 『도리언 그레이의 초상』 (1890 초판)은 19세기 말에 쓰인 소설이야. 사춘기 시절에 읽고 심리적 충격을 받았지. 줄거리는 단순해. 스무 살 아름다운 청년 귀족 도리언 그레이는 당시 풍속대로 초상화를 남기다가 초상화 속 자기 모습에 도취한 나머지 영원불멸의 젊음을 꿈꿔. 나의 쇠락, 늙음, 추악함은 고스란히 그림 속 나에게 주고, 아름다운 외모는 고대로 지키자는 욕망을 이룬 거야. 그 결말이 어떠할지 짐작이 가지? 세월이 지나 추악하게 변해버린 초상화를 보고 칼로 초상화 속 자신을 찔러. 죽은 게 누구겠어? 어떤 모습으로 죽었겠어?

이 소설을 보면 '성괴(성형 괴물)'가 떠오르지. 성형 기술로 젊음과 아름다움을 지킬 수 있다고 믿잖아? 줄기세포 기술까지 발전하잖아? 마치 기계처럼 부품 교체까지 가능하게 된다잖아? 하지만 그 효과도 잠시, 인간의 한정된 바이오 수명은 어떤 성형 기술로도 완전히 극복할 수 없어. 현실에서 성괴의 끔찍한 파국은 뉴스에 자주 등장하지. 성형 인간을 패러디한 미래 영화들이 많아. 영화「브라질」(테리 길리엄, 1985)에서는 성형에 빠진 상류층 인간들이 마치 프랑켄슈타인처럼 변해가는 기괴한 모습이 나오지. 「닥터 후」(1963 첫 방영)라는 영국 SF 드라마에서는 온갖 성형 수술을 받다 못해 얼굴과 몸이 아예 얇은 판으로 변해버린 여자가 나와서 눈만 깜박이고 입만 나불대. 미래의 도리언 그레이라니, 무시무시하지? '생로병사生老病死'의 운명이 그토록 싫다면, 영화「벤자민 버튼의 시간은 거꾸로 간다」(데이비드 핀처, 2008)에서처럼 차라리 늙은 모습으로 태어나서 시간이 갈수록 젊어지는 게 인간의 욕구에 더 맞을지도 몰라.

영원한 젊음이란 없어, 불멸하는 생명이란 없어. 시간의 흐름은 누구에게나 공평할 뿐이야. 그러한데도 '시간을 거스른 미인, 방부제 미남, 뱀파이어 미인'이란 헤드라인이 자주 뜨는 걸 보면 역겹지. 옛 스타를 재조명하는 표현이 그거 하나밖에 없단 말이야? "열 살은 젊어 보이세요!" '젊음 콤플렉스'를 자극해서 상품을 팔려는 자본주의적 멘트니까 속아 넘어가지 마.

나이보다 젊어 보이게 만드는 건 외모가 아니라 에너지 때문이야. 삶의 활력과 생생한 호기심이 젊다는 착시를 자아내지. 부쩍 느끼는 건데, 요즘 젊은이들은 너무 빨리 나이 들어 보이고, 노인은 너무 늦게 늙어 보인다는 거야. 평균 수명이 늘기도 했지만, 젊은이들은 생존경쟁에 내몰려 살기 팍팍하고 노인에 대한 사회적 배려 수준이 상대적으로 높아졌다는 현상을 시사하지. 젊은이들이 일찍 애늙은이처럼 되는 게 슬프고, 그런가 하면 늙음을 인정하지 않으려는 노인도 애달프긴 마찬가지야.

도리언 그레이의 영향 때문인지, 나는 어릴 때부터 늙은 얼굴에 끌리곤 했어. 늙은 외모에서 풍기는 아우라가 특별한 인물을 봤기 때문이었을까? 대표적으로 박경리 선생이 고추밭에서 찍은 사진. 초로의 여인이 고추를 따서 봉투에 넣는 장면이 이렇게 아름다울 수 있다니, 놀랐어. 일상의 무심한 순간에 비치는 초월과 관용과 통찰과 자기 몰입의 아우라가 너무도 좋았어.『토지』(1969~1994)에 흠뻑 빠져 있던 나는 박경리 선생의 이 사진에 완전히 반해서, '나도 이렇게 늙고 싶다!' 되뇌곤 했지. "언니가 늙으면 박경리 선생처럼 될 거야!"라던 동생의 말은 최고의 응원이었어.

내가『여자의 독서』(2017)에 썼던 내 영혼의 멘토인 작가 박경리, 정치철학자 한나 아렌트, 도시사회학자 제인 제이컵스, 작가 버지니아 울프는 하나같이 아름다운 늙은 얼굴을 가진 사람들이야. 이때의 아름다움이란 절대적인 기준은 아니야. 그냥 내 눈에 보이는 아름다움이지. 아니, 내 마음에 스며드는 아름다움이라 할까? 그냥 아름다워 보이는데 어떡해. 마음으로 다가오는 아름다움이란 눈으로 다가오는 예쁨과는 확실히 달라. 앞에서 거론했던 주디 덴치를 누가 예쁘다고 하겠어? 하지만 바로 그래서 마담 덴치는 나이가 들수록 더욱 빛나고 아름다운 역할을 맡을 수 있던 거지. 우리의 윤여정 배우가 그러하듯이 말이야. 도리언 그레이의 초상의 저주를 정면으로 부정하는 인간의 힘이지. 도리언 그레이의 저주를 기억해!

스스로 나를 칭찬하는 힘

스스로 자기 자신을 칭찬하는 일은 자주 해줘야 해. 반하는 것과는 달라. 진심으로 나 자신을 칭찬해 주는 거야. "아주 잘했어, 잘 견뎠어, 오늘 하루도 잘 버텼어. 수고 많았어, 너무 근사해 보이는데? 아주 멋졌어!" 어제보다 나은 오늘, 오늘보다 더 나은 내일을 기약하게 해주는 자기 격려야. 자존감을 잃지 않게 하는 좋은 방법이지.

도리언 그레이의 문제는 그만 자기 외모에 홀딱 반해버렸다는 거야. 저주지. 나르시시즘(narcissism, 자기애)의 원조인 그리스 신화에 나오는 나르키소스랑 비슷해. 불길한 예언을 막으려고 부모가 모든 거울을 치워버려서 자기 모습을 보지 못하고 자란 나르키소스는 요정들이 왜 그렇게 자기에게 구애하는지 몰랐을 거야. 그러다가 물속에 비친 자기 얼굴을 처음으로 보고는 완전히 반해버린 거지. 밥도 안 먹고 물도 안 마시고 그저 그 얼굴을 바라보며 왜 내 사랑을 받아주지 않느냐고 한탄하며 자기를 끌어안으려다가 물에 빠져 죽어버린 거야.

그건 복수였어. 아름다운 요정 에코가 구애하는 걸 나르키소스가 차갑게 거절해서 말라 죽게 했지. 메아리라는 뜻의 에코는 목소리만 남기고 소멸했대. 그걸 목격한 다른 요정들이 복수하려고 자기애의 저주를 건 거야. 결국 나르키소스를 자멸하게 만든 건 다른 사람의 감정에 대한 무관심, 자신의 감정에 대한 무지 때문이었지. 감정이 메마르니까 외모에만 홀딱 반해버리는 비극을 맞은 거지.

우리 시대의 가장 문제적 인격 장애 중의 하나가 나르시시즘이고 보면, 우리는 정말 우리 자신을 잘 알아야 해. 평소에 냉철하게 자신을 파악하는 건 아주 중요하지. 외모, 감정, 생각, 능력, 역량, 잠재력 등에 대해서 말이야. 너무 높게도 너무 낮게도 보지 않아야 해. 자기 비하도 문제지만 자아 비대도 문제가 될 수 있거든.

남의 칭찬을 듣는 건 물론 기분 좋지. 그렇지만 그 칭찬엔 거품이 끼었을 가능성도 높고, 하얀 거짓말이 섞여 있을 가능성이 높아. 예의상, 인간관계상 또는 사회적 상하 관계 때문에 빈말로 거품 칭찬을 남발하기도 해. 그러니 남의 칭찬을 들으면 오히려 경계해야 할 필요가 있지. 내 머리를 진정으로 쓰다듬어 주는 건 온전히 나밖에 없어. 온갖 노력, 마음고생, 서성이던 나날들, 불안, 걱정, 잠 못 이루던 밤 등 그간의 사정을 가장 잘 아는 사람은 나밖에 없잖아. 그러니 성공했든 실패했든, 칭찬해 줘. "잘했어, 잘 견뎌냈어, 오늘 파이팅 좋았어. 용기 낸 게 가상해! 또 해보자! 다른 기회가 있을 거야. 울지 마. 그래, 실컷 울자! 맛있는 거 사 먹자! 또 건투하자!" 하면서 말이야.

나는 이런 상태를 '독해진다'고 표현하기도 하고, '냉철해진다'고 표현하기도 하고, '진정 뜨거워진다'고 표현하기도 해. 자신의 모자람을 인정하는 것, 자신의 수고를 알아주는 것, 자신을 있는 그대로 존중해주는 것, 다시 한번 자신과 또 다른 약속을 하는 것, 그런 자신을 있는 그대로 사랑하는 것이야말로 진짜 자기 애니까. 너 자신을 사랑해. 네 머리를 쓰다듬어 줘, 너 자신을 자주 칭찬해 줘! 용기백배하게 될 거야.

6장　쓸모와 매력

우리는 쓸모로 판단되고 매력으로 구분되지

어떤 사람을 만나든 형용사를 떠올려 봐.
그게 사람에 대한 호기심이자
　　　　　그 사람에 대한 성의니까.

> 다니와 여름이 이야기

세상을 밝히는 두 가지 기준

두 살 다니는 동네에서 꽤 유명해졌다. 놀이터에 가면 자기 가슴을 손가락으로 가리키며 "다니, 다니" 하고 다녀서 온 동네가 다니 이름을 알게 됐다. 놀이기구, 나무 밑 벤치, 바둑판을 기웃거리며 동네 사람들에게 관심을 보이다가 자기소개로 마무리하는 것이다. 덕분에 동네 아이들도, 엄마들도, 아빠들도, 아저씨들도, 동네 할머니 할아버지들도 다니 이름을 다 알게 됐다. 세 살 무렵 미국 친할머니댁에 석 달 동안 갔었는데, 만나는 사람에게 "아임 다니, 다니(I'm Dani, Dani)." 하고 다녀서 인기 짱이었단다.

네 살 여름이가 상하이에 살게 됐을 때 한동안 유아원에 가기 싫어해서 엄마 걱정이 컸는데, 나중에 알고 보니 중국말을 잘 못해서였다. 말이 안 통하니 학교가 재미있을 리가 있나? 중국말을 익히고 나서의 변화는 놀라웠다. 동네방네에 자기 이야기, 엄마 아빠 오빠 이야기, 함니 하삐 이야기, 다니 이야기를 해대서 우리까지 덩달아 유명해졌다. 처음 보는 택시 기사에게 중국말로 '쏼라쏼라' 온갖 이야기를 나누는 영상을 보내왔는데 어찌나 웃기던지, 그 기사도 천연덕스럽게 여름이랑 대화하는 게 너무 즐거워 보였다.

나의 어린 시절은 그리 밝지 못해서, 두 딸의 어린 시절을 밝게 해주려 노력했는데, 손녀딸 시대에 활짝 꽃이 피는 것 같아서 기

> 분이 좋다. 딸들의 시대가 그렇게 자꾸 밝아지기를 바란다. 그렇게 딸들의 독특한 매력으로 세상을 밝혀 주기를!

쓸모와 매력, 사람 보는 눈

사람을 평가하는 기준을 단 두 가지만으로 좁힌다면 '쓸모와 매력'일 거야. 내가 『남녀열전』(2004)이라는 책에 썼던 말이야. 사람 보는 눈을 기르자는 취지에서 썼던 책인데, 쓸모가 쓰임새에 관한 것이라면 매력이란 끌림에 관한 거지.

우리는 알게 모르게 사람을 보면서 평가하게 마련이야. 내색하지 않더라도 속으로는 나름의 판단을 내리지. 첫인상이 잠깐의 대화로 이어지고, 공적 발언과 사적 교류로 전개되며, 일하는 역량과 문제에 대처하는 자세, 윗사람뿐 아니라 동료들 또 일상에서 사람을 대하는 태도 등을 보면서 평가내리는 거야. 그 평가는 한 번에 끝나지 않아. 차츰 새로운 면모를 알게 되고, 지나쳤던 부분을 발견하고, 오해를 풀기도 하지. 게다가 사람은 변하게 마련이야. 나도 변하고 남도 변하지. 자연스럽게 평가는 시간이 지나며 달라지기도 해.

내가 일생을 통해 열심히 키우려 했던 능력이라면, 나의 쓸모와 매력을 키우는 능력과 함께 다른 사람의 쓸모와 매력을 발견하는 능력이야. 사실 이건 일종의 거울 효과이기도 해. 다른 사람을 거울처럼 보면서 나를 발견하고, 나라는 거울을 통해서 다른 사람을 비추어 보는 거지. 우리는 사람을 여러 시각으로 보잖아. 닮고 싶은 사람, 흠모하는 사람, 존경하는 사람, 써먹고 싶은 사람, 배우고 싶은 사람, 친구 하고 싶은 사람, 데이트하고 싶은 사람, 인생 파트너로 삼아도 괜찮은 사람, 같이 창업하고 싶은 사람, 술 마시고 싶은 사람, 같이 여행하고 싶은 사람 등. 그런 사람을 잘 찾아낼수록 인생은 더 풍부해지지.

쓸모란 스펙이나 특정 능력으로 생각하기보다는, TPO로 보는 게 합당해. 그 시점, 그 자리, 그 상황에 맞느냐 안 맞느냐가 기준이 되는 거지. 그 일을 하기 위해 필요한 역량, 일에 대한 태도, 근성과 의욕 여부가 훨씬 더 중요한 변수지. 영화 캐스팅을 생각해도 돼. 이 세상엔 잘생기고 예쁘고 늘씬하고 매력적인 배우들이 쌓이고 쌓였어. 수많은 지원자 중에서 감독이 원하는 사람은 그 역에 맞는 사람, 역을 해낼 뿐 아니라 그 이상의 해석도 해낼 잠재력이 보이는 지원자지. 뛰어난 배우라고 모든 배역을 해낼 수 있는 건 아니잖아?

매력은 쓸모와 좀 달라. 어떤 상황에서든 작용하거든. 일 잘하는 친구가 환하게 인사도 잘하면 평가가 높아지는 게 인지상정이잖아. 공연히 질척대는 아부성 사교는 금방 드러나지만, 기분 좋은 매너와 분위기 띄우기로 일하는 즐거움을 올려주는 사람은 좋아하지 않을 수 없지. 그래서 우리가 매력을 키우려고 열심히 노력하는 것 아니겠어?

　매력은 홀로 서는 특장이 있어. 쓸모가 TPO에 의해 결정되는 반면 매력은 그렇지 않아. 가수 오디션을 상상해 보자고. 음악이란 어떻게 보면 쓸모와 크게 관련 없기에 매력 변수가 더 크게 작동하지. 내가 오디션을 즐겨 보는 이유가, 의외의 놀라움을 만나기 위해서야. 아니 저 노래를 저렇게 부르다니, 아니 저런 댄스 움직임을 만들어내다니, 그 매력에 홀딱 반하지. 그림도 마찬가지야. 극과 극으로 맛과 멋이 다 달라서 매혹적인 게 그림이지. 그래서 순수 예술이라고 하는 거겠지?

　매력이 절대적으로 작용하는 순수 예술과 달리, 세상사에 얽힌 거라면 쓸모와 관련 없는 게 없어. 예컨대 '디자인'은 그림과 달리 TPO에 따라 쓸모와 매력이 크게 달라지지. 패션이 전형적일 거야. 아무리 멋져도 아무 때 아무 데나 잘 맞는 패션이란 없잖아? 건축도 마찬가지야. 매력적인 것도 중요하지만 쓸모가 없다면 말 그대로 아무 쓸모가 없지. 매력과 쓸모 사이에서 적절하게 조율하는 게 디자인 작업의 요체야. 가장 좋은 상황이라면 매력이 쓸모를 키우는 거지. 자칫 지나친 매력이 꼭 필요한 쓸모를 줄이지 않도록 조심해야 하지. 자칫 과잉 쓸모가 꼭 필요한 쓸모를 가려버릴 수도 있어. 시장에서 살아남으려면 잘 조절해야 해.

　디자인 작업이 이러할진대, 사람에 이르면 매력과 쓸모 사이의 조율은 그야말로 끊임없는 줄타기지. 쓸모와 매력 사이의 균형을 잘 잡아야 해. 때로는 지나친 매력이 쓸모를 줄이는 경우도 생겨. 그러니까 자신의 매력을 뿌리는 일은 사회생활에서는 적당히 절제하는 게 필요해. 그러는 한편으로 개인 생활에서 마음껏 매력을 뽐내는 반전도 가능해. 적절한 매력은 당연히 쓸모를 더 주목받게 하지. 주변의 호감을 얻음으로써 쓸모를 더 인정받는 건데, 이 비결을 익히려고 다들 노력하잖아? 쓸모만 강조하며 일 잘하는 사람들이 인정받지 못한다고 종종 투덜대는데, 그게 아마 매력과의 상관관계 때문일 가능성이 크지. 아, 참 어렵다, 인간관계란!

모든 인간은 남의 인정을 먹고 살아가는 거니까, 일생을 통해 인정 투쟁을 해야 한다는 사실을 담담하게 받아들여 봐. 투쟁이라는 말이 너무 처절하다면 그저 인정받기 위한 노력이라고 해도 좋아. 관심 어린 시선은 훨씬 더 활기찬 인생을 만들고, 냉랭한 시선이란 견디기 어려운 것이니까. 잘 관찰해야 할 것은, 우리가 무엇에, 어떨 때, 어떤 상황에 끌려서 그 사람의 매력과 쓸모를 인정하느냐일 거야. 이런 관찰을 계속하다 보면, 사람 보는 눈이 길러져. 남의 쓸모와 매력을 파악하는 눈이 생기면 자신의 쓸모와 매력에 대한 눈도 점점 더 밝아지지.

질투는 나의 힘, 자존감은 나의 뿌리

질투심에서 벗어나는 건 불가능해. 비교하지 말라지만 어떻게 비교를 안 해? 어릴 때를 생각해 봐. 아빠가 동생을 더 예뻐하는 것 같고, 엄마가 오빠를 더 위해 주는 것 같고, 선생님이 친구를 더 좋아하는 것 같고, 상처받을 일투성이였지? 커서도 생각해 봐. 왜 내 제안서는 거절당하기 일쑤인데 동료의 제안서는 자주 채택되는 거야? 왜 나 대신 후배가 먼저 승진하는 거야? 이런 경험이 한 번도 없는 사람은 어딘가 문제가 있는 사람일 거야. 질투와 분노는 지극히 인간적인 감정이니까.

질투의 파국을 기막히게 그린 영화 「아마데우스」(밀로시 포르만, 1984)에 나오는 살리에리의 비극은 남의 재능을 알아보는 안목 때문에 생긴 거지. 질투에 휩싸일 수밖에 없었던 건, 자신이 그토록 열심히 노력해서 갖게 된 재능을 너무도 손쉽게 풀어내는 모차르트의 탁월함 때문이야. 이 질투가 분노에까지 이른 건, 신이 너무 불공평하다고 여겼기 때문이지. 분노에 휩싸인 살리에리는 스스로 몰락해 버릴 수밖에 없었지. 노력하는 수재가 신의 손길이 닿은 천재를 도저히 뛰어넘을 수 없다는 게 운명이야. 살리에리의 비극은 그게 작곡이라는 고난도 재능을 요하는 작업이었기 때문에 더 커졌을 거야.

천재에 대한 질투는 그나마 이해할 만하지. 우리 대부분이 빠지는 질투는 탁월한 사람과 비교해서 생기는 게 아니거든. 일상에서 만나는 친구들, 동료들, 상사들, 이웃들과 비교하면서 질투가 생기잖아. 대세에 별 지장이 없는데도 작은 차이 때문에 질투 감정에 휩싸이는 걸 보면 역시 인간이란 어리석어. 질투하는 자신이 어리석다는 것을 알면서도 그 감정에서 벗어나지 못하니, 인간이란 얼마나 어리석은 존재니?

'나보다 뛰어난 사람은 항상 있다'는 사실을 인정하자고. 그 뛰어난 사람이 어쩌다 내 눈에 보이는 것뿐이야. 낙오감과 실패감에 사로잡힐 정도로 질투 감정에서 정 벗어날 수 없다면 그 사람으로부터 도망쳐. 눈에 안 보이면 감정도 잦아들거든. 게다가 이 시대가 좋은 것은, 천재적인 재능이 아니더라도 쓸모를 찾아낼 일이 얼마든지 많다는 거지. 같은 분야 내에서 특정 부문으로 바꿔도 되고, 인근 분야로 옮겨도 되는 세상이잖아? 최고가 되고 싶어 하는 그 일은 어디선가 너희를 기다리고 있을지도 몰라.

'재능은 원래 주목받지 못하는 거'라고 자신을 위로해도 괜찮아. 생전에 전혀 주목받지 못했던 뛰어난 재능들이 얼마나 많아? 예컨대 반 고흐를 떠올려 봐. 생전에 그림 하나 못 팔 정도로 반 고흐의 재능을 아무도 몰라봤다는 게 영 석연찮아. 〈별이 빛나는 밤〉, 〈해바라기〉, 〈꽃 핀 아몬드 나무〉 등을 보고 어찌 마음이 동하지 않을 수 있단 말이야? 아무리 매너리즘에 빠진 화단이고, 아무리 당시 유행하던 화풍과 다르더라도 어찌 반 고흐의 그림에 매혹된 사람이 한 사람도 없었단 말이야? 이상해. 눈을 가리는 편견은 그렇게도 무서운 거지.

'재능은 주목받지 못하는 게 당연해. 재능을 세상이 알아줄 거라고 믿는 자체가 비현실적인 거야. 일찍 발견된 재능은 일찍 소모될지도 몰라. 대기만성하는 재능도 있는 거야. 늦게 빛을 보면 오래갈 수 있어.' 재능에 대한 이 모든 설이 자기 위로를 위한 핑계 또는 진실일 수도 있어. 그러니까 믿고 싶은 대로 믿자고. 실제로 얼마나 많은 재능이 사장되는지 몰라. 그런가 하면 얕은 재능과 허접한 실력으로 잘 나가는 사람을 보면 허망해지고 분노가 발동하지만, 그게 얄궂은 인간 세상인데?

하지만 한 가지는 분명해. 질투심에 가려서 남의 매력과 쓸모를 알아보지 못하는 것이야말로 정말 어리석은 거야. 사람들의 매력과 쓸모를 발견하지 못하면 리더가 될 수 없어. 큰 리더는커녕 팀장이 되기도 어려워. 조직을 이끌 힘도 없어. 사람 보는 눈이 있어야 제대로 사람을 쓸 수가 있는 거잖아? 질투심에 사로잡히면 일을 망치기 일쑤지.

무엇보다도 다른 사람의 재능을 발견할 때의 그 기쁨이 얼마나 좋아? 아, 괜찮은 사람을 만났네, 같이 일해 볼까? 이 사람은 얼마나 더 자라게 될까? 기대감이 막 상승하지. 눈여겨봤던 사람이 진정 일을 해냈을 때, 어떤 작품을 만들었을 때, 불이익을 감수하면서도 소신을 지킬 때, 성큼 한 걸음 더 내딛는 모습을 볼 때, 독립한 모습을 볼 때, 그렇게 우뚝 서고도 또 다른 걸음을 내딛는 것을 볼 때, 얼마나 뿌듯해?

인간이란 어리석은 존재이므로 질투심에 휩싸이지 않으려야 않을 수 없는 순간이 올 거야. 때로는 그 질투심이 더 노력하게 만들지. 질투가 힘이 되는 시간이야. 하지만 아무리 노력해도 넘어설 수 없는 수준이 있음을 깨닫고 자신의 한계에 머리를 벽에 찧게 될지도 몰라. 하늘을 원망하고 자신을 책망하고 세상을 저주하게 될지도 몰라. 그럴 땐 크게 숨을 쉬어 봐. 너에게 주어진 재능이 어떤 것인지 잘 살펴봐. 다른 게 보일 거야.

살리에리는 재능을 알아보는 재능으로 인해서 질투라는 지옥에 빠졌지만, 모차르트의 음악을 처음으로 만나는 축복을 받기도 했지. 아무도 진가를 알아보지 못하는 오페라 〈돈 조반니〉를 발견했고, 사장되었을지도 모를 불후의 〈레퀴엠〉을 악보에 받아 쓸 수 있었잖아? 물론 영화에서 극적으로 묘사된 점이 있겠지만, 얼마나 큰 행운이야? 살리에리의 인생에서 모차르트의 천재성을 알아본 것이야말로 가장 큰 행운이라 할 수 있는데 쓸데없는 자존심으로 인해 그 행운을 부정해 버렸으니. 살리에리의 자존감은 바닥이었던 거지.

그런데 이 세상엔 그렇게 자존감이 바닥인 사람들이 무척 많아. 그런 사람들이 세속의 권력을 쥐고 있는 경우도 많아. 그 세속적 권력으로 너희를 평가하고, 재단하고, 자르고, 기회를 줄이려 들어. 그런가 하면 호시탐탐 그 세속적 권력으로 너희의 재능을 이용해서 자신의 이익을 늘리려 들 거야. 그게 이 속물적 인간 세상의 현실이야. 부디 튼튼한 자존감으로 버티기를. 속물적 현실 속에서도 뿌리 깊은 나무로 튼튼하게 자라기를!

'마녀'라 불리면 너는
영혼이 있는 사람일 거야!

세상은 너의 재능을 깎아내리려 들 거야. 세상은 너의 쓸모를 제한하려 들 거야. 세상은 너의 재능을 불행의 씨앗이라고 할지도 몰라. 세상은 너의 매력을 불안한 눈으로 볼 거야. 재능이 뛰어나고 쓸모가 탁월하다면, 너를 마녀라 부를지도 몰라.

여성을 모욕하고 적대시하고 폄훼하는 말 중 으뜸은 마녀일 거야. '마녀사냥'이라는 야만 행위가 수백 년 동안 계속되었다는 건 인류의 수치지. 집단광기가 작동한 잔혹사가 아닐 수 없어. 종교의 이름으로 시작되었으나 결국엔 세속적 목적의 인간 사냥으로 전락했지. 잔 다르크에 대한 이단 재판과 화형이 가장 유명하지만, 이제는 마녀사냥의 실체를 다 알지. 종교적 이단을 정죄한 것만이 아니라 정적을 숙청하고, 기득권 체제에 저항하는 자에게 불순분자 오명을 씌워 제거하고, 공동체에 민간 의술로 봉사하는 여자를 핍박하고, 부유한 과부의 재산을 빼앗고, 관계를 거절한 여자에게 앙갚음하고, 때로는 아름답다는 이유만으로 질투심을 폭발시키는 등, 사악하고 음흉한 집단범죄를 저지른 게 마녀사냥이야.

사냥감으로 남자도 있었지만, 마귀보다 마녀가 더 효과적이라 봤던지 압도적으로 여자가 많았지. 사회적으로 끈 없고, 체력적으로 약하고, 조직력이나 재력이 취약했으니, 여권은커녕 인권이란 말도 없던 시절에 사냥감으로 오죽 좋았겠어? 젊고 예쁘면 미혹한다는 이유로 질투하고, 늙고 허약하면 노파라고 구박하고, 남다른 재력과 권력이 있으면 질시하고, 과학적 지식과 기술적 재능이 뛰어나면 세상을 교란한다는 이유를 붙여서 제거한 거야. 때때로 이런 광풍을 한차례씩 몰아가며 사회 통제를 강화하고, 살육 행위로 일종의 오락적 스펙터클을 만드는 효과까지 노렸지.

오죽하면 마녀사냥이란 말이 '희생양을 찾는 행위'를 칭하는 단어가 되었겠어? 온갖 잔혹한 고문이 자행되는데, 마녀가 아니면 고문을 못 견뎌 죽을 것이요, 고통을 못 이겨 시인하면 온 재산을 빼앗기고 잔인한 처형의 대상이 되어버리지. 이런 상황에서 자칫 찍힐까 봐, 사람들 입에 오르내릴까 봐 일상생활의 검열이 서슬 퍼런 공포 사회가 되어버리는 거야.

마녀사냥을 그린 탁월한 영화들이 있어. 14세기 중세 이탈리아의 마녀사냥을 그린 「장미의 이름」(장 자크 아노 감독, 1986)에서는 프란체스코 수도사와 로마 교황청에서 파견된 이단 심문관이 벌이는 기싸움이 우스꽝스러울 정도지. 18세기 스페인의 마녀사냥 광풍을 그린 「고야의 유령」(밀로시 포르만 감독, 2008)에서는 권력과 정염에 미쳐버린 가톨릭 신부의 미친 짓거리를 화가 고야가 목격하는 이야기가 등장하지. 고야는 정치적 야만을 가장 뛰어나게 그려낸 화가일 거야. 스페인 전쟁 중 벌어진 인간 살육을 그린 그림도 무척 유명하지만, 그가 말년에 은둔한 집의 벽에 그린 〈검은 그림〉은 인간의 광폭성에 대한 깊은 통찰을 담고 있지.

유럽의 마녀사냥은 미 대륙에까지 상륙했어. 미국 역사상 가장 추악한 사건이라 불리는 '세일럼의 마녀' 사건을 그린 「시련」(니콜라스 하이트너 감독, 1996)에서는 17세기 말 작은 청교도 마을에서 사춘기 소녀들이 장난처럼 시작한 거짓말이 마녀사냥의 광풍으로 비화한 사건을 그려. 엄격한 종교 사회, 경직된 노예 사회, 억압적인 식민 사회라는 옥죄는 현실 속에서 불륜, 질투, 고발, 재판, 투옥, 사형에까지 번진 거야. 한심한 건 진실이 드러났음에도 재판은 계속되고 희생자는 점점 늘어났다는 현실이지.

인류 역사를 돌아보면 미치지 않고 어떻게 이런 일이 일어날 수 있는지, 끔찍한 일이 비일비재해. 노예 제도나 신분 제도 안에서 자행됐던 인간의 인간에 대한 이용, 학대, 구박, 핍박, 학살은 믿을 수 없을 정도지. 지금도 지구촌 일부에서 여전히 지속된다는 게 믿어져? 전쟁은 언제나 잔혹하지만 포로에 대한 끔찍한 폭력은 사라지질 않는 게 현실이야. 의도적으로 희생양을 설정하고 조준하는 마녀사냥의 집단광기로는 나치의 유대인 학살만큼 광폭한 사건이 없지. 인간은 언제나 야만으로 돌아갈 수 있다는 경고가 아닐 수 없어.

지금 시대라고 마녀사냥이 없겠어? 소문으로 괴롭히고, 비난으로 주눅 들이고, 소송으로 괴롭히고, 언론 플레이로 인격을 말살하지. 소문이 소문을 낳고, 악성 SNS가 돌아다니고, 루머와 스캔들로 먹고사는 사이버렉카가 가세하고, 고발 고소가 난무하며, 공권력이 개입하고, 수사와 소환이 이어지고, 재판이 열리고, 포토 라인 사진이 돌아다니고, 과거의 발언 한마디와 사소한 행동까지 까발려지며 오명이 씌워지고, 이른바 '악마화'가 진행되면서 진실은 사라지고 한 인간의 인격은 만신창이가 되지. 설령 제도권 재판에서 이기고 진실이 밝혀지더라도 인생은 낭떠러지로 떨어져 버리는 거야.

지금 시대의 마녀사냥은 훨씬 더 교묘하고 정교한 방법으로 전개된다는 게 악질적이야. 언론과 검찰과 SNS가 사냥꾼으로 등장하는 게 아주 우려되는 현상이지. 조직적인 사냥이 벌어지고, 사냥감이 남녀 가리지 않고 개인으로 집중되고, 유명 인사가 타겟이 되는 경우가 많아. 억울한 죽음으로까지 치달은 사례도 적지 않지. 차별과 혐오가 심해질수록 마녀사냥은 더 자주 등장하는 경향이 있어. 기득권이 공고한 사회일수록 선입견과 편견이 위세를 떨치고 차별과 혐오가 기승을 부린다. 경쟁이 치열할수록 낙오가 많고 그 불만과 분노를 터뜨릴 비상구를 찾는 사회 심리도 작용해. 역사상 항상 그러했듯, 권위주의 사회에서 마녀사냥이 사회 통제 수단으로 자주 등장하는 거지.

너희 인생에서도 종종 마녀사냥 현장을 마주칠 거야. 너 자신이 목표물이 되는 끔찍한 상황이 생길지도 모르지만, 사실 더 걱정해야 할 것은 마녀사냥이 전개될 때 자기 입장을 어떻게 정해야 하느냐지. 진실 규명을 지지하리라는 입장만으로써 헤쳐 가기 어려울 때도 생길 거야. '너는 누구 편이야?'라는 압력을 받으면서 평정심을 유지하기 어려울 때도 있을 거야. 속상하고 불편하고 억울하고 화나고 분노하게 될 때, 너희는 어떤 용기를 내게 될까?

일상에서 마녀 취급당할 수도 있지만, 그건 웃어넘길 일이지. 내가 유튜브 라이브를 하면 정치적 반대자들이 나를 마녀라고 부르는 댓글이 달리곤 해. 기분 나쁘냐고? 아니! 누가 나를 마녀라 부르면 나는 '넘사벽' 인간이라는 걸 인정받았다고 자화자찬한단다. 머리가 깨어 있고, 지혜 가득하고, 특별한 재능이 있고, 그걸 주위에 잘 나눠주고, 게다가 멘탈 튼튼한 사람이라 인정받는다고 여기지. 착각 아니냐고? 실제로 마녀사냥의 사냥감이 되었던 많은 여자가 그런 사람이었거든. 뭔가 특별한 기운과 재능을 가진 여자들이 마녀로 찍혔어. 그러니 마녀라 불리면 우리도 그런 사람이라고 생각하자고. 내가 이런 말로 반박하면 더 이상 마녀라고 못하더군. 기로 제압하는 기술을 익히자고.

여자를 악의 근원으로 모는 이데올로기는 참 끈질겨. 모든 죄란 죄는 다 여자에게 뒤집어씌우는 거 아냐? 세상에 불행을 떠돌게 만든 건 열지 말라는 상자를 열어버린 여자, 판도라(그리스·로마 신화) 때문이고, 금단의 사과를 맛보라고 꼬드기는 사악한 뱀의 유혹에 못 이겨 사과를 먹고 같이 먹자고 남자를 유혹에 이끈 사람도 여자, 이브(성경)라는 거야. 트로이 전쟁으로 나라를 파국으로 몰아넣은 주범은 세기의 미녀, 헬레네이고, 고대 중국에서는 나라를 파탄에 이르게 한 '경국지색傾國之色'이라는 전설적 역사가 전해 오잖아?

머리가 크고 난 후에야 남성 중심적 역사를 알게 됐지. 거의 모든 역사가가 남자였고 신화와 전설을 만드는 이야기꾼들도 남자였지, 권력자도 남자였고, 권력 쟁탈을 위해 싸움박질하는 사람들도 다 남자였지. 역사가들은 거시적인 권력 향배에 관심을 뒀고 권력 다툼의 주인공인 권력자에 주목했지. 어쩌다 여자가 등장하면 당황했을 거야. 뭔가 이야기를 짜맞춰야 하는데 그래서 등장시킨 역할이 이른바 유혹의 달인인 요부妖婦, 요녀妖女였을 거야.

현대에 와서 '팜므 파탈femme fatale'이란 말이 유행하게 된 것도 이 연장선에 있지. 누아르 영화에서는 꼭 팜므 파탈이 나와. 치명적인 매력을 가진 여자, 마력이라 할 만큼 남자를 손아귀에 넣고 자기 목적을 위해 이용하는 팜므 파탈은 마녀 캐릭터의 진화지. 팜므 파탈이 매력적인 여자를 일컫는 말이기도 하지만 이런 여자들이 현대판 마녀사냥의 타깃이 되기도 하지. '옴므 파탈homme fatale(치명적 남성)'이라는 말까지 등장하는 시대이니 너그럽게 봐주자고. 그만큼 재력과 지위를 갖춘 여성이 많아진다는 증거일 테니까.

그러니 혹시 너희가 '마녀'라는 소리를 듣게 되면, 너희가 드디어 깨어 있고, 재능 있는 여자로 성장했다고 여겨 봐. 드디어 영혼이 있는 여자로서 세상에 그 무언가를 나눠주는 사람으로 다시 태어났다고 여겨 봐. 축하해, 마녀로서의 재탄생을!

'착하다'는 말은 듣지도, 하지도 마

어릴 적에 내가 듣기 싫어했던 말 중 하나가 '착하다'는 말이었어. 누가 착하다고 하면 '아, 나에게 뭔가 일을 시키려는 말이구나!'라고 알아챘지. 이른바 '착하다 칭찬의 심리학'을 일찍이 꿰뚫어 본 거지. 왜 그리 예민했을까? 아마 일곱 명의 아이가 머리 박고 경쟁하는 대가족에서 자라다 보니 눈치가 꽤 빨라졌던 것이겠지.

어른이 되어서 "아이, 착해!"라는 말을 무심코 하는 나를 발견하고 깜짝 놀라서, 의식적으로 "옳지, 옳지!"로 표현을 바꾸었어. '옳지'란 말도 '바르다'라는 규범이 담긴 말이지만, '잘했어'라는 격려와 응원의 의미가 크니까. 요새는 '좋아, 좋아'를 많이 쓰려 하는 편이야. 일상의 무의식적인 언어 사용에도 의미가 담겨 있는 거지.

내가 착한 아이 콤플렉스에 빠지지 않았다고? 과연 그랬을까? 모든 사람이 그렇듯 나 역시 착한 아이 콤플렉스에서 자유롭지 못해. 사람 사이에서 살아가는 생존 지혜니까 남의 기대에 나를 맞추는 거지. "하기 싫어도 어느 정도는 해주자. 웃기 싫지만 억지로라도 웃어주자. 열심히는 아니더라도 하는 척이라도 하

자. 그래야 적어도 '나쁜 아이' 소리는 듣지 않을 테니까." 누구에게나 이런 심리가 작동해. 콤플렉스까지 되지 않도록 노력할 뿐이지.

활동 반경이 넓어지면서 관찰 한 가지가 늘었어. 다른 사람을 평할 때 "그 사람, 참 착해! 사람은 착한데…" 등의 표현이 자주 나오지. "사람 참 좋아. 사람은 좋은데…"도 비슷한 맥락으로 쓰여. 내가 간파한 것은, 어떤 사람의 특징을 확실하게 말할 수 없을 때 '착한, 좋은'이라는 표현을 쓴다는 것이야. 박정하게 나쁘다고 평할 수는 없으니까 두루뭉술하게 표현하는 거지. 그런데 착한 사람은 바보같이 이용당하거나 그러다가 자칫 일을 망치고, 사람 좋다는 사람이 잘 속아 넘어가거나 꼼꼼하지 못해서 일을 그르친다는 평가가 있잖아? 말하자면 쓸모도 매력도 분명찮을 때 쓰는 말이 '착하다, 좋다'는 말이란 거지.

이왕이면 구체적 평을 듣는 사람이 되는 게 좋겠지? 캐릭터가 확실하다는 뜻이니까. '성깔 있는, 꼼꼼한, 치밀한, 고집 센, 인사 잘하는, 깔끔한, 잘 웃는, 웃기는, 유쾌한, 말 많은, 뚱한, 집요한, 신사적인, 조용한, 세련된, 솔직한, 침착한' 등, 내 주변 사람들을 생각하며 떠올린 형용사들이야. 긍정적이든 부정적이든, 구체적인 형용사가 떠오르는 사람은 분명 인상에 남는 사람이지. 언제 어디서나 통하는 막연한 캐릭터보다는 특정 상황에서 통하는 캐릭터가 훨씬 더 인상이 확실해지고, 그 사람만의 매력과 쓸모가 구체적으로 떠올려지지.

나는 어떤 사람을 만나든 형용사를 떠올리려고 해. 사람에 대한 호기심이자 그 사람에 대한 성의라고 생각하지. '착한 사람이야, 좋은 사람이야!' 같은 성의 없는 말로 넘기지 않으려는 거야. 쓸모와 매력에 대한 관찰을 습관적으로 하다 보니 확실히 사람 보는 눈이 늘더라. 소설이나 영화에서 두 인간의 쌍방향 관찰이 생생하게 전개되는 대목을 흥미롭게 분석하곤 하지. 무엇이 힌트일까, 어떤 대화일까, 어떤 주제일까, 어떤 상황일까, 어떤 대목에서 눈을 뜰까 등. 물론 나 자신이 다른 사람에게 그저 좋은 사람, 착한 사람으로 스쳐버리지 않도록 노력하기도 하지. 모든 인간관계란 쌍방향이니까. 나를 인정하든 인정하지 않든, 나의 캐릭터를 떠올리게 하는 건 인생 체험을 풍부하게 하는 거라고 믿지.

착하지 말라고 하는 건 아니라는 걸 알지? 착하다는 건 기본적으로 스스로 기분 좋아지는 상태야. 뿌듯해지고 내가 대견해지지. 남을 위해서 착한 게 아니라 자기 자신을 위해서 착한 건 아주 좋은 거야. 다만 착하다는 말로 너를 길들이려는 압력에 굴하지는 마. 너의 선의를 이용하려는 움직임에 쉽게 넘어가지 마. 칭찬만 듣는 사람이 되기보다는 욕을 먹더라도 자기 캐릭터가 분명한 사람이 더 괜찮을 수 있어. 너의 장점과 강점만 보이려고 하지 말라는 뜻이기도 해. 약점과 단점까지도 인간관계를 풍부하게 만들 수 있어. 누가 너를 떠올릴 때 착하다는 말로 넘기지 않도록, 너 자신의 캐릭터와 성격을 분명히 해봐. 그 과정에서

'아, 내 매력은 이런 거구나, 내 쓸모는 이런 거구나' 개념을 잡게 될 거야.

너의 인물을 가슴에 품어봐!

나는 근본적으로 성선설性善說을 믿는 편이야. 장점·단점, 강점·약점은 있을지 몰라도 사람은 기본적으로 '선하다'라고 믿는 거지. 하지만 나는 사회적 인간의 성악설性惡說을 믿기도 해. 사회에서 만나는 사람은 이익에 따라 '악해질 수 있다'고 여기는 거지, 사람의 선함에 대한 깊은 믿음과 사람의 악함에 대한 현실적인 의심, 하나는 태어난 것이고 다른 하나는 학습된 것이지. 사람은 그만큼 양면적이야. 게다가 다면적이기까지 하지.

사람의 양면성, 다면성을 받아들이면 사람 보는 눈이 꽤 달라져. 첫째, 사람을 판단하는 데 꽤 신중해지지. 좋은 점에 쉽게 혹하지도 않고 나쁜 점에 금방 등을 돌리지 않지. 다른 기회나 상황을 볼 때까지 판단을 유보하는 거야. 둘째, 강점이 약점이 되고 단점이 장점이 되는 반전을 기꺼이 받아들이게 돼. 그게 사람의 놀라운 '의외성'이야. 셋째, 사람에 대한 미담에 쉽게 올라타지도 않고 악담에도 쉽게 흔들리지 않게 돼. 세상은 사람을 평하는 데 너무 성급하고 때로는 너무 단편적이거나 편파적이거든.

이런 입장을 가지면 좋은 점이 많아. 일단 우상화에 잘 속지 않지. 독재자나 권력자만 우상화되는 건 아니거든. 셀럽, 지식인, 연예인, 스타, 아이돌 등 특히 미디어가 띄우는 유명세에 덜 흔들려. 그런가 하면 악마화에도 덜 흔들리게 돼. 인간적인 잘못 하나로 한 사람을 하루아침에 지옥으로 몰아넣는 그 광기에 휩쓸리지 않을 수 있지. 누구에게나 되돌아올 수 있는 화살일 수 있음을 아니까.

우상화나 악마화에 휩쓸리지 않고 사람을 사람으로 볼 수 있을까? 참 어려워. 사람은 정말 알고도 모를 주제야. 이 세상에 믿을 사람 하나 없다는 배신의 감정에 휩싸일 때도 있고, '사람은 사람에게 천국이다'라는 희망에 깊은 믿음이 생길 때가 있고, 역시 '사람은 사람에게 지옥이구나' 하는 환멸에 빠질 때도 있어. 그럴 때, 떠올리고 용기를 얻고 격려받을 수 있는 사람이 있으면 좀 든든해지지.

그런 너의 인물(들)을 가슴에 품어봐. 뭐라 이름 붙여도 좋아. '멘토, 히어로, 거인, 선생, 스승, 동지, 영혼의 친구, 뮤즈, 큰 바위 얼굴' 등. 그런 인물은 꼭 가까울 필요가 없어. 가까우면 오히려 잘 몰라볼 수도 있어. 경외심에 질식할지도 몰라. 멀리 있는 사람, 시대를 달리하는 사람, 다른 문화에 있는 사람이 오히려 더 가깝게 느껴질 수도 있지.

내 가슴엔 그런 인물들이 아주 많아. 세상이 추앙하는 위대한 인물도 나의 방식으로 해석하지. 여행 갈 때면 그 인물들과 더 깊은 대화를 하지. 그 사람이 앉았던, 숨어 있던, 걸었던 공간에서 상상해 보지. 시간을 넘어서 기를 나눌 수 있으니까. 감히 그 이름을 거명해 볼까? 수원 화성에서 정조의 복합적 캐릭터를 헤아리고, 한산도에서 난중일기를 쓴 이순신의 마음을 더듬고, 봉하마을로 들어서는 길목을 걸어가며 인간 노무현의 마음을 헤아리곤 해. 문자를 창조한 세종의 위대한 상상력에 감탄하고, 훠이훠이 하늘로 날아오른 듯한 황진이를 사모하고, 한 발 한 발 자기 발로 걸어 『대동여지도』를 만든 고산자 김정호를 쫓는 마음으로 방방곡곡을 걸어보고, 관직이 박탈되고도 밤이면 홀로 복색을 갖추고 군주에게 바치는 글을 쓰던 마키아벨리의 지독한 야망을 피렌체에서 기리고, 신의 손길이 닿은 예술가임에도 정치에 휘말려 숨어지내면서도 골방 벽에 홀로이 스케치했던 미켈란젤로의 손길을 더듬어보는 등, 나만의 대화법이지.

지금 이 공간, 이 시간을 같이하는 사람 중에도 그런 인물들이 당연히 있을 거야. 나는 어떤 인간이 특정한 상황에서 어떻게 어떤 선택을 하는지 참 궁금해. 어떤 딜레마를 느꼈는지, 어떤 용기를 냈는지, 어떤 바람을 가졌던지, 어떤 의지가 작용했던 건지. 인간은 신이 아니므로, 그 인간도 무한히 흔들렸을 텐데도 어떻게 선택했는지, 그걸 알고 싶지.

최근에 찾아낸 『인생의 발견』(시어도어 젤딘, 2015)이라는 책을 읽으며 새삼 희망이 떠올랐어. 거시적 역사보다 사람들의 미시적 역사를 파고든 영국 철학자가 쓴 책인데, 동서고금 역사 속에서 떠들썩하게 유명하지는 않으나 자신의 인생 기록을 남김으로써 그들의 인생철학을 알 수 있게 해준 인물들이 나와. 이 책을 읽다 보면 이 세상에 얼마나 다양한 사람들이 있는지, 각기의 사람이 얼마나 자신만의 삶의 비결을 찾으려 노력했는지, 그것을 생활에서 실천하려 노력했는지 그리고 실패했는지 알 수 있지. 다른 사람의 삶을 통해서 삶의 기쁨의 가능성을 발견하면서 '70억 인류를 인생의 뮤즈로 삼는 법'이라니, 참 매력적이지 않아?

나는 여러 켜의 층이 있는 사람을 좋아하고, 결점이 있는 사람을 매력적으로 보고, 그 결점에도 불구하고 무언가 해내려는 사람을 흠모하고, 실패해 본 사람을 존경하고, 아무리 실패하더라도 끈기를 잃지 않은 사람에 감탄하지. 치부가 없는 사람은 없을 거야. 결점이 없는 사람도 없을 거야. 취향이 다르기도 할 거야. 공적 인생에서는 놀라운 업적이 있는 사람이 사적 인생에서는 말도 안 되는 괴벽이 있었는지도 몰라. 오히려 그래서 더 신기하고 매력적으로 보여. 쓸모와 매력은 무한하다고 믿게 되지.

사람에 대한 너만의 기준을 가져봐. 너의 취향과 편견에 당당해져. 편견이 아니라 견해이고. 취향은 바로 개성이야. 편견이 섞여 있더라도 자신의 견해가 있는 게 중요하고, 자기의 취향에 당당해지는 게 중요해. 다만 사람을 다 안다는 오만에 빠지지는 마. 우리는 어떤 사람도 백 퍼센트 다 알 수 없어. 나도 나를 다 알지 못하는데, 어떻게 다른 사람이 나를 다 알아? 삶이 흥미롭고 사람이 흥미로운 이유는 끊임없이 새로운 면모가 드러나고, 몰랐던 면이 등장하고, 새로운 상황에서 새로운 모습이 나오기 때문일 거야. 그 사람은 변하고, 좌절해서 완전히 무릎을 꿇고 세상을 저주할지도 몰라. 혹은 계속 자라서 새로운 상황에서 초인적인 능력을 발휘할지도 몰라.

그렇게 너의 인물을 가슴 속에 품어봐. 그러다가 이윽고 알게 될 거야. 진짜 거인은 자기 안에 있다는 평범한 사실을. 〈히어로Hero〉라는 제목의 노래들이 제법 많은데 요즘 나오는 노래의 의미는 아주 괜찮아. 머라이어 캐리의 〈히어로〉는 자기 안의 히어로를 발견하는 노래이고, 내가 아주 좋아하는 패밀리 오브 더 이어Family of the Year의 〈히어로〉에서는 '히어로가 되고 싶지 않다, 다른 사람과 함께 열심히 싸우고 같이 걷고 싶을 뿐'이라는 진짜 히어로가 나오지. 열심히 싸우고 같이 걷다 보면, 우리도 우리 삶에서 진짜 히어로가 될 수 있지. 두근두근하지?

매력과 쓸모를 발견하는 힘

큰 사위가 장인 장모를 평가하는 이야기를 큰딸이 전해주더라. '장인 장모의 좋은 점은, 과거 얘기를 별로 안 하'는 거래. 이른바 '라떼는 말이야~'를 안 한다는 거겠지. 잘도 봤어. 둘째 사위가 장인 장모를 좋게 평가하는 이야기를 작은딸이 전해줘서 웃었어. '식사가 끝나면 발딱 일어나'는 거래. 처음엔 너무 이상하더래. 식사 후 두런두런 길게 이야기를 이어가는 게 미국 문화니까,

이상한 가족으로 보였겠지. 근데 적응하니까 너무 좋더래. 젊은 이들을 오래 잡아두지 않아서 좋은 거겠지?

울 시어머님은 내가 별로 말을 섞고 싶지 않은 타입이었어. 하지만 내가 좋아했던 점이 있었는데, 당신 집을 너무 좋아하는 '둥지형'이었다는 거야. 우리가 '세 가족 집' 아래위로 살았던 십 년 동안 나는 뻔질나게 2층 어머님 댁을 드나들었지만, 어머님이 4층 우리 집에 들른 건 열 손가락으로 셀 수 있을 정도야. 너무 이상했지만, 너무 좋았지. 여느 시어머님과 달리, "빨리 가라. 바쁘잖니?" 하며 아들 며느리를 쫓아내다시피 하셨어. 치매로 요양원에 계실 때도 찾아가면, "바쁜데 왜 왔니? 빨리 가라"를 입에 달고 계셨어. 기억을 잃어도 당신의 습관은 계속되었던 거지. 고마워했던 점이야.

내가 들은 예가 어때? 불편할 수 있는 사이의 사람에게도 언제나 좋은 점은 있다는 걸 말하고 싶은 거야. 단점이 장점이 되고, 약점이 강점이 되기도 하는 거지. 물론 장점이 단점이 되고, 강점이 약점이 되기도 해. 그런 특장이 그 사람만의 매력과 쓸모가 되는 거지. 그걸 꼭 좋아하지 않아도 괜찮아. 그렇지만 인정해주는 건 꼭 필요하지.

단점과 약점이 있다고 해서 매력과 쓸모가 없는 건 결코 아니야. 실수하고 실패했다고 해서 천하의 몹쓸 사람은 아니지. 오히려 너무 완벽한 사람, 천사 같은 사람, 너무 잘생기거나 예쁜 사람은 의심해 볼 필요가 있어. 완벽한 겉모습 뒤에 오히려 치명적 문제를 감추고 있을 위험성이 높다는 게 내 판단이야. 단점이 없는 사람, 흠결이 없는 사람은 인간적 매력이 없지 않아? 구멍 하나 없는 사람은 긴장감만 자아내고 도대체 쉼표를 찾기 어렵지. 실수와 실패가 없는 사람은 자칫 매력도 쓸모도 없는 사람이 될지도 몰라. 인간적 욕망에 시달려보지 않고, 거친 세속에 도전해보지 않은 사람이 어떻게 성장하겠어?

어릴 때만 자신의 쓸모와 매력을 키우려 노력하는 걸까? 아니지. 쓸모와 매력은 평생을 통해 닦는 것이고 또 자랄 수 있어. 특히 다른 사람의 쓸모와 매력을 발견하는 힘은 평생을 통해 닦아야 할 기량이지. 사람에 대한 호기심과 사랑이자, 사람 보는 눈이야. 만약 우리가 서로의 매력을 열심히 찾아주면서 칭찬하고 놀리기도 하고, 서로의 쓸모를 열심히 발견해 주면서 격려하고 일할 기회를 준다면 세상이 훨씬 더 밝아지지 않을까?

"당신의 매력과 쓸모를 알고 싶답니다. 당신과 언제 일을 하게 될지 모르고, 당신의 인간적인 면모를 발견하는 게 즐거워서 그렇답니다. 괜한 호기심만은 아니에요. 당신이라는 '사람'에 대한 관심이랍니다. 혹시 제가 너무 가까이 다가섰나요? 서로의 프라이버시는 꼭 지킬게요. 다만 나누고 싶습니다." 이런 마음으로 사람을 봐.

7장 양성성

남성성과 여성성을 넘나들어야 멋있어

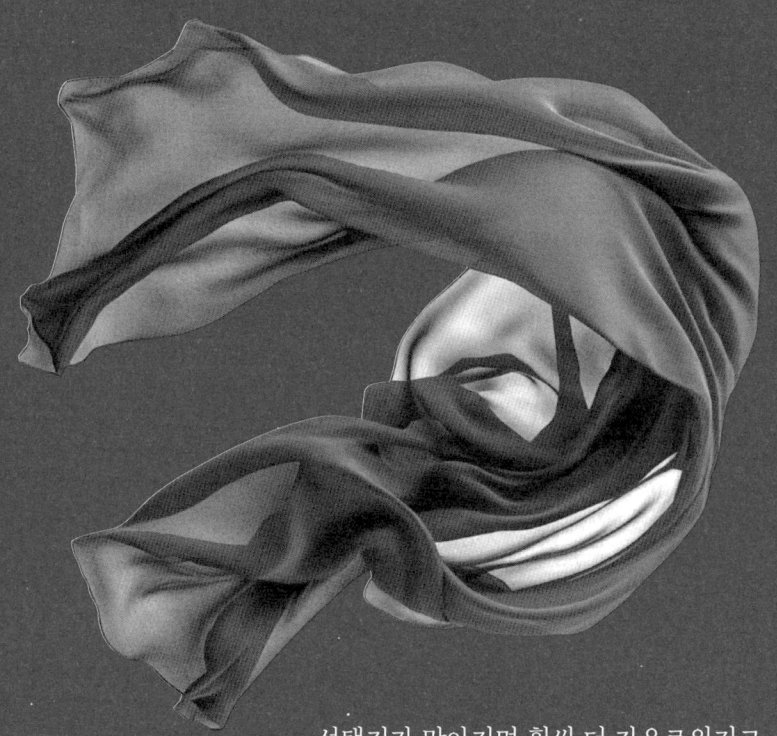

선택지가 많아지면 훨씬 더 자유로워지고
고정관념을 넘어서면
인생은 훨씬 더 재미있어지니까.

> 다니와 여름이 이야기

여자라서 얼마나 좋아?

어린 다니를 모든 사람이 사내아이로 여겼다. 머리가 짧고 이목구비가 시원시원한 데다 주로 바지와 티셔츠를 입고 다녀서 그랬을 게다. 사람들이 '공주님이구나!' 하면 "공주 아니야!"라고 대꾸해서 은근히 흐뭇해했다. 사람들이 '아가' 운운하면 "베이비 아니야!"라고 정색하며 자존심을 세우는 게 웃기기도 했다. 그랬던 다니가 여름이 언니와 놀더니 확 바뀌었다. 레이스 달린 드레스를 찾아 입고 언니가 준 목걸이와 팔찌를 소중하게 여겼다. 드디어 동화 속 공주들의 이름을 다 꿰더니만 같이 나오는 모든 소년을 '왕자님'이라 부르기 시작해서 나는 은근히 못마땅해졌다.

두 딸을 키울 때는 성 역할에 대해 크게 고민한 적이 없는 것 같은데, 손녀딸 세대에 이르러서 성 역할에 대해 새삼 신경을 쓰게 되는 건 왜 그럴까? 은근히 보수화되고, 안 그런 척하면서 외려 성 이미지를 고착화시키는 요즘 풍토가 못마땅해져서 더 그럴지도 모른다. '여성 혐오, 남성 혐오' 같은 성 갈등이 심해지는 풍조가 우려될 정도로 느껴져서 그럴 수도 있겠다.

정도의 차이는 있겠고 양태는 다르겠지만, 손녀딸 세대도 두 딸의 세대처럼 또 나의 세대처럼 성 역할에 대해서 온갖 갈등, 혼돈, 불만을 겪으며 살 게 분명하다. 그러나 너희들 세대는 또 다른 진화와 발전을 이룰 것을 믿는다. 우리는 성장할 것이므로. 더 자유로워질 것이므로.

여자예요, 남자예요?

내가 그렇게 여자 같지 않아 보여? 어릴 적 스트레스 중 하나였어. 사람들이 날 보고 "잘 생겼구나!" 하던 것도 스트레스였어. 아니 왜 사람들은 "참 예쁘구나!" 하지 않지? 언니는 어릴 적 내가 하얗고 여리여리하고 예뻐서 여기저기 데리고 다니며 동생 자랑을 했다는데, 그런 기억은 전혀 안 남아 있어. 왜? 너무 예쁜 언니가 나에겐 또 큰 스트레스였거든. 언니에 대한 선망은 여느 소녀 모두 갖는 것이지만, 울 언니는 객관적인 기준으로 '넘사벽'이었어. 전형적 예쁨이 아니라 모던하고 쿨한 멋짐이었어. 언니가 가꾸고 나오면 눈을 못 떼게 아름다웠고, 안 가꾸고 나와도 눈을 사로잡았거든.

넘사벽 예쁜 언니가 있었던 건 나에게 행운이었어. 첫째, 아름다움과 멋짐에 대해서 일찍이 눈 뜰 수 있었고, 둘째, 나도 열심히 가꾸려는 의지를 불태우게 했고, 셋째, 가장 중요한 건데, 일찍이 미모 경쟁을 포기하게 만들었다는 점에서야. 아무리 경쟁해도 내가 따라갈 수 없는 수준이 있음을 깨달았을 때 나는 좌절감에 빠지는 대신 다른 걸로 경쟁해야겠다고 마음먹은 거야. 어린 내가 꽤 현명했지?

　그렇지만 '여자답지 않다'는 식 멘트는 계속 스트레스였어. 사춘기 시절에 듣기 싫어했던 말이, '눈썹 짙고 이마가 훤한 호랑이 상', '아들 귀한 집에 아들 노릇하게 생겼네!' 같은 거였지. 고3 때 수학 문제를 열심히 푸는 나를 지켜보던 선생님이 양 갈래로 길게 땋은 내 머리를 장난스럽게 들어 올리면서, "이 녀석, 삼손 아이가? 머리에서 힘이 나오나?' 하셨어. 분명 칭찬인데도 나는 속으로 '하필이면 왜 삼손이야?' 하며 불만스러워했지. 작은 한마디에도 상처받는 사춘기 소녀의 마음이었지.

　내가 건축과를 선택했던 데엔 '여자답지 않다'는 멘트가 영향을 줬을 것도 같아. 여자 역할, 남자 역할, 여자 일, 남자 일을 나누는 데 대한 거부감이 상당했거든. 그런 고정관념을 탈피하려기를 썼던 여자 선배들의 이야기를 곱씹으며 사춘기 시절에 투지를 불태웠던 게 적잖이 작용했을 거야. 건축을 전공한다는 이유로 '여자답지 않다'는 선입견은 더 강화됐지. 건축과가 공대에 속해 있으니까(해외에서는 공대에 속하지 않은 건축과도 꽤 많아), 이른바 이공계 편견이 작용하는 거지. 공대 여자 후배들이 토로하기를 가장 많이 듣는 얘기가 "여자가 공대엔 왜 왔니?"였대. 대학 시절부터는 나도 꽤 강심장이 되어서 어떤 상황에서든 잘 받아쳤지만, 일상의 기분을 잡치는 일은 자주 있었어. 그런 일에 에너지를 쓰기 참 아깝지 않아? 화를 내거나 기분이 나빠지면 결국 내 손해니까 마음 다스리는 훈련을 열심히 했지.

그런데 한 소년이 던진 "여자예요, 남자예요?"라는 질문에는 나도 적잖이 충격을 받았어. 하루는 현장에 가서 주변을 분주하게 점검하며 팀원들과 상의하고 지시를 내리는 중이었는데, 그걸 보던 소년이 너무 이상하다는 눈초리로 이 말을 던졌던 거야. 보이기엔 여자 같은데, 하는 짓은 영 아니라는 뜻이겠지? "글쎄, 뭘까?" 농담하며 그 자리를 벗어났지만, 나는 그 후 한 가지 중대한 변화를 모색했어.

열심히 화장을 시작한 거야. 웃기지? 그때가 30대 중반이었으니까, 참 늦게도 화장의 마술을 새삼 깨닫게 된 거지. 유학 중에는 화장술을 완전히 잊고 살았다가 다시 시작하니 배울 게 많더군. 주변에서 '왜 갑자기 이 여자가 가꾸고 난리지?' 했을지도 몰라. 꾸미고 나타나니까 사람들도 좋아하던데? 분위기가 달라지는 건 확실히 느꼈어. 이왕이면 옷도 이것저것 스타일을 바꿔봤어. 이것도 좋아하던데? 내가 분위기를 조율할 수 있다는 자신감이 붙더라.

아무리 화장과 패션에 신경을 쓰더라도 나는 여전히 젠더프리 옷이 좋고, 생얼과 캐주얼 차림이 좋아. 화장하는 시간이 아깝고 지우는 시간은 더 아까워. 하지만 시간 투자할 가치가 있음은 확실하게 깨달았지. 여자로 사는 큰 이점이, 치마를 입어도 바지를 입어도 된다는 외에 화장해도 되고 안 해도 되는 선택권이란 사실을 깨달은 거지. 요즘은 남자도 꽤 기초화장을 하지만, 여자는 색조 화장까지 과감하게 할 수 있음을 흥미롭다고 여기기로 했지.

나 자신이 상황을 컨트롤할 수 있다는 확신을 갖게 되면서 나는 드디어 '여자답지 않다'는 멘트에서 오는 불쾌함을 완전히 극복한 것 같아. 속으론 여전히 시간 쓰는 비생산이 불만스럽고 드라마 제목처럼 '힘쎈 여자, 도봉순' 급으로 진짜 힘이 세고 싶지만, 내가 분위기를 장악할 수 있다고 믿게 된 건 큰 힘이 됐지.

너희 인생에서도 성 역할에 대한 갈등 상황에 마주치게 될 거야. 아니 지금 시대에 무슨 퇴행이냐고 촌스럽다고 하겠지만, 퇴행과 역행은 현실 속에서 번번이 일어나거든. 세상은 넓고 사람들은 너무 많고 서로 다르니까. 할 수 있는 한, 너만의 장악 기법으로 최대한 창의성을 발휘해 봐. 너 자신을 믿게 되는 데 크게 도움이 될 거야.

남녀의 돈벌이보다 쏨쏨이 기준이 더 중요해

시아버님이 당신 며느리에게 한번은 말씀하셨어. '남편이 잘 못하는 걸 공공연히 지적하지 말라!' 손 빠르고 눈썰미 좋은 내가 정반대인 남편을 타박하는 장면을 목격하고는 못마땅하셨던 거야. 세상 잡사를 신속 정확하게 잘 처리하는 며느리에게 온갖 일을 시켜서 피곤하게 만드는 시아버님이 정작 당신 아들은 최대한 위하고자 하는 마음의 발로였겠지.

이 남자는 정말 손재주 없고 눈썰미 없고 생활 잡사를 귀찮아해. 내가 앞에서 정의했던 '인간적 자립'에 영 미숙한 거지. 어릴 적에 생활 잡사에서 빼주었던 집안 분위기 탓이 클 거야. 많은 아들이 자라면서 겪는 문제지. 잘 못한다고 빼주고, 신경 쓴다고 빼주고, 공부 잘하라고 빼주고, 단지 남자라는 이유로 빼주는 등, 잡다한 집안일에서 제외받거나 특별 대우받으면서 갈등 해소와 감정 처리 훈련 경험이 부족해지는 거야.

그러함에도 불구하고 내가 이 남자를 마음에 들어 했던 건 전혀 질투하지 않는다는 것이었어. 내 머리가 아무리 빠릿빠릿하게 돌아가도, 내 공간추리력이 아무리 월등하게 높아도 덤덤해. 자기가 하기 싫어하는 일 처리를 잘하는 걸 감탄하고, 때로는 고맙다는 표현도 하지. 잘 못하는 건 부탁하는데 내가 유세를 떨고 가끔 짜증까지 내면 화를 내다가도 이내 또 부탁해. 내가 이 남자를 못마땅해하는 것은 수없이 많았지만, 질투라는 감정이 전혀 없다는 것은 내가 이 남자를 인생 파트너로 점찍은 가장 큰 이유 아니었을까 싶어.

세상의 성 역할 고정관념은 꽤 끈질겨. 남녀의 특성을 일반화한 도식이 꽤 많은데, 우리 커플은 그 도식을 정면으로 반해. 도시건축가의 공간추리력 덕분에 나는 지도 잘 읽고, 길 잘 찾고, 3차원 설계 잘하고, 도면 잘 읽고, 운전 잘하고, 후면 주차도 기차게 하지. 손재주 없는 이 남자를 기술자로 단련시킨 건 나야. 이젠 절단기, 전동드라이버, 구멍 뚫기, 타일 자르기 다 잘해. 나의 설계와 감독 감리하에 믿고 맡길 수 있는 꼼꼼한 목공, 페인트공이 되었지.

성 역할 고정관념 중 가장 끈질긴 게 남자가 여자보다 돈을 더 벌어야 한다는 것일 거야. 맞벌이는 환영해도 여자의 돈벌이가 남자의 그것보다 적은 게 더 조화롭다는 거지. 재력이 곧 권력이라는 생각, 남자의 권력이 더 세야 한다는 생각, 센 권력을 따라야 한다는 생각, 세 가지가 맞물려서 생긴 고정관념이지.

하나하나 반박이 가능해. 첫째, 돈만이 권력의 원천은 아니거니와, 인간관계란 권력 외에 수많은 역할 플레이와 다양한 감정선(線)이 작동하는 복합적인 관계라는 것. 둘째, 재력은 권력 원천 중 하나이지만 인간관계에서 돈으로 사람을 휘두르다가는 마음을 얻지 못하고 결국 사람마저 잃기 십상이라는 것. 셋째, 권력관계는 기울어진 운동장을 만들고 계속되면 가슴에 응어리가 생기고 사람과 사람 사이의 대등한 관계를 막아버리는 덫이라는 것. '대등'이 어떤 의미인지를 끊임없이 조율하는 관계여야 계속 갈 수 있지.

남녀의 권력관계, 부부의 권력관계를 부정할 생각은 전혀 없어. 두 사람만 되어도 어느새 권력관계가 생기는 게 인간이거든. 모든 동물이 다 그렇진 않지만 대개 동물이 그런 편이지. 생존하기 위한 기본일 거야. 약육강식 세계에서 힘의 우위를 구분하고 강한 쪽의 리더십을 인정해야 생존 확률이 높아지니까. 이때의 강함은 완력, 체력, 강인함, 순발력, 결단력, 추진력 같은, 이른바 남성성으로 규정되는 능력이야. 하지만 다른 성격의 힘도 필요해. 살아남으려면 사냥이나 싸움만 잘해선 안 되고, 어디에 어떤 열매가 있는지 알아내고, 잘 보관하고, 먹을 만한 것으로 만들 줄 알아야 하지. 전투에서 이기는 것만이 능사가 아니라 평화를 유지하는 교섭력과 통제력도 필요해. 무리로 살아남으려면 역할을 잘 분담하고 각기의 역할을 존중하고 적절한 시점에 필요한 능력을 발휘해야 하지. 사회가 복잡해지고 기능이 많아질수록 갈등 조정과 자원 배분이 중요한 이슈로 등장하고 완력에 의지한 리더십보다 점점 더 경영 관리의 균형적 리더십이 더 중요해져. 남성성과 여성성을 넘나드는 리더십이 필요한 이유지.

집에서도 마찬가지야. 하나의 남자와 하나의 여자, 거기에 아이가 붙어서 가족이 되면 필요 기능은 자꾸 많아져. 돈벌이만이 아니라 쏨쏨이와 자산관리가 중요해지고, 생활은 편리해져도 잡사는 더 많아지지. 각자의 경력도 오르내림이 있고 아래위 돌봄의 부담도 만만찮지. 여자의 기능이 더 주목받는 건 당연해. 대체로 여자들이 멀티태스킹에 익숙하고 갈등 조정과 감정 관리에 능한 편이니, 집안일에 더 유능하게 대응하니까. 자산관리에도 여자들이 능력을 발휘하는 경우가 많은 건 생활 안전과 미래 안정에 더 신경 쓰는 성향 때문일 거야.

이런 상황이니, '안 그래도 집에서의 여자 권력이 커지는 판인데 돈까지 잘 벌면 세력 관계가 달라질 거잖아?' 생각이 드는 거지. 내가 받는 오해 중 하나가, 돈 잘 벌리라는 건데 그렇게 돈 잘

버니 남편이 주눅 들지 않겠냐는 편견이 꼭 따라와. '처복 있네' 운운하면서도, 여전히 속마음은 '집안이 편할 리가 없지' 하는 질투심이 작동하는 건지도 몰라. '사이가 좋을 리 없지. 저러다 깨질 거야!' 같은 저주성 진단도 있겠지?

이런 질투나 저주에도 일단의 진실은 있어. 벌이가 심하게 차이 나는 커플의 관계는 복잡해질 수 있거든. 돈에 대한 가치관은 삶의 가치관을 이루는 큰 부분이니 당연하지. 어느 정도 기간은 서로 참고 적응하더라도 길어지면 더 이상 참기 어려운 시점이 찾아올 수도 있어. 그래서 돈벌이가 아니라 씀씀이에 대한 원칙이 필요해져. 갈등과 불화가 생기는 건 돈벌이 자체보다 씀씀이 때문인 경우가 많거든. 예컨대, '내가 땀나게 번 돈을 왜 저리 헤프게 쓰냐? 아무리 쉽게 벌었다지만 저렇게 사치할 필요가 있나? 자린고비도 정도가 있지, 쓸 때는 기분 내야 하는 거 아냐? 기분도 낼 수준이 돼야 내는 거지, 잔고가 요것밖에 안 되는데?' 씀씀이 때문에 불만의 방아쇠가 당겨지는 경우가 많은 거지.

소비 기준이 비슷한 우리 커플도 씀씀이에 대한 불만은 자주 터져. 그래서 몇 가지 원칙을 정했지. '기본 생활비는 반반씩 부담한다. 각기 주머니는 따로 찬다. 공통 소비수준은 벌이 수준 하한선에 맞춘다. 여유 있는 쪽에서 윤기 나는 서비스를 하겠다면 마다하지 않는다' 등. 이렇게 정하고도 수시로 불만거리는 생겨. 남녀의 재정 분담 원칙은 세우기 어려운 거야. 게다가 분만과 육아와 온갖 생활 잡사에 대한 시간 분담까지 고려하면 더 복잡해지지.

 너희 세대에는 더 합리적이고 대등한 원칙이 생기기를 바라. 사회에서도 서로 용납하는 수준이 업그레이드되기를 바라. 나는 시아버님의 잔소리에 대해서 대꾸하지는 않았어. 달라진 세대 문화를 이해하기 힘들 거니까. 마찬가지로 나는 세상의 편견에 일일이 대꾸하지 않아. 다만 세상의 편견이 바뀌기를 바라며 내 생활 속에서 실천해 가는 거지.

 너희도 짝꿍을 만날 때 여러 생각을 하게 될 거야. 망치질은 할 줄 아나? 제대로 하나? 가르쳐주면 잘할까? 나한테는 망치질을 안 시켜 주지나 않을까? 부디 잘 가르쳐 주고 열심히 지켜봐 주고 한계를 이해해 주고 잘하는 건 배우고 칭찬하며 즐겨보자고. 요리 잘하는 남자를 만나는 축복만큼이나 망치질 잘하는 여자가 축복인 세상을 만들어보자고. 그런데 내가 남자보다 더 벌었냐고? 그건 비밀이야. 내 주머니는 내 거거든.

요리 좋아하는 남자를 만나!

다니네에서는 아빠가 부엌 마스터야. 아장아장 걸을 때부터 다니는 너무 자연스럽게 배고프면 아빠한테 먹을 걸 달랬어. 부엌에서 자기도 하겠다고 거치적대면 아빠는 일감을 만들어서 같이 요리해. 칭찬을 듬뿍 해주면서. 아주 훈훈한 장면이지. 남편이 너무 좋아하니까 딸은 부엌 마스터를 양보했지. 얼마나 흔쾌하게 양보했겠어? "네가 전생에 나라를 구했나 보다." 나는 끝없는 부엌 노동에서 벗어난 딸을 부러워하지.

　다니 아빠가 한국에 처음 놀러 왔을 때, 하루는 저녁 일체를 차려주겠다고 나서더라. 포크찹에 샐러드와 마늘빵을 만들었는데, 별 재료가 아닌데도 소스와 드레싱이 너무 맛있어서 놀랐지. 식문화의 요체가 양념이잖아? 그 문화를 속속들이 아는 사람이 만드니 역시 다르더라. 다니 아빠를 괜찮은 사윗감으로 보게 된 것은 이 풀코스 저녁 때문일 거야. 딸도 남친의 요리 솜씨에 반했던 것 아닐까? 교환학생 시절에 공동 부엌에 모여서 같이 밥해 먹고 파티하다가 눈이 맞았나 봐. 먹기뿐 아니라 요리하기는 남녀가 할 수 있는 최고의 놀이니까.

　다니 아빠는 서양 음식만 잘하는 게 아니야. '전생에 한국 사람이었나 보다' 하고 놀릴 정도로 김치를 좋아하거니와 특히 모든 탕과 국을 좋아하는 게 너무 신기해. 해장국과 감자탕은 물론 순댓국을 바닥까지 싹싹 핥아먹을 정도야. 한국 음식에 익숙해지더니 요모조모 시험해 보더라. 미국에 없는 샛노란 참외에 흠뻑 빠져서 통으로 먹고 갈아먹고 샐러드 만들어 먹고 별짓을 다하더니, 다음엔 열무 비빔밥에 빠졌어. 열무 비빔밥이 좋은 건 재료를 뭘 넣든 마지막으로 열무김치 몇 조각만 넣으면 환상적인 맛이 되는 거래. 무쇠솥으로 감자탕, 갈비찜을 실험하더니, 드디어 멸치액젓 넣고 끓이는 미역국의 경지에 이르렀어. '국밥'이 처음 배운 말 중 하나일 정도로 다니가 국밥을 좋아하게 된 건, 순전히 아빠 솜씨 덕이야.

다니네와 아래윗집에 살게 된 후부터 우리 집에는 김장이 부활했어. 식구가 느니 많이 먹거니와, 담근 김치가 훨씬 더 맛있다는 사위를 보면서 어떻게 안 담그겠어? "올해는 김장하지 말자." 바쁜 내가 이렇게 말하면, 둘이 눈이 동그래져서 "왜?" 하는 거야. 그래서 이제는 김장 루틴이 생겼지. 내가 재료를 준비하고 양념을 만들어 놓으면 딸 커플이 담그는 거야. 레시피를 적어주면 자기들이 알아서 다 하겠다는데, 나는 손맛, 눈맛으로 하는 데에 익숙하다는 핑계를 대지. 엄마 손맛을 과시하고 싶은 심리가 아직 남아 있는지도 몰라.

내가 시어머님에게 요리를 배우던 때가 생각나. 진주 출신 시어머님은 '개미(감칠맛의 사투리)' 있는 솜씨가 일품이었거니와, 양념뿐 아니라 재료 다듬는 방식, 써는 방식, 넣는 순서까지 일일이 가르쳐주셨어. '뭐든 지나치지 않은 게 제일 중요하다'는 철학을 배웠어. 과하지 않아야 맛난 요리가 된다는 거지. 여기에는 물리학, 화학, 생물학, 미학 등 다채로운 과학이 작동해. 시어머님은 전혀 이론가가 아니었지만, 몸으로 그 원칙을 마스터했고, 나도 따라 하며 기법을 익혔고 거기에 과학 이론을 대입해서 해석하지.

내가 시어머님에게 요리 기본을 배웠듯이 미국 사위에게 나의 한국 요리 기본을 가르쳐줘야 하는데, 차근차근 실천 목표를 세워봐야겠어. 미국 사위가 오히려 한식 요리 마스터로 거듭날 가능성이 높아. 먹방이 유행인 요즘에 남자 셰프가 돋보이고 연예인, 보통 남자 가리지 않고 요리 방송과 유튜브로 인기를 끌지. 여자가 요리하면 별게 아니지만 남자가 요리하면 그 자체가 흥미를 끄는 걸 잘 아는 게지. 그 호들갑이 우스꽝스럽지만, 남자가 요리에 관심 있게 하는 장점은 있어.

남자가 바느질도 한다고? 금상첨화야. 바느질 즐기는 남자를 여럿 봤거든. 낚시해 본 솜씨로 바느질 잘한다고 자랑하는 남자를 만나 봐. 단추 하나 못 다는 남자는 너무 안쓰럽잖아. 남편한테 단추 달기를 가르쳐보려고 꽤 시도했는데, 손재주가 꽝인 남편은 완전히 포기해 버리더라. 눈치 보는 게 안쓰러워서 단추 달기와 바지 단 줄이기는 서비스해 주지만, 그때마다 꽤 유세를 떨곤 하지.

이 세상엔 여러 종류의 사람이 있어. 맛은 잘 알면서도 요리는 너무 서툰 여자도 있고, 요리를 즐기다 못해 부엌 공간의 마스터가 되는 남자도 있지. 바느질과 뜨개질을 좋아하면서도 남몰래 하는 남자가 있는가 하면, 뜨개질은커녕 단추 하나 못 다는 여자도 있지. 너희가 어떤 사람이든 괜찮아. 좋아하는 걸 신나게 하자고. 남이 싫어하는 것도 인정하자고. 남이 좋아하는 건 더 신나게 격려해 주자고. 여자는 이래야 저래야, 남자는 이래야 저래야 하는 고정관념에 좌우되지 말자고. 선택지가 많아지면 훨씬 더 자유로워지고 고정관념을 넘어서면 해방감이 증폭되면서 인생은 훨씬 더 재미있어지니까.

'동방불패'와 '올란도' 다음에 또 누가 나올까?

내가 좋아하고 신기해하는 가상 캐릭터가 있어. 영화 「동방불패」(정소동 감독, 1992)에 나오는 동방불패와 영화 「올란도」(샐리 포터 감독, 1994)에 나오는 올란도야.

홍콩 배우 임청하는 참 이상한 매력의 소유자야. 풀메 화장하고 나오면 완전 미녀야. 그런데 남자 역을 맡으면 또 그렇게 쿨한 남자처럼 믿어져. 남장 여배우가 진짜 남자로 믿어지는 경우는 희귀한데, 임청하는 독특해. 나는 임청하의 턱 모양이라는 엉뚱한 생각을 했어. 두 쪽 턱뼈가 골을 만드는 형상의 턱이 남자에겐 흔하지만, 여자에겐 흔치 않거든. 「동방불패」에서 처음 만났던 임청하는 그렇게 신기하게 다가왔어.

고전이 된 「동방불패」가 흥미로운 건 극한의 무공을 익히면 남자가 여자로 변한다는 설정이야. 비전 『규화보전』에 적혀 있는 경고에도 불구하고, 일월신교의 교주 동방불패는 위험을 감수하면서 무공을 익혀. 은근히 여자가 되고 싶었던 걸까? 남자만이 권력을 독차지하던 시대에 성 정체성을 포기하면서까지 무공을 익히고 절대권력 여자가 된다는 설정이 독특하지. 남자로서의 동방불패와 여자로 변한 동방불패를 기막히게 소화한 임청하의 마력적 연기 덕분에 「동방불패」는 양성성을 표현하는 고전이 되었지.

영국 배우 틸다 스윈턴은 작품 선구안이 독보적이지. 「설국열차」(봉준호 감독, 2013)에서 철권통치를 휘두르는 우스꽝스러운 총리로 나오는데, 남자인지 여자인지 헤아리기 어려운 캐릭터야. 「옥자」(봉준호 감독, 2017)에서는 너무 안 어울리게도 분홍 드레스를 입고 슈퍼돼지 옥자를 도살하려는 광기 어린 도축기업 대표로 등장하지. 악마와의 대결이 흥미롭게 펼쳐지는 「콘스탄틴」(프랜시스 로렌스 감독, 2005)에서는 대천사 가브리엘로 나오는데, 그야말로 중성적이야. 아니, 무성적이라는 말이 맞을 거야. 천사는 여자도 남자도 아니잖아?

나는 틸다 스윈턴을 「올란도」에서 처음 발견했지. 버지니아 울프의 동명 소설을 영화화한 건데, 엘리자베스 여왕 시절에 미소년으로 시종을 하다가 "영원히 늙지도 죽지도 말라!"는 영을 듣고 정말 그렇게 돼. 연애하고 실연도 겪고 전쟁을 피해서 깊은 잠에 빠졌다가 수백 년 후 19세기에 깨어났는데 여자가 되어 있는 거야. 여성으로 겪는 온갖 곤란을 겪는데, 꽉 끼는 코르셋과 치렁치렁 드레스 입기는 그렇다 치더라도 재산권이 없어서 영지마저 빼앗길 지경이 된 거야. 이후 긴 잠에 빠졌다가 20세기에 다시 태어나 사랑도 하고 아이도 낳고 완벽한 인간으로 살아가지. 버지니아 울프의 세계관이 고대로 투영된 작품을 영화화한 여성 감독 샐리 포터의 역량도 멋지고, 양성을 오가는 역할을 연기한 틸다 스윈턴도 멋져.

꼭 외계인 같은 사람들이 있잖아? '별에서 온 그대'일지 '맨 인 블랙'일지 모르겠으나, 틸다 스윈턴도 고향이 외계일 것 같아. 중성적 매력이 묘했던 영국 가수 데이비드 보위가 죽었을 때 그의 유명한 노래, 〈스타맨Starman〉, 〈스페이스 오디티Space Oddity〉가 사처럼 우주 별로 돌아갔을 거라는 해석이 있었는데, 틸다 스윈턴도 꼭 그럴 것 같아. 그 별의 세상에서는 여성 남성이라는 구분이 무위한 것일지도 몰라.

세상 복잡해지게 왜 양성으로 나뉘어져 있을까? 살다 보면 이런 생각이 드문드문 들지. 인간 사회를 복잡다단하게 만드는 게 남녀의 존재이니 말이야. 생물학적으로는 합리적인 선택으로 보여. DNA 입장으로는 유성 생식이 생존과 번영에 훨씬 더 유리하지. 자손이 다양해지니 환경 적응에 강한 개체가 나올 수 있고, 유전자가 다른 개체가 살아남을 수도 있어. 유전자가 반반 섞이면서 당장 쓰지 않는 유전자는 보관하다가 필요할 때 다시 꺼내서 쓸 수 있으니, 아주 유리하지. 남녀의 존재로 사랑하고 기뻐하는 결과가 생긴 것에 감사할 일이지만, 생명체란 입장에서는 생존과 번영이 더 중요한 변수인 것은 확실하지.

그렇다면 남성성, 여성성이 다른 것이 생존과 번영에 유리할까? 실제로 남성성, 여성성은 실재하는 걸까? 개인적 차이와 성의 차이와의 상관성은 뭘까? 남성과 여성을 다르게 만드는 건 유전적, 생리적 요인만일까? 이런 논쟁은 너희 세대에도 끝없이 이어질 거야. 생물적 섹스의 차이에 대한 궁금증이나 사회적 젠더의 연원에 대한 탐구 때문만이 아니라, 우열을 가리려는 불순한 동기 또는 우열 의식을 없애려는 사회적 동기에 의해서도 논쟁은 계속되겠지. 차이를 인정하자는 또는 차별을 없애려는 정치적 동기에 의해서도 논쟁은 계속될 거야. 때로는 '남혐, 여혐'이라는 극단적 반응으로 이어지며 논쟁은 거칠어질지도 몰라. 사실 그런 위험한 혐오 현상은 이미 나타나고 있지.

돌아보면 이런 급전개가 놀라워. 인류 역사 대부분에 걸쳐 여성 비하가 당연시되었지. 일부 특권층 여성에 대한 특별 대우 외에, 보통 여성은 올란도가 한심해했던 대로 재산권이나 투표권이라는 시민적 권리는커녕 가문을 이을 아이 낳는 수단이나 공짜 노동 제공자, 전쟁 시의 노동 예비군 정도로 인식되었어. 재산권과 투표권 획득 투쟁이 본격화된 것도 백여 년 넘겼을 뿐이야. 우리 사회에서는 광복과 더불어 일어났으니 백 년도 안 됐지. 교육 평등권이 이루어진 한참 이후에야 취업 기회가 커졌고, 이제는 모든 직업 전선에 여성 인력이 늘어났고, 특히 서비스 산업 비중이 커지면서 더욱 늘었지.

우리 사회에서 여성운동이 본격적인 흐름이 된 건 1980년대인데, 이후의 사회 인식 변화는 놀라울 정도야. 현실 변화가 아무리 더디더라도 지향하는 이상만큼은 굳건히 자리 잡았지. 차별에 대한 거부, 공정한 기회와 과정 그리고 결과의 평등에 대한 인식이 자리 잡았고, 공직에서는 여성할당제가 촉매로 등장했었고, 민간 부문에서는 수요가 커지며 여성 지위가 올라갔지. 이 모든 게 여성의 투표권, 재산권, 사회활동 덕분이지. 정치권에서는 여성을 중요한 투표 세력으로 인식하고, 경제권에선 여성을 막강한 소비그룹으로 존중하고, 사회문화권에서는 여성의 트렌드 주도력을 무시할 수 없게 됐지. 사회 곳곳에서 일하고, 소비하고, 아이를 키우며, 입소문을 만드는 여성 파워는 놀라울 정도로 커졌지.

물론 갈 길은 아직도 멀어. 제도적으로는 완비되어도 일상 관습에서는 차별이 남아 있고, 공적 행태에 엄격한 잣대를 적용하는 데 비해서 사적 행태에서는 여전히 차별과 비하와 악의적인 이용과 성적 악용까지도 뿌리 깊은 게 현실이지. 게다가 젠더 갈등이 사회 현상으로 분명 존재하고, 일각에서는 결혼율과 출생률 저하 원인으로 젠더 갈등을 꼽기도 하니, 편견과 고정관념이 변화하는 데에는 훨씬 더 긴 시간이 필요하겠지.

앞으로도 동방불패나 올란도처럼 양성을 오가는 캐릭터들이 만들어질까? 그럴 것 같아. 남자 여자의 차이와 남성성과 여성성을 넘나드는 인간이 어떤 인간일까 하는 궁금증은 계속될 것이고 생물학적, 생명학적, 유전학적, 화학적, 뇌과학적, 심리적, 문화적 연구도 더욱 다양하게 진행될 거야. 문화적인 탐구뿐 아니라 실용적인 이유에서도 그럴 거야. 인간은 새로운 AI 인간을 창조하려 들고, 가상 캐릭터를 만들 뿐 아니라 기계 인간 로봇과 심지어 복제인간 창조까지 꿈꾸고 있잖아? 신이 되고자 하는 인간은 어떤 남성, 어떤 여성, 어떤 인간을 창조할지 연구의 연구를 거듭할 거야.

SF 영화를 보면 흥미로운 남성상, 여성상이 나오지. 전지전능한 AI 집단지성은 여성의 모습, 특히 여성의 목소리로 자주 그려져. 예컨대, 「아이 로봇」(알렉스 프로야스, 2004), 「터미네이터 4」(맥지, 2009)에서 창조자가 여성 목소리인데, 부드러운 카리스마로 마인드 컨트롤하기 더 효과적이라 봐서일까? 여성을 최후의 구원자 또는 생명의 잉태자로 그리고 싶기 때문일까? 그런가 하면 로봇은 무성적인 존재이면서도 남성을 연상하도록 만들어지는 경우가 많지. 로봇은 물리적인 힘이 강하던가 기계적인 반복 노동을 수행하는 역할이라서 그럴까? 「메트로폴리스」(프리츠 랑, 1927)에 나오는 여성 로봇조차도 별로 여성으로 보이지 않았어. 그런가 하면 복제인간 수준이 되면 인간보다 체력, 뇌력, 심력이 뛰어나면서도 아주 매력적인 남성, 여성을 그릴 뿐 아니라, 남성 복제인간이 섬세하고 정교한 여성성을 표출하고 여성 복제인간이 강인하고 터프한 남성성을 표출하는 인간상을 보여주기도 하지. 왜 우리는 이렇게 상상하게 되는 걸까?

엄청나게 기술이 발전될 너희 시대에는 남성성, 여성성이라는 주제가 한 차원 더 높아질지도 몰라. 남성과 여성에 대한 상투적인 구분을 강화할지도 모르고, 또는 동방불패, 올란도와 같은 양성 인간이 태어날지도 몰라. 로봇을 만들 때도 고민이 될 거야. 로봇에게 호르몬을 주입할 수는 없을 테니 남성성, 여성성을 규정하는 말, 습관, 행위, 반응 등을 프로그래밍할 텐데, 우리는 로봇에게 과연 어떤 프로그램을 깔게 될까? 만약 우리의 기술이 복제인간을 만들 정도가 되고, 줄기세포뿐 아니라 완벽한 DNA 조작을 하고 호르몬 조정까지 한다면 과연 어떤 인간이 나오게 될까? 그렇게 태어난 인조인간은 과연 통상적인 남성성, 여성성을 가진 인간일까, 아니면 양성적인 인간일까? 그런 인간은 완전할까? 이런 의문들은 너희 시대에 더욱 중요해질 거야. 흥미로운 시대이자 위험한 시대가 될 게 분명해.

멋진 남자와 멋진 여자의 공통점

'멋'이란 말이 '맛'에서 나왔다는 설이 있는데, 다른 점은 확실히 있어. 맛에 대한 선호란 변하긴 하지만, 한번 길든 맛은 꽤 오래가지. 엄마 손맛, 집밥, 향토 음식 등 아무리 외식과 새로운 맛에 반하더라도 어느새 익숙한 맛을 그리워하게 되지. 그런가 하면 멋은 변덕스러워. 유행에 따라 출렁대고 취향도 획획 바뀌지. 사춘기에 빠졌던 유행을 돌아보면 어쩌면 그리 유치했을까 싶잖아. 그런 옷을 입고 다니면서 멋지다고 생각했으니 눈에 뭐가 씌어도 단단히 씌었던 거지. 그런가 하면 나는 도저히 소화하지 못할 것 같은 스타일, 예컨대 히피 스타일, 펑크 스타일, 고스룩, 스트리트 패션을 걸친 사람이 멋져 보이는 건 왜일까?

멋있다고 불리는 사람은 어떤 특징이 있을까? 통상적인 의미의 남자다운 남자, 여자다운 여자는 그리 멋지지 않아. 그런 사람에겐 '잘 생겼다, 예쁘다' 같은 찬사를 쓰지만, 멋지다고 하진 않지. 의례적으로 잘 차려입은 사람, 이를테면 슈트를 말끔하게 차려입은 남자나 드레스와 재킷과 모자까지 세트로 차려입은 여자를 보면, '잘 차려입었다, 깔끔하다' 같은 말을 써도 멋지다고 하진 않지. 왜 그럴까?

'멋'이란 의외성과 파격에서 나와. 정확히는 '반전의 매력'이 있을 때 느껴져. 기대했던 이상으로 또는 기대하지 않았던 어떤 모습, 성격, 캐릭터가 나올 때 멋있다고 생각하게 되는 거지. 보편적인 모습과 조금만 달라도 인상은 강해지고, 통상적인 외양과 조금만 달라도 눈에 뜨이고, 관습적인 모습에서 조금만 벗어나도 왠지 호기심이 생겨.

외양만이 아니라 태도까지 겹칠 때 반전의 매력은 더 커져. 터프하기만 한 사람인 줄 알았는데 의외로 다정다감한 모습이 엿보인다든가, 한없이 부드럽기만 한 사람인 줄로 알았는데 의외로 단호하게 결정을 내리고 추진한다거나, 손에 물도 안 묻히며 사는 사람인 줄 알았더니 의외로 앞치마를 걸치고 요리를 척척 해낸다든가, 깔끔 떠는 사람인 줄 알았더니 길바닥에 철퍼덕 주저앉는 모습을 보인다든가, 이럴 때 우리는 기분이 좋아져서 '멋지다'라는 말이 저절로 터져 나오지. 핵심은 '의외로'야.

'츤데레(겉으로는 까칠하게 보이지만 은근히 다정하게 챙겨주는 사람)'를 멋지게 여기는 것도 그 의외성 때문일 거야. 여자가 여자에게 매력을 느끼고 팬이 되는 '걸크러시Girl Crush' 현상이 최근 늘어나는 것도 의외성과 파격성 때문이겠지. 중성적이고 보이시한 매력, 터프하고 털털한 캐릭터가 흥미로운 거지. 내 취향은 전혀 아니지만, '만찢남, 꽃미남'처럼 아름다운 남자를 매력적으로 여기는 요즘 추세도 아마 전통적인 남성성을 거스르는 파격 때문이겠지.

사실 전형적인 '여자다운 여자, 남자다운 남자'는 별로 멋이 없지. 멋이 없을 뿐 아니라 정말 스트레스지. '○○다운'이라는 말은 폭력적이기조차 해. '답다'라는 말만큼 우리를 압박하는 말이 있을까? 여자답게 보이기 위해서 들이는 시간 투자와 스트레스, 남자답게 보이기 위해서 치르는 콤플렉스와 시간 투자는 처절할 정도지. 게다가 '답다'의 기준도 자꾸 변하잖아. 근육질의 '마초(남성성이 강한 남자)' 남자가 꽃미남인 척할 수도 없고, '식스팩'과 '애플 힙'을 장착하려는 유행에 맞추는 것도 피곤하고. 여하튼 사회에서 재단된 남성성, 여성성에 맞추려는 건 피곤한 일이야. 그러니 아예 넘나드는 게 어때?

아주 멋진 청중을 만난 적이 있어. 한 강연에서 내가 남성성 여성성을 넘나드는 양성적 캐릭터가 리더십이 높다는 주제로 설을 풀었는데, 한 젊은 여성이 손을 번쩍 들더니, "양성성을 넘나드는 힘을 강조하는 선생님이 오히려 고정된 남성성, 여성성을 전제하는 것 아니냐?"라는 근사한 질문을 하더라. 그 말이 맞아.

양성성이라 칭하는 것으로, 남성성, 여성성에 대한 세상의 고정관념을 어느 정도 전제하고 있다는 아이러니가 작동하지.

양성성을 넘나드는 힘이란, 자기 안의 아니마(남성이 지니는 무의식적인 여성적 요소), 자기 안의 아니무스(여성이 지니는 무의식적인 남성적 요소)를 부정하지 않고 끌어내어서 살아가는 힘이야. 누구에게나 남성성, 여성성은 존재하지. 남성의 무의식 속에 잠재해 있는 아니마, 여성의 무의식 속에 잠재해 있는 아니무스를 인정하고 자연스럽게 상황에 따라 표출하면서 사는 게 훨씬 더 자연스러운데, 왜 세상이 강요하는 남자답고 여자답다는 페르소나에 맞춰서 가면을 쓰고 살아야 하냐고? 그게 억압이지.

누구나 자기만의 방식으로 이런 억압을 이기려는 여정을 인생 내내 하게 돼. 나도 마찬가지였어. 여자다움을 강조하는 분위기가 대세였던 시대에 어릴 적 나는 여자로 보이지 않으려고 기를 썼어. 이른바 톰보이Tomboy가 되고자 애를 썼지. 청바지가 좋은 건 그래서고, '샤방샤방'한 옷차림을 질색했지. 사회생활을 하면서는 더욱 여성적으로 보이지 않으려 애를 썼지. 한동안 어깨뽕이 잔뜩 들어가 남성 슈트처럼 우람하게 보이는 재킷이 유행했는데 나도 그 스타일을 좋아했어.

그런 것들은 일종의 갑옷이었지. 때로는 방어하기 위해서, 때로는 적을 무찌르기 위해서. 많은 경우에 그것은 가상의 적이었고 대부분은 나 자신과 싸우는 것이었지. 흔들리지 않으려는 나, 무시당하지 않으려는 나, 하찮게 여겨지지 않으려는 나, 힘 있어 보이려는 나, 충분한 자격이 있음을 증명하려는 나, 실력을 인정받으려는 나 등, 스스로 힘을 내려는 온갖 수단을 동원했던 거지. 자연스러운 안간힘이었지만 피곤했던 것도 사실이야.

나의 직설 화법에 대해서도 한동안 콤플렉스를 가졌지. 목소리마저 굵은 편이어서 내 라디오 방송을 듣는 사람은 여자인지 남자인지 잘 모르겠다고 해서 황당하기도 했어. 좀 더 부드럽고 다정한 화법을 연습하기도 했지. 지금이야 나의 단도직입적 화법이 일종의 시그니처로 받아들여질 정도가 됐지만, 그렇게 되기까지는 시간이 꽤 걸렸지.

좋건 싫건 누구나 이 과정을 거치게 될 거야. 개인마다 자신만의 비결이 있을 거야. 내 경우에는 확실한 프로로 인정받는다는 믿음이 생긴 후에야 어느 정도 자유를 얻은 것 같아. 그 이후론 다양한 방식으로 여성성을 표현하는 데 자신이 붙었지. 분홍색 옷을 입고 나타나면 믿을 수 없다는 환호를 보내는 남자들의 시선을 즐기게 됐고, 아직도 샤방샤방한 스타일은 소화하지 못하지만 대담한 스타일은 자주 시도하지. 이른바 여성적인 화법은 아무래도 영 내키지 않아서 대신에 유쾌한 유머 화법을 익히려고 노력했지. 웃기지?

또 한 가지 유용한 비법이 있어. 나의 여성성과 아니무스에 자유로워진 만큼이나 남자들의 남성성과 아니마를 끌어내는 요령을 갖추게 된 거지. 내가 양성성을 넘나들고 싶은 만큼이나, 이 세상엔 양성성을 자유롭게 넘나드는 괜찮은 남자들이 꽤 많으니 말이야. 서로의 양성성을 격려해 주는 것, 풍성한 인간관계를 맺는 데 꽤 도움이 돼. 인간으로서의 관심과 상대에 대한 호기심을 놓치지 않는다면 삶은 훨씬 더 풍요로워져.

양성성을 넘나드는 힘

다니가 어린이집에서 간호사 옷, 그것도 핑크색을 입고, 의사 가운 입은 남자 어린이와 일하는 모습을 찍은 사진을 보자마자, 다니 엄마도, 친구도, 나도 했던 말은 "여자아이는 의사 역할을 안 하나?"였어. 성 역할 고정관념에 대한 요즘 엄마들의 반발심이 일제히 나타난 거지. 혹시나 어릴 적부터 고정된 성 역할에 세뇌될까 봐서 하는 걱정의 발로야.

"남자아이들이 간호사복을 입은 사진이 있었더라면, 좀 안심했을 텐데…" 엄마들의 뿌루퉁한 불만은 이어졌어. 의사직은 여성이 일찍 진출한 분야임에도 불구하고 2024년 기준 여자 의사 비율은 27%야. 절반이 될 때까지 엄마들의 불만은 계속되겠지? 간호사 자격시험에 남자 응시가 허용된 게 1962년인데 남자 간호사 비율은 이제 5%를 넘었대. 점점 더 늘어날 거야. 백 세 시대가 될수록 의사와 간호사 수요는 점점 늘 터이니, 장벽은 점점 낮아질 거로 봐.

다양한 직업 세계에서 남성·여성의 진입 장벽이 낮아지듯이,

고정된 남성성, 고정된 여성성의 장벽도 더욱 낮아질 거라 기대해. 자기 안의 아니마와 아니무스를 자연스럽게 끌어올리며 양성성을 넘나드는 남녀 인간이 늘어나기를 바라고, 너희가 그런 사람이 되고 또 그런 사람들을 많이 만나서 사람 사는 맛을 즐기며 살기를 바라.

왜 꼭 은퇴하고서야 요리 잘하는 남자, 텃밭 가꾸는 남자, 반려견 키우는 남자가 되어야 하는 거야? 왜 남자가 어릴 때부터 인간관계에 능숙하고 다정함을 표현하는 데 자연스러워지면 안 되는 거야? 왜 여자가 추진력과 결단력과 강렬한 카리스마를 가지면 폄훼하려 드는 거야? 왜 그 능력을 숨겨야 할지 드러내야 할지 갈등 때리며 살아야 하는 거야?

개인 삶의 풍요로움을 위해서뿐 아니라 기술과 산업과 시장의 변화는 점점 더 양성성을 넘나드는 역량을 요구하는 추세야. 결단력과 추진력뿐 아니라 소통과 관계 조율 능력을 요하고, 대범함과 세심함을 교차하며 경계를 넘나드는 상상력을 발휘하면서 참신한 아이디어와 독특한 구상으로 새로운 세계를 개척하는 사회로 변화하고 있는 거지.

너희는 자라면서, 살면서, 일하면서 내가 겪었던 갈등을 덜 겪으며 살기를 바라. '여자예요, 남자예요?' 같은 소리를 들어도 대범하게 웃어넘기기를 바라. 한동안 '분홍색이 제일 좋다'던 다니가 오랜만에 만난 여름이 언니를 졸졸 따라다니며 온갖 걸 따라 하더니만, '이젠 분홍색 안 좋아한다'고 자랑스럽게 얘기하더라.

여름이가 눈살을 찌푸리며 "나 핑크 안 좋아해!" 하는 걸 보고 배운 거지. 여름이도 다니도 언젠가는 스스로 선택하는 핑크를 즐기게 되기를 바라. 너희는 선택할 수 있으니까.

8장 파트너와 라이벌

함께 일을 도모할 재목을 미리미리 찾아놔

이 세상 모든 일이란 결국 팀이랑 하는 거야.
완벽하게 홀로
할 수 있는 일은 별로 없어.

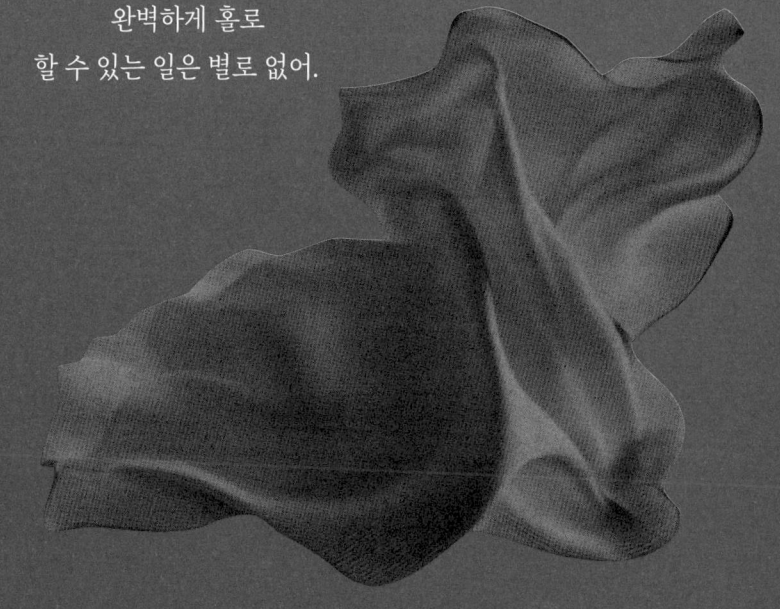

> 다니와 여름이 이야기

협력과 경쟁의 팀플레이

오빠와 승강이하면서 자라서인지 여름이는 경쟁과 협력의 역학을 잘 배우는 것 같다. 두 살 여름이가 하루는 외출하고 돌아온 엄마에게 오빠가 자기를 밀쳤다며 하소연하는데, 짧은 말로 자초지종을 설명하는 것도 웃겼거니와 오빠를 고발하면서도 그걸 도발했던 자기의 행동까지 설명하면서 오빠 입장을 정직하게 대변하는 게 너무 웃겼다. 그러니까 '오빠가 자기를 밀친 건 나쁜데, 오빠도 이유는 있었다'는 이야기인데, 옆에서 식식대던 오빠는 결국 싱긋이 웃더니 제풀에 풀려서 동생에게 사과했다. 이 둘은 싸우면서도 항상 한 팀이리라.

소꿉놀이와 술래놀이를 본격 시작한 세 살 다니는 함니 하삐를 친구로 여긴다. 같이 놀고 싶을 때는 호칭이 달라진다. "함니야~!" "하삐야~!" 하고 친구처럼 부른다. 외동이니 우리는 기꺼이 친구가 되어준다. 같이 놀다가 나는 곧잘 하삐에게 시비를 건다. 싸움하는 모습을 일부러 보여주는 것이다. "나눠 먹어야지~" "같이 해야지~" "함니 차례, 하삐 차례~" 다니는 어린이집에서 배운 중재자의 역할을 해낸다. 옳지, 잘 배우고 있구나!

자원은 한정되어 있으니 우리는 나누면서 서로를 만족시키는 법과 나눔으로써 더 커지는 비법도 구사해야 한다. 잘 나누는 다니는 그래도 항상 '하삐 먼저'다. 내 불만은 없다. 하삐가 훨씬 더 진득하게 더 긴 시간을 보내주니까 하삐를 더 믿는 건 당연하다. 나는 다른 방식으로 다니 사랑을 경쟁하면 된다. 나에게도 묘수는 있다.

사람들과 어떻게 같이 일하느냐는 일생 내내 마주칠 과제다. 너의 협력자, 너의 경쟁자는 누가 될까? 얼마나 많은 협력자와 경쟁자를 갖게 될까? 흥미진진한 팀플레이로 일하기를! 팀으로 일하는 게 제일 신나니까. 유 캔 두 잇!

"야, 오늘도 신나게 놀았다!"

그날은 공동 프로젝트 멤버들과 아주 긴 브레인스토밍을 하는 날이었어. 저녁 여섯 시에 만나서 자정을 넘겼지. 프로젝트 초기에 하는 브레인스토밍은 대개 길어져. 방향을 암중모색하고, 아이디어와 하고 싶은 말도 많고 다른 생각에 토 달 내용도 많으니 길어질 운명이지. 이런 브레인스토밍에서는 마구 아이디어를 던질 수 있으니까 불꽃이 팡팡 터져. 엉뚱한 제안을 진지하게 발전시키다가도 농담 한마디에 쌓았던 성이 와르르 무너지지만, 이런 과정을 거쳐야 쓸 만한 아이디어가 나오지. 다들 피곤해졌으니 다음을 기약하자며 정리하는데, 한 사람이 "야, 오늘도 신나게 놀았다~!" 해서 다들 '맞아, 맞아!' 하며 웃음을 터뜨렸지.

이 말이 인상 깊어서 나도 자주 써먹었어. 온종일 일하고도

'오늘도 신나게 놀았다고 할 수 있는 환경이 뭘까?' 생각도 많이 했지. 이 말이 자연스럽게 나오는 날이 그리 많지는 않으니까. 혼자 일하는 날이 그런 날이 되기는 어려워. 신나게 논다는 기분은 역시 사람과 섞여야 나오지. 그런데 우리는 대개 사람들과 같이 일하지만 잘 놀았다고 느끼는 날은 드물지. 왜 그럴까? 나 혼자 애쓰는 듯한 날, 결정에서 내가 소외된 듯한 날, 내가 한 일이 무시되는 듯한 날, 함께 일하는 사람이 별 성의가 없는 듯한 날, 내 존재가 그림자처럼 느껴지는 날 등, 너무 많지. 한마디로 일의 성과 이상으로 사람과의 관계에 따라 신나냐 아니냐가 정해지는 거야. 바로 '팀업'이 우리 기분을 좌우하는 거지.

이 세상 모든 일이란 결국 팀이랑 하는 거야. 완벽하게 홀로 할 수 있는 일은 별로 없어. '잡초 뽑기' 정도가 그렇다고나 할까? 강화 텃밭 주택에서 주말을 보내면 남편은 어느새 밭에 나가 있는데, 도시에서는 여간해선 꼼짝하지 않는 남자가 시골에 가면 어찌 그리 부지런해질까? 잡초 뽑기가 좋은 건 무념무상으로 몰입하면서 마음이 비워져서래. 일종의 명상인 거지. 사람에게 부대끼며 피곤해진 자신을 채우는 시간이 바로 그렇게 마음을 비워내며 혼자서 뭔가 하는 거야.

내가 혼자서 하기 좋아하는 일은 글쓰기야. 글을 쓰며 나를 비워내지 않았더라면 아마도 일하면서 부대끼는 사람 스트레스를 견뎌내지 못했을 거야. 홀로 글쓰기 하면서 나를 채우지 못했더라면 사람들 만나며 기를 뿜는 일을 계속하지도 못했을 거야. 그래서 새벽마다 최소한 두세 시간 홀로 앉아서 글을 쓰지. 새벽 글쓰기는 나의 에너지를 지탱하는 습관이 된 거야.

그런데 글쓰기 역시 혼자서 하는 일만은 아니야. 세상에 내놓을 글이 되면 태세가 달라지지. 언제나 독자를 상정하게 되는 거야. 혼자 책을 쓰고 있을 때는 마치 강연하듯, 질의응답 하듯 대화하는 태세가 되는지라 사람들과 함께하는 시간이 되는 거지. 목차와 서문을 쓰면 에디터와 대화도 나누어야 하고, 초고가 만들어지면 비평해 줄 첫 번째 독자들과 비평가도 필요하고, 책 디자이너와의 미팅도 필요하지.

우리가 하는 대부분의 일은 다른 사람과 함께하는 일이야. 요리를 혼자 한다고? 그럴 리가 없지. 먹을 사람을 생각하며 구상하고 쇼핑하고 자르고 데치고 볶고 담고 식탁 배열을 고민하지. 디자인을 홀로 한다고? 디자인만큼 사람들을 의식하는 작업이 없어. 쓸 사람, 볼 사람, 손에 쥘 사람, 살 사람의 마음을 헤아리며 하는 거지. 시나리오를 혼자 쓴다고? 그럴 리가 없지. 캐릭터와 그들의 대화와 배역을 맡을 배우의 역할을 상상하며 같이 시간을 보내는 거지. 우리가 하는 모든 작업에는 항상 다른 사람들이 존재해.

관건은, 같이 섞여서 일을 해야 하는 현장이야. 수많은 문제와 갈등에도 불구하고 우리는 팀을 떠나서는 일할 수 없거든. 어떻게 하면 팀 작업에서 소외와 무시와 무례를 없애고 참여와 성의와 협력을 끌어낼 수 있을까? 공허한 칭찬이나 막연한 격려가 아니라 어떻게 서로의 역할과 성과에 감사하고 자신의 역할과 실적에 자부심을 느끼게 할 수 있을까? 어떻게 일의 성공과 개인의 성장이 같이 갈 수 있을까? 모든 직장, 기업과 스타트업, 공장, 제작소, 현장에서 고민되는 과제지. 하물며 집에서도 그렇잖아? 어떤 팀을 이룰 것인가? 어떻게 팀을 끌어갈 것인가? 어떤 팀업을 유지할 것인가? 참 만만치 않지.

    우리 커플이 하는 봄 리모델링 프로젝트는 힘겹고도 보람차. 엔간한 건 직접 하자는 'DIY 주의'라서 노동량이 꽤 되는지라 힘도 들고 시간도 들어. 남편은 "맡기자!"라고 주장하지만, 생활 방수, 구석구석 페인팅, 데크 수선 같은 건 일이 작아서 맡기기도 어렵고, 인건비가 부담되고, 세심한 작업이 필요해서 직접 하는 게 훨씬 더 효과적이야. 주택에서 사는 사람이라면 나름 익숙해져야 하는 작업이지. 남편은 솜씨는 없지만 꽤 성실한 작업자야. 나는 설계와 감리엔 익숙해도 시공 작업엔 꾀를 부리는 편이지. 이렇게 달라서 티격태격하지만 아마추어 리모델링 작업에 팀을 이뤄야 하지.

    문제는 서로 인정해 주느냐 아니냐 할 때 생겨. '왜 나는 일하고 있는데 너는 안 하니? 왜 내가 더 오래 일하니? 왜 너는 또 쉬고 있니? 왜 네가 한 일은 다시 손봐야 하니?' 시공 작업에 시간을 쓰는 남편이 툴툴대지. 내가 설계하고 자재 준비하는 데 얼마나 많은 시간을 쓰는지 남편 눈엔 잘 안 보이는 거야. 그래서 내가 또 툴툴대. '내가 오늘 쓰레기 봉지를 몇 개 만들었는지 알아?

일하기 쉽게 하느라 내가 준비 작업을 얼마나 해놓는지 알아? 뒤치다꺼리, 앞치다꺼리 얼마나 많은지 알아?' 전형적인 공치사 싸움이지.

관찰해 보니, 딸 커플은 우리 커플과 확실히 달라. 결혼하고 우리 '세 가족 집'의 한 층에 살게 되었을 때 오래된 집을 리모델링하기로 했지. 나름 착착 진행됐어. 건축가 엄마인 나는 설계와 감독 서비스를 제공했고, 남편은 노동력을 제공했지. 집주인과 세입자 사이의 비용 부담도 협상이 잘 됐어. 창호나 설비, 전기, 바닥 작업은 업자에게 맡기고, 우리는 가구들을 셀프 제작하기로 하고 저녁 시간과 주말을 이용해서 보름 동안 땀 뻘뻘 흘리면서 작업했어. 안 하던 노동에 낑낑대고 밤에는 끙끙 앓으면서도 차츰 눈에 드러나는 성과에 보람찼지.

이 작업을 하는 동안 우리 커플과 딸 커플의 차이를 알게 됐어. 우리는 큰소리가 자주 나는 반면, 딸 커플은 별로 소리가 안 나. 세대 차이인가 아니면 커플의 궁합 차이인가? 일을 시작하기 전에 도란도란 논의하는 시간이 길고, 실수가 생겨도 서로 농담하면서 웃어넘기더라. 대신에 작업 속도는 우리보다 훨씬 더 느려. 그런데 일정이 늦어져도 별로 구애받지 않아. '내일 하지, 뭐!' 서로 닦달하지 않아. 할 수 있는 요량껏 일해. 서로 칭찬해 줘. 혼자 할 수 있는 일도 무리하지 않고 같이 일해. 백지장도 맞들면 낫다는 거지. 우리는 딸 커플에게 크게 배웠어. 열심히 하되, 할 수 있는 만큼 하자. 지나치게 속도전 하지 말자. 서로 성의 있게 가르쳐 주자. 같이 일하자. 서로 칭찬해 주자.

종일 일하고도 '오늘도 신나게 놀았다' 할 수 있으려면, 좋은 팀이 되어야 하는 거야. 너희도 너희 팀을 꾸려 봐. 팀으로 일해. 서로 칭찬하며 격려해 줘. 힘껏 일하되 무리하지 마. 서로 괜찮은지 물어봐 줘. 같이 일하고 같이 쉬어. 신나게 일하고 신나게 놀았다고 여겨 봐! 일은 팀으로 하는 거야.

파트너로 주목받고 라이벌로 견제받아!

세상은 리더십 훈련을 강조하면서 통솔력, 지도력, 소통력, 공감력, 관계력, 카리스마 등을 강조하지만 그것만으로 팀이 운영되는 건 아니야. 리더십 이상으로 중요한 게 '팀플레이십'이지. 리더십의 대칭으로 '팔로십'을 많이 얘기하는데, 나는 이게 좀 불편해. 리더를 따르기만 한다고 팀플레이가 생기는 것은 아니거든. 팀장이 아니더라도 팀원으로서 역할을 담당하며 전체의 기량을 올리는 팀플레이십을 만들어내는 건 정말 중요해.

우리는 왕왕 직장 뒷담화를 듣지. 실력도 없이 팀장을 맡아서 팀원들 고생시키고 실적도 떨어뜨리는 리더에 대한 불만이 제일 많을 거야. 직장의 뒷담화 1순위가 윗사람 험담이잖아? 이건 그나마 괜찮지. 윗사람에 대한 불만을 풀면서 직장 스트레스를 줄이고 유대감을 만드는 효과가 있으니까. 그런데 아랫사람 험담은 정말 듣기 괴롭고, 옆 사람 험담은 질시가 고스란히 드러나니 정말 끔찍하지. '무슨 이런 인간들이 있나. 이런 인간들과 계속 일해야 하나?' 같은 혐오감이 들며 결별하고 싶어지지.

그렇다고 피할 수만은 없으니 묘수가 필요해. 뒷담화를 앞담화로 바꾸는 건 괜찮은 묘수야. 뒷담화가 무성하면 냉소적인 기류가 흐르며 일할 맛이 떨어지지만, 자체 평가를 공개적인 앞담화로 하면 좋은 점, 개선할 점을 찾아내면서 팀플레이의 대안을 찾는 선순환 구조가 될 수 있어. '왜 제대로 일을 나누지 않아? 왜 지시가 명쾌하지 않아? 왜 부정적 멘트를 하나?' 같은 불만보다는, '이렇게 하면 더 낫겠는데? 이걸 먼저 한 후에 다음 선택을 하면? 이 일은 같이하면 더 효과적이겠는데?' 하는 식으로 말이야. 물론 실천은 어려워.

이렇게 좌충우돌하고 갈등하고 충돌하고 실패하고 좌초되고 팀이 깨지는 와중에 우리는 서로에 대해서 평가하게 돼. 사람은 놀랍도록 냉철하게 서로의 재능과 재목을 알아보거든. 그래서 내가 특별히 강조하고 싶은 말이, 일하는 과정에서 '파트너로 주목받고 라이벌로 견제받으라!'라는 형용 모순적인 말이야.

누구나 성실하고 책임감 있고 긍정적으로 일 잘하는 사람과 일하고 싶어 하잖아? 그런데 파트너란 일 잘하는 사람, 그 이상이야. '운명을 같이 할 수 있느냐, 돈과 조직과 사람과 비밀을 공유할 수 있느냐, 실패와 성공을 같이 할 수 있느냐'가 파트너의 조건이야. 호흡이 맞고, 목표를 공유하고, 역경을 같이하는 파트너가 있으면 일의 성공 확률은 높아져. 비슷한 성격보다 오히려 서로 보완되는 성격과 재능을 갖고 있으면 파트너로 최고지.

사람들이 간과하는 게, 파트너는 언제나 라이벌이 될 수 있다는 점이야. 회사가 깨지고 팀이 깨지는 얘기를 많이 듣잖아? 실패할 때보다 성공할 때 깨지는 경우가 더 많다는 건 인간 사회의 아이러니지. 깨지는 이유는 예상하는 대로야. 성공 분배에 대한 불만(왜 내 것이 더 적어?), 공헌에 대한 인식 차이(내가 없이 성공할 수 있었겠어?), 실적 인정에 대한 불만(왜 내가 더 인정받지 못하지?), 신뢰가 깨지는 배신감(나를 못 믿어? 우리 관계를 못 믿어?), 새출발에 대한 열망(따로 하면 더 잘될 수 있어!) 등.

그런데 파트너가 라이벌로 변하는 게 문제가 될까? 소설이나 영화에서는 이런 과정을 배신과 복수로 점철되는 파탄으로 그리곤 하지만, 현실에서 파트너십이란 당연히 깨질 수 있는 거지. 라이벌이 될 가능성이 전혀 없는 사람이 애당초 파트너로 점 찍힐 수 있을까? 라이벌이 될 가능성이 전혀 없는 사람을 파트너로 계속 존중하며 일할 수 있을까?

파트너십이란 결코 주종관계가 아니라 대등한 관계야. 대등한 관계란 절대적인 상태가 아니라 상황에 따라 계속 그 개념을 설정해야 하는 관계지. 대등에 대한 개념이 도저히 서로 양해가 안 될 정도로 달라질 때 파트너십은 깨지는 거지. 더욱이나 라이벌이란 꼭 적대적인 관계가 아니야. 파트너로 일하면서도 라이벌로서 서로 성장을 자극할 수 있듯이, 파트너십이 깨진 후의 라

이별도 서로 성장을 자극하는 경쟁 관계가 될 수 있지.

깨진 파트너십의 나쁜 사례는 셀 수 없이 많지만 좋은 사례도 많지. 가령 비틀스가 깨짐으로써 우리는 존 레넌, 폴 매카트니, 조지 해리슨, 링고 스타라는 네 명의 걸출한 싱어송라이터를 얻었잖아. 그룹 안에서의 경쟁도 촉매가 되었지만, 깨진 후에도 서로 경쟁하면서 좋은 성과를 냈지. 협력이 성장의 원천이 되듯, 경쟁도 성장의 원천이 되는 거지. 공동 창업한 애플사에서 개인 프로젝트를 무리하게 추진하다가 쫓겨나다시피 했던 스티브 잡스가 넥스트사를 세우고 다시 애플사와 합병해서 IT 혁신의 새 지평을 연 건, 파트너와 라이벌의 팽팽한 순환 관계를 보여주는 대표적인 사례지.

파트너는 언제나 라이벌이 될 수 있다는 전제를 하는 게 중요해. 아니, 라이벌로 의식되지 않는 파트너는 제대로 존중받지 못할 수 있음을 의식하는 게 중요해. 깨질지도 모른다는 팽팽한 긴장 관계가 대등한 관계를 이어가는 비결이 되지, 배신과는 달라. 라이벌이라 봤던 사람과도 언제 파트너가 될지 모르는 게 인간 사회야. 비즈니스계에서뿐 아니라 정치계, 문화계, 학계에서 왕왕 일어나는 일이지. 그리고 물론 인생에서도 마찬가지야.

견제가 없는 관계는 오히려 위태로워. 그건 신뢰가 아니라 주종관계에 대한 기대일 거야. 주종관계일 때 배신이란 말도 생기는 거지. 누구나 새로운 길을 택할 수 있다는 것을 전제해. 마찬가지로 너 자신도 언제 이 관계를 떠나 다른 길을 택할지 모르는 거야. 파트너란 협력을 표상하고, 라이벌이란 경쟁을 표상해. 파트너이자 라이벌이 될 수 있음을 믿을 때 더 큰 성장이 가능하다는 걸 의식하면서 일해.

너희에게도 파트너와 라이벌이 필요해. 그것이 사업이든, 인생이든 말이야. 파트너이면서도 라이벌이 되는 사람, 라이벌이다가도 파트너가 되는 사람을 네 인생에 품어봐. 너 자신이 좋은 협력을 하는 파트너이자, 치열한 경쟁을 하는 라이벌이 되어 봐. 신뢰받는 파트너이자 존중받는 라이벌로 보이는 사람으로 자라봐! 기대해.

여자 사람 친구, 남자 사람 친구

내게는 아무래도 남자 후배들이 많은데, 입버릇처럼 해주는 말이 있지. "같이 창업할 여자 사람 친구를 열심히 만들어 놓으라!" 편한 동성 친구들과만 놀다가 이성 친구를 만들 기회를 자주 놓치는 게 보여서. 물론 여자 후배들에게도 똑같이 "같이 창업할 남자 사람 친구를 열심히 만들어 놓으라!"라고 해.

"같이 창업할 친구는 젊을 때부터 만드는 게 좋다!"라는 조언도 해. 학교 친구, 클럽 친구, 사교 친구. 어쩌다 만난 친구도 좋다고. 동네 친구나 소꿉친구는 별로 권하지 않는 편이야. 어린 시절의 친구는 선택보다는 인연이기 쉬우니까. 가족이나 친척은 더욱 권하지 않지. 가족 회사가 많은 우리 사회에서 의외라고 할지 모르겠으나, 인연에 얽힌 가족이나 친척은 파트너 관계보다는 주종관계가 되기 십상이니까.

부부가 있지 않냐고? 그런데 부부 동업은 누구나 망설여지지 않아? 24시간 같이 붙어 있다가는 일도 삶도 헝클어질 위험이 있지. 지겨워지기도 할 거고, 싸우게 된다면 더 살벌하게 싸울 위험도 있겠지? 그래서 일의 시간과 삶의 시간은 구분되는 게 커플 관계에 좋다고 하지. 인생 파트너와 사업 파트너가 동일한 경우에, 갈라서게 된다면 라이벌 정도가 아니라 에너미^{enemy}로 돌변할지도 몰라.

꼭 창업이 아니라도, 뭔가 일을 도모하려면 남자 사람, 여자 사람이 다 필요해. 여러 종류의 캐릭터와 자산이 필요하기 때문이지. 자금 관리에 밝은 사람, 영업에 특출한 사람, 조직 관리에 능한 사람, 새로운 사업 아이템 감각이 탁월한 사람, 제조 제작에 치밀한 사람, 법적 제도적 검토를 꼼꼼하게 하는 사람, 인적 자본이 튼튼한 사람, 기술적으로 뛰어난 사람, 디자인 감각이 좋은 사람 등, 이 모든 걸 한 사람이 갖추고 있기란 어렵기 때문이지.

클럽 밴드를 구성해도 다재다능한 탤런트가 필요한데, 먹고 사는 일이 걸린 창업이라면 더욱 절실하지. 여자 사람과 남자 사람이 섞이면 좋은 것은, 그만큼 남녀 네트워크의 성격이 다르기 때문이야. 클라이언트와 소비자는 남녀가 섞이는 경우가 많으니, 시장을 넓히기 위해서도 유리하고 상품과 서비스를 구상할 때도 남성의 니즈와 여성의 니즈를 파악하기에 유리하지. 창업할 땐 영원히 같이 갈 사람이라기보다 언제라도 깨질 수 있는 관계라고 전제하는 냉철함이 필요해. 파트너이자 라이벌로 보는 관계가 좋다는 것도 그 때문이지. 다만 시작할 때 상호 조건과 책임과 권한을 명확히 하고, 무엇보다도 마치 혼전 계약처럼 결별할 때의 이행 조건을 명확히 해놓아야지.

갈수록 여자 사람과 남자 사람이 섞여서 일하는 경우가 많은데, 경우의 수가 정말 많더군. 은근한 권력관계로 인한 갑질이 생기는가 하면, 불필요한 성적 긴장감이 문제가 되기도 하고, 그런가 하면 남녀가 섞여서 일정한 예의를 지키는 분위기가 좋고 마냥 풀어지지 않는다는 점이 좋기도 하고, 때로는 통념적인 여성 남성의 장점이 거꾸로 나타나서 흥미롭기도 해. 여하튼 하나의 성만 있을 때보다 훨씬 더 역동적이고 적절한 긴장감이 있고, 협력과 경쟁이 섞이는 게 좋아. 이른바 대등한 관계, 협력 경쟁하는 분위기 바탕에 흐르는 긴장감이 일의 역학에 나쁘지 않거든.

여러 종류의 파트너십과 팀과 라이벌을 경험해 보니, 가장 좋기는 노·장·청·남·여가 섞여 있는 구성이 가장 안정감이 있더군. 약간씩 결이 다른 사람들, 약간씩 취향이 다른 사람들, 약간씩 삶의 철학이 다른 사람들이 모여 있는 게 오히려 안정적이야. 같은 사람이 모여 있으면 자칫 한쪽 방향으로 마구 달려가다가 거꾸러지고 말잖아? 같은 출신을 공유하는 이너서클을 이룬다는 건 언제나 위험해. 자칫 이익 카르텔로 넘어갈 수도 있는 상태를 예방해 주는 게 혼합 구성인 거 같아.

    시장 사회, 민주 사회를 살고 있는 이 시대에는 비즈니스가 아닌 게 없는 세상이지. 삶의 취향이 비즈니스가 되고, 친구가 파트너 관계로 발전되기도 하지. 부디 여러 성향의 사람들과 섞여 놀고 섞여서 일해 봐. 누가 알아? 같이 섞여서 놀다 보면, 그 언젠가 같이 일하고, 급기야는 창업까지 같이할 사람이 될지?

MBTI 이상의 사람 이해법

"E야? I야?" 요즘 젊은이들이 서로를 알아보려 던지는 캐주얼한 질문이라며? 연애나 취업은 물론, 하다못해 선거판에서 정치인의 MBTI를 분석하는 보도가 나올 정도야. AI와 생체의학이 발전할수록 SF 영화에서처럼 사람을 스캐닝하는 것만으로도, 피 한 방울, 체액 한 방울만으로도 그 사람의 전모를 알게 되는 날이 올지도 몰라. 유전자 분석도 몇 분 또는 몇 초 만에 좌르르 나올지도 몰라. 더 나아가서 뇌를 스캐닝하면 우리의 생각과 기억과 감정까지도 해킹하는 세상이 올지도 몰라. 상상만 해도 싫구나.

    아무리 과학이 발달하더라도 사람을 완전히 독해할 수 있는 날은 오지 않을 거야. 우리가 생명체라서 얼마나 다행이야? 나의 수명과 질병과 성적 지향과 신체적 강점과 약점을 아무리 속속들이 파악하더라도, 지적 생명체인 나의 생각과 느낌을 다 알 수 있는 날은 오지 않을 거라고 믿어. 게다가 환경과 상황은 엄청나게 복잡하고 복합적이라서 우리의 반응은 예측불허로 전개되지. 유전자를 공유하는 부모 자식도, 일란성 쌍둥이도 반응이 달라지니까.

MBTI는 '에너지 방향이 외향적인지, 내향적인지? 인식 방식이 경험형인지, 직관형인지? 판단 방식이 사고형인지, 감성형인지? 삶의 패턴이 계획형인지, 반응형인지?' 네 가지 지향을 조합해서 16가지로 구분하는데, 이 세상 사람이 16가지 유형만으로 확연하게 구분된다는 게 믿어져? 해본 사람은 알겠지만, 자기가 최소 대여섯 가지 유형에 걸쳐 있어서 좀 이상하다는 생각이 들었을 거야. 그런데 그게 자연스러운 거지.

『한 번은 독해져라』(2014)에서 내가 쓴 것처럼, 자신의 기질과 성정을 알기 위해 여러 질문을 던져 봐도 좋을 거야. 나는 무려 열 가지나 제시했지, '돈이 필요한 이유가 뭔지? 머리가 좋아야 하는 이유가 뭔지? 권력이 좋거나 싫은 이유가 뭔지? 사람에 강한지 사물에 강한지? 사람을 타는지 안 타는지? 정리형인지 복잡계형인지? 빠른 편인지 느린 편인지? 멀티태스크형인지 싱글태스크형인지? 그중에서도 중요한 건, '하루 시간을 어떻게 쓰고 싶은지?'가 아닐까 싶어. '10년 후에 하루 시간을 어떻게 쓰고 있을지?' 질문도 중요하지.

이런 질문들은 나를 알기 위해서도, 상대를 알기 위해서도 좋아. 본질을 건드리는 질문이거든. 어떻게 살고 싶은지, 무엇을 중요하게 생각하는지, 삶의 우선순위가 뭔지, 일하는 방식이 어떠한지, 같이 할 수 있는 일이 어떤 것인지, 같이 놀 만한 사람인지, 같이 일해볼 만한 사람인지, 어떤 선택을 할 사람인지, 대화가 진전될 사람인지 가늠하게 해주거든.

우리는 서로에게 많은 질문을 던져봐야 해. 취업 인터뷰처럼 할 필요는 없지. 취업 인터뷰란 단기간에 특정 기능의 일에 효능감이 높은 사람을 선정하는 데 집중하는 형식이야. 파트너십을 고려하는 상대에게는 사람 자체를 파악하는 질문들이 중요하지. 질문을 던진다는 것은 상대에 대해서 일단 호감이 있다는 뜻이야. 호감도 없는데 서로 알아갈 필요가 없잖아? 오래 가는 파트너를 알아보는 데에는 충분한 시간이 필요하기도 해. 그렇게 시간을 들여도 우리는 사람을 다 알 수 없어.

인간이 인간에 대해서 다 알 수 있다는 것이 착각이듯이, MBTI나 심리 분석, 정신 분석을 통해서 인간을 어떤 정형으로 분류할 수 있다는 것도 거대한 착각이야. 착각일 뿐 아니라, 사람에 대한 섬세한 감각을 잃게 만드는 오류를 저지르게 만들지. 사람은 사람에게 가장 가까운 존재이면서도 가장 수수께끼 같은 존재잖아.

모든 사람은 달라. 마치 눈의 결정은 육각형이지만 눈이 형성되는 조건에 따라 결정 모양이 육천 개 이상이 있다고 하듯이 말이야. 놀라운 추리 소설 『스밀라의 눈에 대한 감각』(페터 회, 1992)에서 어릴 때부터 눈이 내리고, 얼고, 녹는 과정을 삶의 모든 순간에서 체험하며 자란 그린란드 원주민 여성 스밀라는 그 놀라운 감각으로 눈 덮인 지붕에서 떨어져 죽은 소년의 진실을 밝혀내며 덴마크 식민지 그린란드의 아픔을 섬세한 감각으로 그려내. 눈에 대해서 그렇게 섬세한 감각을 가질 수 있다면 우리가 인간에 대해 가지는 감각은 얼마나 더 섬세하겠어? 인간에 대한 호기심, 애착, 호감, 사랑, 존경, 신뢰, 증오, 혐오라는 감정을 껴안으면서, 인간의 생각과 느낌과 행위에 대해서 무한하게 기대할 수 있겠지.

너희는 호감을 느끼는 사람을 무수하게 만나게 될 거야. 경계심을 느끼게 되는 사람도 무수하게 만나게 될 거야. 비호감인 사람은 더 많을 거야. 다시는 만나고 싶지 않은 사람도 있을 테고, 만나고 또 만나고, 이야기하고 또 이야기하고 싶은 사람도 생길 거야. 너희가 어떤 사람과 어떤 일을 하게 될지, 너희가 어떤 사람과 어떤 삶을 같이 꾸려나갈지, 운명처럼 만날지, 우연으로 만날지, 운명이 우연처럼 다가올지 전혀 알 수 없지만, 그 모든 만남이 주는 체험에 너 자신을 열어 봐. 처음 만날 때는 이방인에 대한 인간적 호의로, 알아갈 때는 사람에 대한 깊은 호기심으로, 같이 놀 때는 다양한 관심의 촉수를 뻗치고, 같이 일할 때는 상대의 역량에 대한 기대로, 같이 삶을 꾸려갈 때는 무한한 기대로, 사람의 수수께끼를 풀어 봐.

하고 싶은 일과 하기 싫은 일,
잘하는 일과 못하는 일

인생의 안 좋은 뉴스, 하기 싫은 일이 언제나 더 많아.

인생의 정말 안 좋은 뉴스, 하고 싶은 일인데 잘 못 하는 게 많아. 게다가 하고 싶던 일도 어느새 하기 싫어져.

인생의 그나마 괜찮은 뉴스, 하기 싫은 일도 하다 보면 나름 재미도 나고 배울 것도 생기고 심지어 잘하게 되기까지 해.

인생의 괜찮은 뉴스. 하고 싶은 일은 언제나 또 생겨.

인생의 베스트 뉴스. 잘하는 일이라 하고 싶었고 그래서 하게 되었다는 걸 깨닫는 순간이 생겨. 인생이란 하고 싶은 일과 하기 싫은 일, 잘하는 일과 잘 못하는 일을 잘 조합하는 씨름이겠지?

정말 하기 싫은 일은 하지 마. 안 해도 되게끔 머리를 써 봐. 이 세상에서 내가 가장 하기 싫어하는 일은 청소야. 다행이라면 청소는 안 해도 큰 문제가 안 생기고, 덜해도 괜찮게 보일 수 있게 할 수 있다는 사실이야. 이 비결을 깨닫고, 나는 청소를 잘 안 해도 그럴듯해 보이는 인테리어를 구상하고, 걸레질을 열심히 안 해도 괜찮게 보이는 마감을 선택하게 됐지.

하기 싫어도 꼭 해야 하는 일은 빨리 해치워 버려. 머릿속에서 지우기 위해서. 가슴 태우지 않기 위해서. 공연히 마음 부대끼지 않기 위해서. 다른 사람에게 머리를 숙이고 부탁해야 하는 일, 싫은 소리를 해야 하는 일, 다그치고 야단쳐야 하는 일, 미안하다는 표시를 해야 하는 일, 인사 전화해야 하는 일, 세금 납부하는 일, 영수증 정리하는 일, 이메일 보내야 하는 일 등, 대개 사람들과 이래저래 얽히는 일이지.

컨트롤할 수 없는 일에 대해선 가급적 머리에서 빨리 지우는 연습을 해. 사실 우리를 기분 나쁘게 하는 대부분의 일은 컨트롤할 수 없기 때문인 경우가 많지. 교통질서를 안 지키는 사람, 쓰레기를 함부로 버리는 사람, 시간을 안 지키는 사람, 소리가 너무 큰 사람, 예의를 안 지키는 사람, 약속을 안 지키는 사람 등. 이런 상황 때문에 기분 상하는 건 그야말로 자기만 손해나는 일이야. 머리에서 지우는 연습을 자꾸 하면 익혀져.

하지만 내가 어떻게든 반응하게 되는 건 하기 싫더라도 바로 하는 게 낫지. 안 하면 밤에 이불킥하면서 후회할지도 모르니까. 왜 그때 따끔하게 한마디 못 했을까, 왜 눈에서 불을 뿜지 못했을까, 왜 말리지 못했을까, 왜 신고하지 못했을까, 왜 마음 단단히 먹고 대응하지 않았을까 후회하지 말고 다음엔 꼭 해 보자고. 소심한 용기도 용기는 용기니까, 자꾸 용기를 내다보면 다음번엔 진짜 용기가 나지 않겠어?

재난이나 비상 상황이 생기는 경우처럼 사람이 간절해질 때가 없지. 그럴 때는 하기 싫은 일, 하고 싶은 일, 잘하는 일, 못 하는 일이 어디 있어? 그저 해야 하는 일을 찾아서 온몸, 온 마음, 온 머리, 온 영혼이 푹 빠지게 되지. 어쩌다 인생에 찾아오는 비상 상황은 우리를 다시 일으켜 세워 주지. '나한테 이런 힘이 있었네, 나도 꽤 잘할 수 있네, 나도 도움 되네, 내가 이 자리 이 시간에 해야 하는 일을 한다는 게 보람 있네. 또 해보자!' 등, 시련과 역경이 인간의 성장에 절대적으로 요긴한 이유지.

정말 골치 아픈 건, 하고 싶은 일인데 잘 못하는 일인 경우와 하기 싫은 일인데 잘하는 일인 경우야. 대개의 일이란 1만 시간 이상의 노력을 투입하면 대개 웬만큼 하게 되지만, 아무리 노력을 투입해도 일정 수준을 넘지 못하면 한탄하게 되지. 포기하기에 너무 늦었다고 생각할 때, 포기해도 괜찮아. 좌절해야 또 다른 기회가 열리거든. 별로였지만 하다 보니 타고난 것처럼 잘하긴 하는데 여전히 하기 싫으면 어떻게 하느냐고? 먹고사는 문제가 걸린 일이라면 무척 고민이 되는 상황이지. 은근히 다른 일을 부업으로 개척해 봐. 언젠가 그 부업이 본업이 될지도 모르니까. 구상하기만 해도 기분이 나아질 거야.

인생은 하기 싫은 일과 하고 싶은 일, 잘하는 일과 잘 못하는 일을 어떻게 조합하느냐에 따라 달라져. 너의 하루를 잘 조합해 봐. 정말 하기 싫어하는 일로 하루를 시작하지는 마. 정말 좋아하는 일로 하루를 마감해 봐. 하루를 시작하는 커피 내리기와 컴퓨터 앞에 앉아서 글쓰기, 하루를 마감하는 책 읽기는 내가 매번 고마운 마음이 들 정도로 좋아하고 또 잘하는 일이야. 대부분 하기 싫은 일로 채워지는 하루의 다른 시간을 견디게 해주지. 그렇게 잘 견디고 나면 더욱이나 하루의 시작과 끝의 좋은 시간이 고마워지지. 인생을 견딜 만하게 만드는 너만의 의식을 만들어봐.

파트너를 택할 때는, 네가 하기 싫어하는 일을 재미있어하는 사람을 잘 택해 봐. 그런 사람은 꼭 있거든. 내켜 하지 않는 일을 흥미로워하는 사람이 파트너라면 정말 행운이지. 그걸 보고 있다 보면 미안함도 생기고, 그러다가 같이 하게 되고, 그러다가 너의 재주도 늘지 몰라. 네가 잘 못하는 일을 잘하는 사람을 파트너로 택하는 건 아주 지혜로운 선택이자 행운의 선택이지. 지혜와 행운은 인생의 보너스처럼 언제 찾아올지 몰라.

지루해지고 싫증이 나면 게으름을 피워. 좋아하는 일도 계속 해야 하는 일이 되면 싫증 나는 건 어쩔 수 없어. 하고 싶은 일을 하고 있는 사람이 부럽다고? 그 사람도 마음속에는 지루함과 싫증과 한계 의식과 질투에 쌓여서 또 다른 꿈을 꾸고 있을 공산이 커. 보이는 게 다가 아니거든. 잘하고 싶은데 잘 못해서 속상하다고? 여전히 잘 못하는 상태가 최고의 상태일 수도 있어. 모자람을 채우며 아직 가야 할 길이 남아 있다는 느낌이 살아 있다는 생생함을 더해주니까.

하기 싫은 일이어도, 하고 싶은 일이어도, 잘하는 일이어도, 잘 못하는 일이어도, 네가 지금 하는 일은 다 소중하다는 것을 잊지 마. 일한다는 자체를, 일할 수 있다는 걸 고마워해. 먹고살기 위해서 하는 일이라면 숭고한 일을 하고 있다는 사실을 사이사이 스스로 일깨워 줘. 잘하는 일이건, 잘 못하는 일이건, 하고 싶은 일이건, 하고 싶지 않은 일이건, 너는 이 순간 '해냄의 경력'을 쌓아 올리고 있는 거야. 어떤 일을 하더라도 뭐든 하나는 배울 게 있다는 걸 잊지 마. 그걸 배울 때까지 쉽게 떠나지 마. '뭐든 하나 배울 수 없는 일은 없어'를 패러디하자면 '뭐든 하나 배울 수 없는 사람은 없어'겠지? 실제로 그래. 어떤 감정 노동을 하며 누구와 일을 하고 있건, 너는 무언가 배우고 있을 거야. 그걸 알아내면, 일할 만하겠지?

팀플레이어로 일하는 힘

인생을 살 만하게 하는 건, 다른 어떤 것 이상으로, '일'이야. 내가 존경해 마지않는 정치사상가 한나 아렌트는 『인간의 조건』(초판 1958)에서 '노동, 작업, 행위' 세 가지를 인간의 조건으로 꼽았어. 생명체로 생을 이어가야 하기에 '노동'을 해야 하고, 필멸하는 인간의 운명을 넘어서는 야망으로 '작업'을 하고, 다른 인간과 함께 살아가기 위해 소통이라는 '정치 행위'를 한다는 거야. 아렌트는 은근히 노동과 작업보다 정치 행위를 가장 의미 있게 정의하지. 아마 생물학자는 인간의 가장 중요한 과제를 생식과 번식이라고 여기겠지? 종교인은 사랑과 자비와 연대를, 철학자는 실존과 초월을 중요하게 여길지도 모르지.

나는 사상가도 생물학자도 철학자도 종교인도 아니니, 그저 내 생각을 얘기하자면 나는 생을 이어가기 위해서 '노동'하는 '일'을 가장 귀하게 생각해. 내 몸과 힘과 에너지를 써서 내 끼니를 짓고 입성을 차려입고 내 공간을 가꾸는 인간적 자립을 숭고하게 생각하지. 스스로 농사를 짓고, 음식을 차리고, 술을 빚고, 설거지하고, 빗질하면서 내면을 다스리고 명상하는 수도사의 삶에 가장 가까운 행위가 노동이지. 우리의 하루란 홀로여도 그렇게 숭고할 수 있어.

도시건축가로서 또 정치인으로서 나는 당연히 '작업'과 '정치행위'라는 '일'을 중요하게 생각하지. 죽은 후에 무엇을 남기겠다는 허망한 욕망이 아니라 살고 있는 이 세상을 조금이라도 낫게 변화시키는 뿌듯함을 '일'에서 확인하는 거지. 일을 잘하려면 내 개인 능력뿐 아니라 팀플레이가 좋아야 한다는 건 진즉 깨달았어. MIT 유학에서 얻은 최고의 깨달음이지. 혼자 튄다고 잘 되는 게 아니라 전체 수준이 올라가야 탁월한 성과가 꾸준하게 생산될 수 있지. 나도 좋은 팀플레이를 하고 싶다는 욕구가 불뚝거리게 됐고, 좋은 팀플레이에 대한 고민과 구상과 실험과 실전을 거듭했고, 그리고 수많은 성공과 실패를 거듭했지.

첫째, 나는 리더십에 대한 환상도 전혀 없지만 리더십에 대한 믿음도 있어. 리더십 만능주의는 아주 못마땅하게 생각해. 하지만 리더는 꼭 필요하다고 생각하고 훈련도 필요하다고 생각하지. 종종 리더에 대해 불만을 토하잖아? 막상 리더를 맡아보면 얼마나 어렵고 부담이 큰지 알게 돼지. 우리가 리더를 인정하는 것은, 그 사람이 그 자리에 팀원이 못 보는 큰 그림을 보고 어려운 결단을 하기를 바라기 때문이야. 그걸 못하는 리더는 꽝이지.

둘째, 파트너는 팀을 잘 돌아가게 하는 힘이고, 라이벌은 팀을 성장하게 하는 힘이라 생각해. 이 장을 이렇게 열심히 쓰는 이유야. 팀을 잘 돌아가게 만드는 게 파트너와 라이벌의 존재이고, 일 자체를 더 흥미롭게 만드는 인간적 역할이지.

셋째, 나는 인간 사회란 결코 제로섬 사회가 아니라고 생각해. 파이는 점점 커지고, 파이의 종류도 다양해진다고 믿어. 팀의 기능을 믿고 인간이 자랄 수 있다고 믿는 이유지. 일을 통해 가능하다고 믿지. 파괴적인 일 말고 생산적인 일을 통해서.

너희들의 삶에서도 일은 가장 큰 부분을 차지할 거야. 일 잘하는 사람이 돼. 일을 즐기는 사람이 돼. 일을 리드하는 사람이 돼. 무엇보다도 팀플레이를 잘하는 사람이 돼. 그러려면 일을 알아야 해. 멋모르고 덤벼들지 마. 지금 하는 일이 하찮은 일로 보여도, 그 하찮은 일이 구성하는 전체 일을 통찰하는 버릇을 들여. 말단의 일을 하고 있더라도 전체 그림을 보는 훈련을 자꾸 하면, 이윽고 너는 좋은 파트너가 되고, 좋은 라이벌도 되고, 좋은 리더도 될 거야. 팀플레이 자체를 즐기고, 일 자체를 즐기면서.

9장 사회적 언니와 사회적 형님

본캐릭터와 부캐릭터를 즐겨!

우리는 여러 종류의 이야기를 나눌 상대가 필요해.
이야기하고 이야기를 들으며 같이 노는 힘,
우리가 지향해야 할 최고의 힘이야.

> **다니와 여름이 이야기**

인간관계의 다양함을 즐기는 법

우리 커플이 큰딸네와 작은딸네를 보면서 뿌듯해하는 게 있다. 첫째는 일찍부터 커플을 구성했다는 것. 둘째는 두 커플이 다 연상녀-연하남이라는 것. 셋째는 두 커플이 격식을 잘 지킨다는 것.

우리가 꽤 아옹다옹하는 커플이라서 혹시나 딸들이 결혼 기피증이 생기지 않을까 싶었는데 신기하게도 일찍부터 짝을 찾아냈다. 아이들은 잠시 우리와 있다 떠날 것이니 커플의 삶이 가장 중요하다는 게 우리 집 철학이다. 집은 아이 중심이 아니라 커플 중심이 되어야 한다는 소신 때문에 혹시 아이들이 소외감을 느낄 수도 있겠다 싶었는데, 그 덕인지 일찍 커플을 이뤘으니 좋은 효과를 거둔 것 같기도 하다.

결혼 커플은 연상남-연하녀라는 통념에 반해, 최근 연상녀-연상남 커플이 꽤 등장하는 풍토가 생기는데, 두 딸은 시대를 앞서 개척한 셈이다. 무슨 계획을 갖고 그렇게 된 것은 아니고 어쩌다 보니 인연이 그렇게 맞았을 텐데, 우연치곤 재미있다. 연상녀-연하남 커플이라 그런지, 두 딸네는 커플 간에 깍듯이 예의를 지키는 게 보기 좋다. 우리 커플은 동년배라 그런지 세대 문화가 그런지 말다툼이 잦은 편인데, 두 딸 커플은 전혀 다르다. 큰딸네는 심지어 서로 존댓말을 쓰기도 해서 무슨 양반가의 부부 대화를 보는 것 같다. 작은딸네는 영어를 주로 써서 그런지 서로에게 아

> 주성의 있게 설명을 잘해주고 농담을 많이 건넨다.
> 　결혼하든 안 하든 짝을 찾는 일은 중요한 인생 프로젝트 중 하나이지만, 인생에는 그 이상의 인연이 수없이 얽힌다. 상하·남녀 등 관습적인 인간관계에서 벗어나서 더 많은 인연을 즐기기를! 그 인연 하나하나가 인생 프로젝트의 소중한 기쁨이 되기를!

'언니'라 불리면 스트레스였어

나는 딸 여섯, 아들 하나인 집에서 자랐어. 언니가 하나이고 여동생이 무려 네 명이야. 딸 많은 집안 내력인지 사촌 자매들까지 합하면 수십 명이어서 언니란 말을 유독 많이 듣고 자랐지. '언니~!'라 불리면 나는 스트레스부터 받았어. 뭔가 해주고 보살펴 줘야 할 것 같은 감이 딱 오는 거지. "언니가 해줘야지, 언니가 양보해야지" 소리를 듣는 것도 별로였어. 게다가 동생이 말을 하기 시작하면 "언니, 언니~!" 하면서 수시로 불러대잖아?
　하나뿐인 언니는 그 기억을 너무 끔찍해하더라. 언니는 나보다 여섯 살 위이니 더 많은 동생을 보살펴야 했지. 다 큰 처자가 저녁이 되면 어린 동생을 등에 업고 잠들 때까지 동네 골목을 서성여야 했는데, 그냥 딱 도망쳐버리고 싶었고 누구라도 만날까 봐 숨어버리고 싶었대. 이런 심정을 이해하지 못하는 엄마한테 야단도 많이 맞았대. 몸이 약했던 둘째 막내의 어린 시절은 나도 기억날 정도야. 까딱하면 울음보를 터뜨렸고, 징징댔고, 금방 잠들지 않았고. 오래 자지 않았어. 그 둘째 막내는 커서 이 얘기를 듣고 무척 겸연쩍어하더라. 아가가 무슨 죄가 있겠어?

이 세상 모든 언니는 이런 경험이 있을 거야. 왜 싫은데도 동생을 보살펴야 하지? 왜 나는 착해야 하지? 내가 하고 싶지 않은 일을 안 하겠다고 하면 왜 못됐다는 소리를 들어야 하지? '못됐다'라는 소리는 아들보다 딸이 더 많이 듣는 말일 거야. '배드 걸(bad girl)'은 노래 제목으로는 오케이지만 현실에서 들으면 기분 나쁘잖아?

나에게 언니도 있고 여동생도 있어서 얼마나 좋았는지는 커서야 알았어. 그 모든 재미와 갈등을 어렸을 때부터 깨우칠 수 있었던 거지. 하지만 사회활동을 하면서 나는 '언니!' 소리를 안 들으려고 털을 곤추세웠지. 직장에서나 후배들이 언니 운운하면 딱 질색이었어. 은근히 싫어하는 티를 내서 언니 호칭을 못 쓰게 했지. 내가 꽤 독하지? 가족 안에서 언니 동생 간의 보살핌과 기댐의 역학이 공적 공간에서 작동하지 않기를 바랐던 거야.

모든 언어에는 인간관계의 의미가 녹아 있는데, '언니'라는 말에는 배려와 연대와 공감의 의미가 녹아 있지. '엄마'라는 말이 내포하는 무조건적 사랑과 보살핌까지는 아니더라도 긍정적 의미가 강해. 옛적에는 남자 형제 사이에서도 언니라는 말을 썼다지? 인기 드라마 〈추노〉(천성일 작가, 2010)에서 이 역사적 사실이 대중적으로 알려졌지. 노비 세계에서의 끈끈한 연대감을 더 강조하려고 드라마에서 언니라는 말을 쓴 것 같아.

'형'과 '언니'가 시사하는 감정은 확실히 좀 달라. 물론 두 단어 모두 속 깊은 정과 끈끈한 유대감을 내포하지만, 형은 서열 관계, 권력관계가 들어가 있지. '형아~!'라 부를 때는 한없이 엉길 수 있는 존재고, '형!' 하면 '좀 봐줘, 밥 좀 사줘, 용돈 좀 줘~!' 하며 기대할 수 있을 것 같고, '형님!' 하면 청탁이 들어가고 명령이 하달될 것 같은 권력관계 냄새가 나잖아.

'누나'라는 말도 좀 그래. 누나는 일방적인 보살핌, 어쩐지 떼쓸 수 있는 존재, 뭔가 부탁할 수 있는 존재라는 의미가 담겨 있잖아. 나는 하나밖에 없던 남동생이 어릴 때 죽었기 때문에 누나라는 소리를 못 듣고 자랐어. 그래서 누나 소리가 어색해. 사회에서 만난 남자들이 어쩌다 '누님'이라는 호칭을 쓰면 소스라칠 정도야. 박근혜 대통령에게 유일하게 '누님'이라 부른다는 모 국회의원의 일화가 생각나서 찜찜해져. '누님'이라며 괜히 친한 척 기대려 들지 말라고 지적도 하곤 해. 사회생활에서는 상대의 이름과 직위를 붙여서 정확히 부르는 게 합당하지.

내가 '언니 스트레스'에서 드디어 벗어나서 언니라는 소리에 자연스러워진 것은, 『여자의 독서』라는 책을 쓴 이후야. 이 책의 독자들이 아주 자연스럽게 "진애 언니~!"라고 부르고 싶다면서 내 품에 안기곤 했거든. 나도 기꺼운 마음으로 안아주지. 책 읽기를 통해서 여자의 완벽한 홀로서기가 가능하다는 나의 소신을 같이하는 동지들을 만난 기분이 드는 거지. '사회적 언니'로서의 자긍심이 생겼다고 할까? 언니 스트레스에서 벗어나는 데 참 오래도 걸렸지? 심리적 스트레스에서 벗어나는 건 그리도 어려운 것이야. 이제 기꺼이 '사회적 언니' 역할을 받아들일 수 있게 되어 뿌듯해.

내가 평생 가지려 했던 것 중 하나가 '씩씩함'이야. 나의 다정함과 싹싹함은 되도록 숨기고 싶었지. 약해 보일까 봐, 무시당할까 봐, 이용당할까 봐 일부러 그랬고, 그게 내가 언니라는 호칭에 스트레스를 받았던 이유지. 남자가 다정함을 보여주면 '자상하다, 츤데레' 등 온갖 미사여구를 붙이면서, 여자는 당연히 다정해야 한다는 전제가 마땅찮았던 거지. 여자가 씩씩하면 '드세다, 싹싹하지 않다'라고 깎아내리지. 하지만 여자의 씩씩함이 세상의 여자에게 얼마나 힘이 되는지 몰라.

너희도 당당하게 씩씩함을 보여주는 여자가 돼. 너희의 다정함은 어차피 드러날 거야. 드러내지 않아도 다정하다고 생각해 줄 거야. 대신에 다정함을 보여주는 남자를 칭찬해 주고, 박수를 쳐주자고. 기꺼이 사회적 언니가 되고 씩씩한 언니가 되어 봐. 씩씩하고 싹싹한 사회적 언니, 그게 요즘의 걸크러시 아니겠어?

설마 '오빠'라는 호칭은 없어졌겠지?

『오빠가 돌아왔다』(김영하, 2004)라는 소설이 있어. 제목만 들어도 뭔가 심상찮지? 무슨 일이 벌어질지에 대한 상상은 아마도 세대마다 조금씩 다를 거야. 이 소설의 영어판에 집 안에 늑대가 돌아다니는 삽화가 들어간 걸 보니 영어문화권에서도 '오빠'는 심상찮은 사건을 상상하게 만드는 모양이야.

살다 보면 싫어하는 호칭이 생기지만, 그중에서도 '오빠'라는 호칭은 정말 질색이야. 물론 가족 내에서의 오빠가 아니라 피가 섞이지 않은 남녀 간에 불리는 오빠라는 말에 대한 것이지. 문제는 너무도 흔히 쓰인다는 거야. 아니 어쩌다 이렇게 됐니? 내가 싫어한다고 그 호칭이 사라지진 않겠지만, 아닌 건 아니라고 확실히 얘기하고 싶어.

우리 문화에서는 가족 관계에서 쓰이는 호칭을 사회관계에서 자주 쓰는 경향이 있지. 이모, 삼촌 등 심지어 어머님, 아버님까지 등장했지. 바람직하지 않은 현상이야. 차라리 아주머니, 아저씨는 삼인칭이니 이해할 만한데 가족 관계 호칭을 쓰는 건 우리 사회가 그만큼 친밀성을 강조하는 문화이기 때문일까? 재빨리 관계를 형성하자는 동기 때문일까? 그렇게 친밀한 관계를 형성해서 뭐 하자는 것일까?

집안일을 도와주거나 아이를 봐주거나 식당에서 서비스하는 여자들에게 '이모님'이라 부르는 현상이 못마땅하던 차에, 하루서너 시간씩 다니를 봐주러 오던 아주머니가 처음부터 호칭을 딱 '선생님'이라 불러달라고 해서 아주 마음이 흔쾌했어. 생면부지의 남에게 선생님이라 부르는 게 좋지 않아? 더구나 우리 손녀를 돌봐줄 역할인데 말이지.

너희 시대에는 부디 '오빠'라는 호칭을 안 쓰게 되면 좋겠다. 우리가 쓰는 언어는 우리 의식에 지대한 영향을 주거든. 언어는 의식을 지배해. 매일매일, 습관적으로 쓰는 것이니까. 아니 왜 학교 선후배 사이에 오빠라고 부르는 거야? 아니 왜 동료 관계, 지인 관계에서 오빠라는 말이 서슴없이 나오는 거야? 아니 왜 연인 사이에 오빠라는 말을 쓰는 거야? 아니 왜 부부 사이에 오빠라는 말을 쓰는 거야?

내가 왜 이리 싫어하느냐? 첫째, 그 위계 개념이 싫어. 나는 오빠라는 말에 들어 있는 연상남-연하녀 전제가 별로야. 아니 그럼 연하남-연상녀 커플은 뭐라 불러야 해? 왜 위아래를 규정해야 해? 둘째, 그 '후원자' 전제가 너무 싫어. 오빠라는 말에 잠재해 있는 보호와 후원의 개념이 아주 별로야. 왜 여자는 오빠라는 존재의 보호가 필요한 거야? 왜 여자는 남자의 보호와 후원을 기대하는 존재라 여기는 거야? 비대등적 호칭이 아닐 수 없어.

그리고 셋째, 오빠라는 말에 숨어 있는 은근한 이성 관계 암시가 무척 싫어. 남자들이 '오빠~!'라 불리고 싶어 하는 현상을 꼬집은 영화가 있지. 불멸의 고전이 된 「타짜」(최동훈 감독, 2006)에서, 도박판의 호구로 등장하는 지역 토호 사장이 꽃뱀 정 마담(김혜수 분)의 꼬임을 받아 기대에 부풀어서 하는 말, "오빠라고 불러~!" 세속적인 사장 아저씨의 낭만 법이라니, 그 심리를 귀신같이 이용하는 정 마담의 유혹이 아주 그럴싸하지. 아직 유효한 남성적 매력을 확인하고 싶고, 이성 관계에 대한 기대에 잔뜩 부풀어서, 금전의 힘을 과시하려는 중년 남자의 애달폰 천박성이 '오빠'라는 말에 녹아드는 거야.

내 대학 시절에는 '형'이란 말이 유행이었어. 오빠라는 말은 절대 쓰지 않았지. 바야흐로 남녀평등이 일상적 코드로 등장하면서 일종의 '중성화 전략'이 대세였던 거지. 그때 나는 서울공대에 칠 년 만에 들어온 여학생으로 연극반의 여주인공으로 포섭되었어. "서울공대에 들어온 역사적 사명은 연극반에 드는 거다!"라나? 여하튼 연극반장 선배의 위협 섞인 설득에 '내 생전 언제 무대에 서보랴?' 생각이 들어서 연극반에서 흥미로운 대학 1년을 보냈지. 〈열 개의 인디언 인형〉과 〈자랑스러운 클레이튼〉이라는 무대에 서서 발성법과 연기도 배우고, 특히 무대공포증을 이겨내는 법을 배웠어. 돌아보니 그때 경험이 이후 무대에 서는 훈련이었더라. 연설이든, 대중 강연이든, 대학 강의든, TV에 나가든 다 일종의 무대잖아. 많은 사람 앞에 나서는 훈련은 어릴 적부터 해보는 게 확실히 도움이 돼.

돌아보면, 대학 시절에 그렇게 '형'으로 통일해서 부르던 것은 일종의 '남성화 문화'였어. 몇 달씩 합숙하다시피 연습하는 와중에 '형'이라는 호칭이 난무하는데, 누구도 나에겐 '형'이라 부르지 않더군. 속으론 쓸쓸했지. 남자를 부르는 호칭은 그렇게 잘도 만드는데, 여자를 부르는 호칭은 마땅한 게 그리 없나?

일반적으로 여자를 부르는 호칭엔 언제나 약간의 비하와 폄

하가 녹아 있기 쉬워. '아줌마, 아가씨, 언니, 이모, 아줌마' 등. 그나마 '아주머니, 할머니, 어머니'는 조금 나은 편이지. 이런 호칭이 쓰이는 건 집에서의 권력관계가 사회로 비집고 나오는 현상이지. 편하고, 일 시키고, 봉사를 기대하는 심리가 은근히 작용하는 거야. 남자가 '아저씨, 할아버지, 아버님'이라고 불릴 때 은근히 불쾌하다고 하지만, 여자가 느끼는 불쾌함과는 비교도 안 될 거야.

그래서 남자들은 '오빠'라는 호칭을 그렇게 좋아하는 모양이지? 젊게 느껴지면서도 자기 위치가 높고 은근히 힘이 있음을 인정받는다고 여기는 심리 때문일 거야. 그런데도 여자는 왜 자기보다 나이 많은 남자를 무조건 오빠라 부르는 거지? 관습적으로 그렇게 부른다면 한번 생각해 보기를 바라. 오빠라 부를 때 은근히 보호를 기대하고 배려를 원하는 심리가 있는 건 아닌지? 문제가 생기면 해결해 줄 존재로 여기는 건 아닌지? 왜 오빠로 불리는 그 남자들은 오빠라 부르는 여자에게 반말을 쓰는지?

이런 생각이 부질없는 걱정이라 여기지 않기를 바라. 하지만 왜 사람을 이름 석 자로 부르지 못해? 공식 직책으로 부르면 상대의 태도가 어떻게 달라지는지 잘 관찰해 봐. 이름이나 직책을 모르면, '선생님' 또는 '님'을 붙여서 불러봐. 한동안 모든 남자에게는 '사장님', 모든 여자에게는 '사모님'이라 부르는 유행이 있었는데 장삿속으로 들리는 그런 호칭은 안 쓰더라도, '님' 자를 붙이면 서로 존중하는 분위기가 생기잖아. '기사님, 경비원님, 라이더님, 자봉(자원봉사자)님, 피디님, 작가님, 엔지니어님' 등으로 부르면 서로 기분이 좋아지지.

가족 관계에서의 오빠 호칭은 오케이, 다만 피가 다른 남녀 사이의 오빠 호칭은 너희 시대에서는 제발 사라지기를 바라. 우리 사회에서 공적 관계가 제대로 세워질 거야. 공적인 남녀 사이에 대등한 문화가 자리 잡을 거야. 호칭 하나에도 신경 써야 한다고? 물론이지. 인간은 지독히도 심리적인 존재니까.

진애 형님·진애 언니, 부캐·본캐?

내가 패널로 출연하던 〈매불쇼〉의 진행자, 최욱은 방송 중에 나를 형님이라고 부르곤 했어. 씩씩한 캐릭터를 포착한 거지. "형님~!" "형님~!" 하고 부르는 게 어찌나 자연스럽던지 나도 자연스럽게 받아들일 정도였지. 그래서 내 별명에 '진애 형님'이 또 하나 생겼어. 남녀 가리지 않고 길에서 만나는 팬들이 "진애 형님~!" 하고 다가오는 게 너무 웃겨.

당연히 여자들이 진애 언니라고 부르지만, 가끔 진애 언니라 부르는 남자들이 있어서 나를 기분 좋게 해 줘. 내가 '누나, 누님'이라는 말을 별로 안 좋아한다고 하면 '그럼, 진애 언니!' 하고 서슴없이 부르는 남자들이 있어서 세상은 그나마 살 만해.

별명 부자가 되는 건 재미있는 일이야. 별명이란 일종의 '부캐(부캐릭터)'지. 그 사람의 본캐릭터(본캐)를 강화해 줄 수도 있고 또는 의외의 다른 캐릭터로 넓혀 줄 수도 있어. 내 별명 중 '김진애너지'는 열정적인 나의 본캐를 포착한 별명이고(대학 동기가 아주 오래전에 붙여줬는데 마음에 들어서 잘 썼지), '김진애에어컨'은 몇 년 전 나의 국회 법사위 활동을 본 사람들이 시원하다고 붙여준 별명인데, 부캐라기보다는 그동안 상대적으로 덜 알려졌던 본캐를 강화해 주는 별명인 것 같아. 시원시원한 것 역시 나의 캐릭터니까.

그런데 '진애 형님'은 의외의 별명이야. 캐릭터에 대한 통찰력 뛰어난 최욱이 간파한 나의 본캐일까 아니면 부캐일까? 본캐라면, 나는 워낙 태생이 '씩씩한 형님'일까? 부캐라면, 훈련으로 만들어진 '씩씩한 형님'일까? 새삼스럽게 어학사전에서 '씩씩하다'를 찾아보니 '굳세다, 힘차다, 기운차다, 늠름하다, 위엄스럽다' 같은 표현이 나와. 괜찮은데? 나는 씩씩하다의 어감과 발음이 좋아. 씩씩하다라는 말을 입 밖에 내면 괜히 더 씩씩해지는 것 같지 않아?

'진애 형님'이 부캐라면, 나의 본캐는 '진애 언니'일까? 아니면 진애 형님이 본캐이고, 부캐가 진애 언니일까? 씩씩함이 형님의 속성이라면, 나는 언제나 씩씩하려고 노력했던 편이지. 싹싹함이 언니의 속성이라면, 나는 대체로 싹싹함을 감추려고 노력했는데 통했던 건지도 몰라. 그리고 이제는 주위에서 나의 싹싹함을 느낄 정도로 내가 감추지 않는 건지도 몰라. 사실 우리는 씩씩함도 싹싹함도 감추지 않고 자연스럽게 드러내며 살 수 있어야 하는데, 아주 좋게 해석하자면, 이제쯤 되어서야 내가 자연스러워진 건지도 몰라.

우리는 서로에게 싹싹한 언니 역할도 씩씩한 형님 역할도 해 줄 수 있지. 우리 안에는 수많은 우리가 있을 수 있잖아. 경직된 사회에서라면 하나의 캐릭터만 보여주려 하겠지만, 지금의 사회는 자유롭고 열려 있고 다양하고 복합적인 관계를 맺을 수 있는 분위기가 됐잖아. '언니'란 말이 전통적으로 '형'이라는 뜻으로 썼다는 것도 새삼 그 의미가 다가와. 여자 남자가 모두 언니도, 형님도 될 수 있다는 게 얼마나 좋아?

살아가면서 본캐와 부캐를 잘 활용해 봐. 인간관계가 재미있고 또 의미 있게 넓어지고 깊어질 거야. 사람들이 잘 모르는 너 또는 너 자신도 잘 모르는 너의 본질이 별명에 담겨 있을 수 있지. 별명은 우리의 태생적 본질적 자아를 포착할 수도 있고 훈련된 자아를 포착할 수도 있어. 태생적 자아와 훈련된 자아 사이에서 우리는 다양한 방식으로 성장하는 걸 거야. 너희 인생에서도 다양한 별명을 얻으면서 본캐를 강하게 만들고, 다양한 부캐를 드러내며 흥미로운 삶을 만들기를 바라.

고해성사: 너를 알아줄 사람은 의외로 다른 성일지도 몰라

가톨릭교에서 내가 흔쾌해하는 의식이 고해성사야. 신의 대리인인 신부에게 지은 죄를 고백하고 사함을 받는 의식을 정기적으로 하는 거지. 사람은 누구나 유혹에 흔들리고 크고 작은 죄를 지을 뿐 아니라 마음으로도 죄를 저지를 수 있다는 전제는 삶의 푯대가 되고, 고해성사는 일정 부분 죄악을 예방하는 효과가 있겠지. 고해성사하면 죄가 사해지니 벌을 면한다는 오해가 있는데, 그건 아니야. 죄에 대한 용서를 받아도 속죄는 꼭 해야 해. 신이 베푸는 용서와 속세에서의 속죄, 다른 말로 하면, 절대적 용서와 인간적 속죄란 엄연히 다른 거지.

나는 고해성사의 의미를 재해석해서 쓰곤 해. 내심을 밝히고 용서와 축하와 격려를 받는 의식을 하는 방식이야. 불혹의 사십대에 접어들면서 했던 'Turn 40 Party'가 그거야. 무슨 큰 행사가 아니라 몇몇 지인들이 모여서 이야기꽃을 피우며 예방주사도 맞고 축하 세례도 받는 파티야. 더 많은 유혹에 흔들릴 불혹의 사십 대를 잘 보내라는 의미지. 내 파티 이후에는 사십 대로 들어서는 후배들을 위한 파티를 해줬어. 콘셉트가 색달라서 그런지 파티의 주인공들은 자신을 돌아보고 꿈을 털어놓는 분위기가 돼. 자신의 한계와 가능성을 탐색해 보는 거지. 무기력해졌던 자신을 북돋우고, 구상했던 시나리오를 확인해 보고, 새로운 아이디어를 얻는 일이 벌어지는 게 아주 흥미롭지. 나는 이 파티에 고해성사라는 이름을 붙였어.

일상에서의 고해성사 역시 때때로 필요해. 종교적인 이유가 아니라 세속적인 이유에서지. 솔직하게 자신을 털어놓으면서 새로운 자극을 받는 거야. 조언받는 이상으로 자신의 이야기를 하는 과정에서 번득 깨달음이 오기도 하지. 이때 다른 사람의 존재 이유는 네 가지야. '첫째, 들어주는 존재, 둘째, 묻는 존재, 셋째, 의문하는 존재, 넷째, 믿어주는 존재'야. 우리 모두에게는 이렇게 들어주고, 물어주고, 의문하고, 믿어주는 다른 존재가 때때로 필요해.

일상의 고해성사 대상으로는 대개 동성을 택하는 경우가 많지. 여자의 경우에는 엄마, 언니, 여동생, 동성 친구, 선후배, 선생님, 멘토, 딸 등, 남자의 경우에는 아빠, 형, 남동생, 동성 친구, 선후배, 선생님, 멘토, 아들 등이 되겠지. 연애 고민이든, 섹스 고민이든, 친구 고민이든, 커리어 고민이든, 투자 고민이든, 결혼과 이혼 고민이든, 건강 고민이든 인생의 걱정거리에 대해서 비슷한 입장에서 비슷한 성격의 문제에 부딪히는 경우가 많으니 편하게 속을 털고 유효한 조언을 얻을 수 있다는 기대 때문이겠지. 동성이 아니면 이해하기 어려운 사정이라 그럴 수도 있고, 이성에게 털어놓기에는 자존심 상한다는 생각 때문일 수도 있어.

그런데 가끔은 고해성사의 대상으로 이성의 사람을 선택해 봐. 아주 색달라. 같은 성이 아니면 이해하기 어렵다고 생각하던 문제도 이성의 사람이 더 잘 이해할 수도 있어. 동성의 사람이 생각하지 못했던 색다른 시각을 제시하기도 해. 인간관계든, 사회관계든, 권력관계든 남자와 여자가 인지하는 상황이 다를 수 있는데 그 차이를 분별하는 기회가 될 수도 있어. 경험이 다르고 시각이 달라서 오히려 균형적인 판단을 할 수도 있어. 그런 순간에 우리는 '아하!' 하게 되지.

그래서 우리는 여친, 남친만이 아니라 여자 사람 친구, 남자 사람 친구가 필요한 거야. 연정과 스킨십과 섹스로 통하는 이성관계만이 아니라 사람으로서 대등하게 인생과 사회의 많은 관계를 공유하는 사람 친구가 자연스러워지지. '남녀가 친구가 될 수 있는가?'라는 촌스러운 질문은 이제 대세가 될 수 없는 사회야. 남녀가 사람 친구가 될 수도, 연인이 될 수도 있는 거 아니야? 연인이었다가 사람 친구가 되면 왜 안 돼? 이혼한 후에도 좋은 사람 친구로 남는 경우가 얼마나 많은데?

부부가 최고의 친구, 최고의 인생 파트너가 될 수 있는 것도 같은 이유지. 부부만큼 많은 고민을 공유하는 사람도 없고 서로의 문제를 잘 아는 사람도 없잖아. 한배를 타고 있으니 동지 의식이 작동하지. 타이밍과 리듬을 잘 선택하면 서로에게 좋은 고해성사의 대상이 될 수 있는 게 인생 파트너지. 물론 너무 가까운 관계라는 건 때로 장애가 돼. 공유하는 이해관계가 있으니 완전히 마음을 비우고 상대편 입장이 되기도 쉽지 않아. 부부 사이에 오히려 장벽이 있거나 비밀을 감추는 경우도 생기는 건, 그만큼 서로 엉켜 있는 인연 때문일 거야.

그래서 때로는 전혀 모르는 사람이 아주 좋은 고해성사의 대상이 될 수 있어. 다시는 만나지 않을 사람, 앞으로도 모르는 척 지나칠 수 있는 사람, 특정 관계가 없이 인간 대 인간으로 만나는 사람이라면 오히려 부담 없이 속을 털어놓을 수 있지. 물론 고해성사의 대상이 되려면 입이 무거울 거라는 신뢰가 있어야 해. 내 이야기를 쓸데없이 옮기지 않을 것, 흥밋거리로 소비하지 않을 것에 대한 믿음이 있어야 속을 털어놓을 수 있겠지. 신부에게 왜 '고해성사 내용을 발설하지 않을 의무'를 정해놨는지, 심리 상담의나 정신분석의에게 왜 '상담 내용에 대한 비밀 준수 의무'를 정해놨는지 알 수 있지. 서로의 신뢰를 높이는 장치이지.

나에겐 그렇게 믿을 만한 사람이 없다고 고독감을 호소하는 사람이 꽤 많지. 그럴 때는 왜 고해성사를 할 대상이 없느냐고 하소연하기보다 왜 다른 사람이 나를 고해성사의 대상으로 여기지 않을까 하는 의문을 가져봐야 할 거야. 내가 그리 가깝게 느껴지지 않는 걸까, 내 조언이 필요하다고 여기지 않을 정도로 내 존재감이 별로인 걸까, 나를 믿지 못하는 걸까, 내가 비밀을 지키지 못할 사람, 입소문을 낼 사람으로 인식되는 걸까 등, 내가 신뢰할 만한 사람으로 인식되느냐에 대해서 의문을 가져봐야 해. 인간관계란 언제나 쌍방향이니까.

고해성사의 대상이 된다는 것은 인간관계에서 아주 영예로운 일이지. 인간이 인간에게 해줄 수 있는 최선의 봉사이기도 해. 동

성 사이에서만 일어날 필요도 없고, 잘 아는 사람 사이에서만 가
능한 것도 아닐 거야. 외롭고 불안하고 걱정거리 많은 삶 속에서
고해성사라는 장치를 통해서, 과잉된 자의식을 털어버리고, 떨
어진 사기를 올리고, 때로는 불안 자체의 실체를 구체적으로 파
악하고, 때로는 깨달음을 찾고, 때로는 묘수까지도 얻어 보자고.

다양한 모자를 쓰고 같이 노는 힘

'wear many hats(많은 모자를 쓰다)'란 영어 표현을 처음 들었을
때 무슨 뜻인지 못 알아들었지. 알고 보니 다양한 역할을 한다는
재미있는 표현이었어. 모자를 꼭 쓰던 시대에 모자로 직업과 신
분, 하물며 세대까지도 구분하던 관습에서 나온 표현이야. 신사
로, 목수로, 석공으로, 제빵사로, 재봉사로, 카우보이로, 소녀로,
처녀로, 엄마로, 왕비로, 왕으로, 시녀로, 시종으로, 법관으로, 목
사로, 교황으로, 신부로, 신랑으로 등, 가지각색 색깔과 다채로운
모양으로 역할을 구분하는 거야. 그러니까 여러 모자를 쓴다는
말은 여러 역할을 한다는 뜻이야.

다양한 모자를 쓴다는 것은 다재다능하다는 의미도 있지만,
멀티플레이어 역할을 하는 고달픈 처지를 뜻할 때도 있고, 오지
랖과 품이 넓은 사람을 의미하기도 하지. 그만큼 역지사지하는
능력이 있음을 뜻하기도 해. 여러 역할을 하다 보면 자연스럽게

품이 넓어지고 역지사지하는 능력이 키워지지.

내가 수십 년째 만나는 친구 모임을 나는 '디어 걸즈Dear Girls'라는 이름으로 불러. 각기 제 맘대로 이름을 붙여서 자기 클럽으로 자랑하는 것이 재미있어. 여러 세대에 걸쳐 있을 뿐 아니라 종종 친구들, 후배들, 자식과 손주들, 인생 파트너들이 섞이며 새 피가 수혈되어 흥미로워지지. 우리는 서로에게 다양한 역할을 해줘. 친구 역할은 기본이고, 언니 역할, 형님 역할, 엄마 역할도 해주고, 선생 역할, 선후배 역할도 해주지. 때로는 갓마더 역할도 있고 멘토 역할도 있고 심리치료사 역할도 하지. 요리사가 되어주고, 재봉사가 되어주고 때로는 청중도 되어주지. 이 중 몇몇은 여행 친구가 되어 있을 테고, 등산 친구도 있을 테고, 걷기 친구도 있을 거야. 사업 파트너와 공동 투자자도 나왔을 거야. 프라이버시를 지켜주면서 같이 노는 게 디어 걸즈 모임의 취지이니, 이 속에서 어떤 비밀 이야기가 태어났는지 모르지.

'디어 걸즈' 모임에서 우리는 자연스럽게 다양한 모자를 쓰는 힘을 키우고, 같이 노는 힘과 이야기 나누는 힘을 키워. 여러 역할을 맡아보면서, 서로 배우고 선생과 제자 역할을 해주기도 해. 피가 섞이지 않았기에 의무감이 없다는 것이 이 모임을 오래 가게 하는 비결일 거야. 이야기할 수 있고 또 잘 들어주는 게 이 모임의 힘일지도 몰라. 평소 속에 꽁꽁 쌓아놓는 이야기를 풀어놓을 수 있으니까. 이야기를 나누는 힘이야말로 최고의 놀이잖아. 놀이야말로 사람이 사람과 나눌 수 있는 최고의 재미지.

가족의 숫자가 줄어드는 너희 세대에는 다양한 역할을 해줄 사람을 사회에서 찾아야 할 거야. 사회적 언니, 사회적 형님, 학교 밖 선생님, 학교 밖 제자, 직장 밖 선배, 직장 밖 후배, 사회적 딸, 사회적 아들, 갓마더(대모), 갓파더(대부)? 너희도 그렇게 다양한 모자를 쓰면서 다양한 역할을 하게 되겠지. 그 과정을 즐거운 놀이로 만들어. 같이 놀기란 사람과 사람이 나눌 수 있는 최고의 즐거움이지. 이야기를 들어주는 힘, 이야기하는 힘이란 인간이 가질 수 있는 최고의 힘, 즉 같이 노는 힘이지. 같이 놀기야말로 사람이 사람에게 서로 해줄 수 있는 최고의 서비스지. 이야기하고 이야기를 들으며 같이 노는 힘, 우리가 지향해야 할 최고의 힘이야.

우리는 여러 종류의 이야기를 나눌 상대가 필요해. 말이 오가지 않아도 통하는 듯한 분위기를 나누는 상대, 즐거움의 탄성과 불만의 한탄을 시시콜콜 나누는 상대, 모르는 걸 물어봐도 무안하지 않고 듣는 즐거움마저 느낄 수 있는 상대, 평소 전혀 꺼내지 않는 주제를 갑자기 꺼내 무언가 이야기를 나눌 수 있는 상대, 갑자기 연락해서 털어놓을 수 있는 상대 등. 한 사람일 수는 없지. 한 사람에게 모든 걸 다 기대하면 될 것도 안 돼. 그런가 하면 한 사람이 여러 상황에서 여러 역할을 할 수도 있지. 우리는 각기 노는 법, 이야기하는 법이 달라. 좋아하는 것, 싫어하는 것도 달라. 서로 다른 걸 인정하고, 이상하다고 생각하면서도, 같이 이야기하며 놀 수 있을 때, 그 순간만큼은 서로에게 최고의 사람이 되어

주는 거지.

입이 잘 안 열려? 입을 안 열고 싶어? 듣고 싶지도 않아? 그럴 때 제일 좋은 건, 같이 뭔가 하는 거야. 입으로 하는 게 아니라 몸으로 하는 걸 같이 해봐. 같이 요리하고, 같이 땅을 일구고, 같이 청소하고, 같이 운동하고, 같이 걷고, 같이 먹고, 같이 마시고, 같이 일하다 보면, 꼭 말이 오가지 않아도 이야기가 오가는 느낌이 들거든.

때로는 역할 플레이를 해봐. 우리는 살면서 수많은 역할과 이름이 필요해. 내 안엔 너무 많은 내가 있지. 자아분열증이 아니더라도 우리 안에는 수많은 정체가 있어. 우리가 쓰는 '가면(성격을 나타내는 페르소나)'뿐 아니라 '모자(역할을 표현하는 대표적 차림새)'도 무척 많지. 본캐가 하나라면 부캐가 여럿 된다고 생각해도 되겠지. 본캐도 끊임없이 변화하고 진화하는데, 부캐는 또 얼마나 다양해질 수 있겠어? 우리의 캐릭터를 다양하게 시도하며 그것을 이야기로 만들고 나누면서 각자 인생의 주인공으로 살자고.

10장 분노와 눈물

가슴이 뜨거운 사람으로 살자

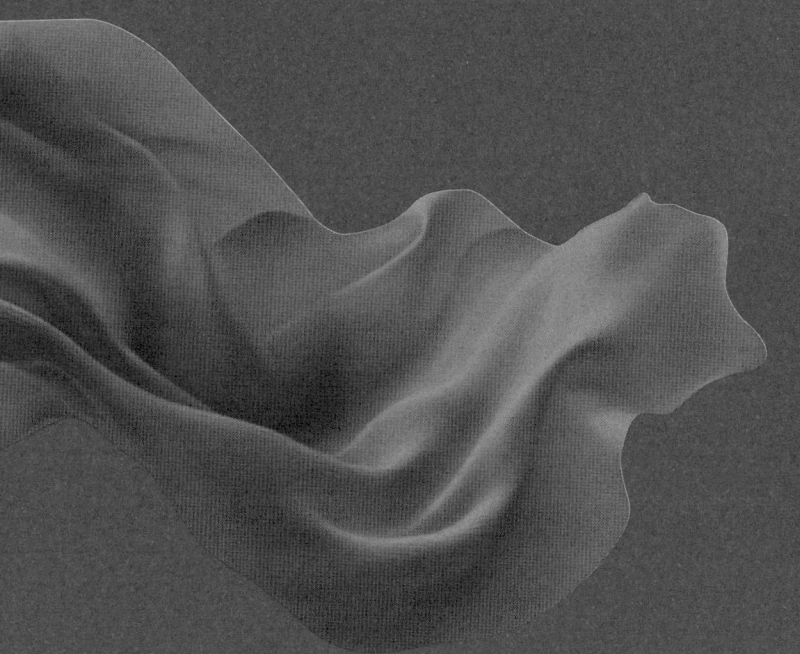

너의 슬픔을 우리와 나눌 때 우리는 더 커지고,
그렇게 슬픔은 새로운 탄생의 시작이 될 수 있는 거야!

(다니와 여름이 이야기)

눈물을 흘려야 보이는 것들

두 살 다니에게 처음으로 오페라 아리아를 들려줬다. 마리아 칼라스의 그 유명한 〈카스타 디바〉. 절정으로 치닫는 감정의 폭풍, 간절함이 절박함으로, 숭고함이 세속적인 갈구로, 사랑이 돌아오기를 바라는 염원이 담긴 이 노래 한 곡으로 마리아 칼라스는 인류의 위대한 유산이 되었다. 아리아를 듣던 다니의 표정이 비장해졌다. 눈망울이 촉촉해진다.

소녀로 자란 여름이는 수의사 엄마를 좇아서 유기견 센터에서 봉사를 시작했다. 산책하기, 목욕하기, 청소하기 등. 서울에 오면 임당, 도돌이를 산책시켰는데, 무던한 도돌이는 그 서툰 솜씨를 참고 묵묵히 따라가는데, 영리한 임당이는 서툰 솜씨 싫다고 도망치듯 마구 달려가 차 앞에 가서 기다리기에 우리는 배꼽을 잡았다. 이제 강아지 산책 명수가 된 여름이가 자기 반려견을 키우면서 얼마나 많은 웃음과 눈물을 오갈까?

인생의 어두움, 좌절, 상실, 분노, 슬픔을 마주칠 다니와 여름이. 누구도 그 아픔을 대신해 줄 수 없다. 웃음은 주변에 쉽게 전염되지만, 눈물은 혼자 흘리게 될 수도 있다. 수없이 많은 순간에 눈물을 흘리게 될 게다. 울 때는 왕왕 울고, 혼자 울지만 말고 같이 눈물을 흘리고, 그리고 그 눈물의 의미를 새기자. 가슴이 뜨거워지도록.

모든 건 사적이고 동시에 공적이야!

"나라 뺏긴 게 제일 힘들더라!" 엄마가 이 말을 했을 때 나는 엄마를 완전히 다시 보게 됐어. '엄마 인생에서 가장 힘든 게 뭐였어?' 하고 물었더니 했던 대답이었어. 깜짝 놀랐지. 엄마는 사회나 나랏일에는 전혀 관심 없어 보였거든. 매일매일 바지런하게 남편 뒷바라지에 일곱 아이를 챙기고, 수많은 친척이 얽힌 집안 대소사를 두루 살피는 일에 온통 빠져 사는 듯이 보였지. 뉴스나 사건을 거론하는 일도 별로 없어서 엄마는 사적 세계에서만 사는 게 아닌가 생각했는데, 내 편견이었어.

어떻게 그렇기만 했겠어? 일제강점기를 겪었고, 한국전쟁을 겪었고, 4·19혁명과 5·16군사정변을 겪었고, 5·18광주민주화운동과 1987년 서울의 봄을 겪었잖아. 오일쇼크에 아버지 사업이 휘청거렸었고, IMF 외환위기 땐 예금이 다 묶여서 내가 생활비를 융통해 드렸던 적도 있었지. 엄마는 시사를 분석하려 들진 않았지만, 역사적 사건의 영향을 인생 고비마다 고스란히 맞았던 거야. 일제강점기에 혼인하고 이 도시 저 도시 전전하며 생활을 꾸리던 시절에 남편이 징용으로 끌려갔다 겨우 살아 돌아왔던 때가 가장 마음이 힘들었나 봐. 나라를 찾은 뒤에도 온갖 고생을 했지만, 가족이 똘똘 뭉쳐 사는 게 너무 좋았대. 한국전쟁 후에 상경해서 창신동 산꼭대기 달동네에 살며 갖은 고생을 할 때도 낮에 그릇 팔아 모은 돈을 요강에 담아 머리맡에 두고 자면서 꿈에서도 행복해했대. 그런 엄마 옆에서 두 살 내가 달동네 계단을 오르내리며 그저 신나게 놀더래.

진주에 사시던 시어머님을 뵈러 가는 길에 시아버님 묘소가 있던 산청에 성묘하러 들렀던 적이 있어. 장마가 지난 산길에 풀이 우거져서 산소를 찾지 못해서 마치 귀신에 홀린 듯 기이한 경험을 하던 바로 그 시각에 김대중 대통령의 서거 뉴스를 들었어. 나는 풀숲에 주저앉았지. 그 몇 달 전 노무현 대통령이 서거했을 때 "내 몸의 반쪽이 무너져 내린 것 같다"라며 통곡하시더니 결국 그 충격을 견디지 못하셨구나! 한참을 풀숲에 앉아 있다가 일어서는데 진주에 가기 싫어지는 거야. 왜? 시어머님이 또 어떤 말로 나를 상처 줄지 몰라서 무서워졌던 거야. 마음을 추스르고 다시 진주로 향했지.

"대통령은 김대중이 제일 잘 했다~!" 그날 저녁에 시어머님은 이 말로 나를 놀라게 만드셨어. 시부모님과 우리 커플 사이에 여러 충돌 거리가 있었지만, 그중에서도 다짜고짜 '빨갱이'라는 한마디로 김대중을 폄훼할 때마다 나와 남편은 크게 상처받았거든. 그 어떤 것으로도 깨트리지 못하는 거대한 벽에 머리를 짓찧는 기분이었지. 보수성이 강한 진주 지역의 영향 때문이라며 남편은 이 주제에 일절 대응하지 말자고 했지만 그게 어디 마음대로 돼? 그런데 놀랍게도, 그날 저녁에 시어머님은 김대중 대통령의 서거를 화제 삼으며 왜 그를 인정하게 됐는지 조목조목 얘기하셨어. 외환위기를 이겨낸 것 하며, 남북 평화 외교를 통해서 개성 출신인 어머님께 이산가족을 만나리라는 희망을 준 것까지, 어머님의 개인사와 연결하여 얘기하셨지. 나는 오랜 반목에서 벗어나서 시어머님과 화해하는 것 같았어.

특별한 사건이 일어나지 않는 듯한 사적 세계에서도 공적 세계의 사건들은 강력하게 때로는 미묘하게 파도를 몰고 와. 모든 건 사적이자 동시에 공적이며, 모든 게 공적이고 동시에 사적이 되는 거지. 수많은 문학과 영화에서 역사적 사건, 국가적 사건, 사회적 사건들 와중에 파괴되고 희생되고 사투를 벌이거나 도피하는 과정에서 고민하고 선택하고 행동하는 사적 세계의 인간들이 그려지곤 하지.

『참을 수 없는 존재의 가벼움』(밀란 쿤데라, 1984)은 네 남녀의 사적 세계에서의 선택과 1968년 프라하 혁명의 폭풍을 몰고 온 소련 침공이라는 거대한 사건을 그리는데, 이 소설이 일상 남녀의 사랑과 일의 선택에 대한 고뇌를 그리는 건지, 엄청난 역사적 사건이 몰고 온 사회적 파고를 그리는 건지 잘 모르겠는 거야. 이 소설이 영화로 각색되었을 때는 「프라하의 봄」(필립 카우프만 감독, 1989)이라는 제목으로 개봉됐는데, '프라하의 봄'이란 말 자체가 주는 역사적 함의란 굉장하거든. 하지만 소설 자체는 사랑의 다양한 방식을 선택하는 젊은 남녀의 가치관을 주목하는 것 같기도 하고, 엄혹한 시대적 상황에서 선택을 강요받을 수밖에 없는 운명을 그리는 것 같기도 하고, 그 모든 게 아무 의미 없다는 뜻인 것 같기도 하고, 그래서 한순간 한순간이 중요하다는 것 같기도 하고, 참 혼란스러워. 이 책의 제목은 참 여러 의미로 다가오지. 인간 존재의 가벼움이라니, 참을 수가 없어! 아니 그래서 우리는 무겁게 존재를 받아들여야 하는 건가, 아니 그럴 필요조차 없는 건가?

최근 영화 「이니셰린의 밴시」(마틴 맥도나 감독, 2023)는 사적 세계와 공적 세계의 미묘한 교차를 슬프고 황당하게, 운명적으로 그려. 아일랜드의 작은 섬의 폐쇄된 세계 안에서 무미건조한 삶을 꾸려가는 사람들 사이에 생기는 갈등. 그건 무엇을 의미하는 걸까? 친구와 맥주잔을 기울이며 시시덕거리는 다정한 일상에 만족하는 남자와 죽기 전에 바이올린 작품을 남기겠다는 진지한 소망으로 절교를 선택하는 동네 음악가가 벌이는 갈등은 섬뜩해. 이런 사건이 포탄 소리가 난무하는 아비규환이 되어버린 본토 내전의 영향이 아니라 할 수 있을까? '밴시'는 죽음을 예고하는 이니셰린 섬의 전설의 캐릭터래. 결국 밴시는 모두에게 다가온 것일까? 구원은 가능한 것일까? 무의미한 일상으로부터의 탈출은 가능할까? 우리를 엮은 운명으로부터의 탈출은 가능할까? 한 사람의 인생이란 어찌 이렇게 아무것도 아니고 또 전부일까?

우리의 인생이란 사적 세계와 공적 세계의 씨줄과 날줄이 때로는 정교하게 때로는 엉성하게 엮여서 만들어지는 직물과도 같아. 무슨 색깔이 될지, 어떤 문양이 될지, 바탕은 무엇이고 패턴은 어떤 것이 될지 모르는 것이지. 어디까지가 우리 각자의 의지에 의해서이고 어디까지가 시대의 운명 때문인지 모르기에 더 슬퍼.

만약 내가 엄마와 공적 세계에 대해 더 많은 대화를 나눴더라면, 만약 내가 시어머님과 좀 더 일찍 마음을 터놓고 공적 사안에 대해 더 많은 대화를 나눴더라면 우리 관계도 달라졌을까? 엄마는 자신의 일상에서 일어나는 일과 공적 세계에서 일어나는 사건의 상관관계에 대해서 더 생각하게 되었을까? 시어머님은 공적 세계의 메커니즘이 어떻게 삶에 영향을 끼치는지 더 관심을 가지게 되었을까? 그렇더라면 엄마와 시어머님의 삶은 어떻게 달라졌을까? 분노가 더 커졌을까, 더 기운차게 됐을까, 다른 무엇을 추구하게 됐을까, 더 포기하게 됐을까, 더 절망하게 됐을까? 모를 일이야.

하지만 이것 한 가지는 확실히 알지. 너희가 공적 세계에서 벌어지는 일에 관심을 가지고, 논의하고, 고민하면서 삶에 껴안는다면, 너희의 사적 세계는 훨씬 더 커질 거라는 것을. 나의 세대가 부모 세대보다 조금 더 나아졌고, 너희 엄마 아빠 세대가 나의 세대보다 좀 더 나아지고, 다니와 여름이 세대는 엄마 아빠 세대보다 훨씬 더 나아질 거라 믿지.

"It's not personal(개인적인 게 아녜요)." 영화에 자주 등장하는 대사지. 이 말을 들은 사람은 쏘아붙이지. "Of course, it is personal(개인적이고 말고요.)." 해고될 때, 살던 집에서 쫓겨날 때, 갑질을 당할 때, 부당하게 취급당할 때, 사회의 폭력에 속절

없이 당할 때, 그에 분노한 사람은 부르짖게 되지. 법 제도, 규정, 관습에 의한 것이니까 절대 사감이 들어 있지 않다고 하지만, 당하는 사람은 바로 나거든. 나의 세계가 무너져 버리는 거거든.

모든 공적 사안은 결국 사적 사안에 영향을 줘. 모든 개인적 사안에는 공적 의미가 담겨 있어. 물론 모든 사적 사안이 공적 사안이 되는 것은 아니야. 그것은 노력 여하에 따라 달라지지. 사적 사안이라고 무시했던 것들이 많은 사람이 문제로 삼고, 목소리를 내고, 이슈로 제기하면서 사회가 공유하는 사안이 되는 거야. 너희도 인생에서 의미 있는 움직임을 만들면서 너희의 사적 세계를 키우는 동시에 우리 모두의 공적 세계를 키울 것이라 믿어.

너의 분노 지점은 어디야?
너의 눈물 지점은 언제야?

누구에게나 고유한 분노 지점, 슬픔 지점이 있지. 나는 크게 화가 안 나는데 다른 사람은 엄청나게 화를 낼 때, '내가 뭘 잘못 알고 있나? 저 사람에겐 어떤 일이 벌어진 걸까?'라는 생각이 들지. 영화를 보며 나는 그냥 슬프다는 정도인데 다른 사람은 펑펑 울 때, '내가 어디 잘못됐나, 저 사람은 무슨 사연일까?' 하는 생각도 들지. 거꾸로 나는 엄청 화가 나는데 다른 사람은 평온하면, '내가 잘못됐나? 아니 뭐 이런 사람이 다 있어?' 생각이 들고, 나는 눈물을 펑펑 쏟는데 다른 사람이 무덤덤하면 '민망하네. 그런데 뭐 저런 피도 눈물도 없는 인간이 다 있어?'라는 생각이 들 수도 있어. 경험치 차이가 반응의 차이를 낳지.

각별한 분노 지점과 눈물 시점을 갖고 있다는 게 문제가 될까? 물론 아니야. 세상은 그걸 문제라고 하고 어릴 적부터 감추는 훈련을 하게 하지. 그게 좋기만 한 걸까? 물론 아니야. 지나친 감정 폭발을 다스리는 건 필요하지만 분노와 눈물을 지나치게 억누르는 건 오히려 문제를 키울 위험이 커져. 자신의 분노와 눈물 지점이 어디인지 알아야 그걸 스스로 다스리는 지혜도 생길 거잖아?

분노와 눈물은 엄청난 에너지원이 돼. 에너지를 뿜어내고 분투의 동력을 제공하며 성장을 자극하지. 세상을 변화시킨 탁월한 인간들은 분노와 눈물 지점이 남달랐을 거야. 자신의 분노와 눈물을 이기려는 노력만큼 사람을 성장시키는 것도 없거든. 왜 나는 분노하는가, 왜 나는 눈물을 흘리는가, 이 분노의 원인은 무엇인가, 문제를 개선할 수 있을까, 어떤 행동이 필요한가 등, 꼬리에 꼬리를 무는 의문을 풀려고 발버둥 치고 그 과정을 통해 훌쩍 자라는 거야.

천재의 반열에 오른 인물 중 많은 이가 동성애 성향이 있었던 것은 우연만은 아닐 거야. 종교적, 사회적 잣대로 동성애를 천형으로 여겨졌으니 얼마나 힘들었을까? 그걸 감추며 자신의 재능을 발휘하려는 노력을 더 열심히 했을 거야. 성적 지향이 그 사람의 잘못이야? 성적 취향은 선택의 문제가 아니라 본능의 문제임이 과학적으로 밝혀졌고 이제는 누구나 알고 있잖아? 그들은 억압적인 규범적 윤리가 사회를 지배했던 시절에 성적 지향을 숨기고 은밀히 행보하며 항상 전전긍긍하면서 자신의 가치를 입증할 그 무엇을 더 열심히 찾았겠지.

르네상스를 빛낸 미술가 미켈란젤로, 다빈치, 도나텔로가 그러했고, 건축가 가우디, 브루넬레스키(피렌체 두오모를 설계한 건축가)에 대해서도 성향이 유추되고, 음악가 중에선 차이코프스키의 처연한 비극이 있었고, 작가 오스카 와일드는 공공연한 동성애자로 풍기문란형까지 살았지. 나는 철학자 미셸 푸코를 신기하게 생각했는데, 그가 다루는 주제가 '광기, 성, 감옥, 처벌, 권력' 같이 정통 철학의 주제와 달라서 특이하게 여겼고 그의 통찰에 감탄했어. 나중에 푸코가 동성애자였음을 알고 심리적 폭압을 처절하게 경험한 사람이 추구하는 철학적 관점이 완전히 이해되더라. 생생한 사적 경험에서 우러나는 인식과 통찰이란 아주 특별할 거야.

위대한 업적을 이룬 사람 중에 낮은 계급 출신이 많았다는 건 결코 우연이 아닐 거야. 태어나면서부터 계급으로 차별받으면 어린 시절부터 얼마나 분노가 쌓일 거야? 얼마나 눈물로 밤낮을 지새울 거야? 이것은 네가 할 일이 아니고 저건 네 것이 될 수 없다며 원천적인 차별을 당할 때 얼마나 서러울 거야? 조선 시대의 계급 차별과 '서얼庶孼'은 전형적이지. 종의 자식으로 태어난 게 내 잘못이야? 첩의 자식으로 태어난 게 내 잘못이야? 중인 첩의 자식이면 서, 천민 첩의 자식이면 얼이라 불리며 끊임없이 자신의 처지를 의식해야 했을 때 얼마나 한이 쌓였겠어? 얼마나 많은 재능이 이 계급 구조에서 사장됐을까? 서얼 출신의 영조가 탕평책을 썼던 건 붕당정치를 타파하려는 목적이었겠으나 그 바탕엔 계급정치 타파도 있지 않았을까? 그 성과는 정조 시대에 꽃을 피웠지. 서얼 출신의 인재들이 규장각을 채우고 조선 후기 르네상스 시대를 여는 데 큰 역할을 했으니까.

아무리 서얼 계급이 소외감을 느꼈던들 평민과 천민 계급에 속했던 사람들의 울분보다 더했을까? 서얼도 하나의 특권 계급이었으니 어떡하든 양반과 왕족의 첩으로라도 딸을 디밀려는 시대였으니 말이야. 공부는커녕 까막눈으로 살아야 하는 신세라니, 허리 휘도록 일해도 미래가 없고, 땅 한 평 소유할 수 없었으니, 천민 계급 안에서도 백정이나 망나니(참수형을 집행하는 이)는 '불가촉천민'이라며 천대했으니, 인간은 자기보다 더 낮은 계급을 꼭 지정하고 싶은 건지 인간성이 혐오스럽다는 생각마저 들지.

낮은 계급으로 치부되었던 여성은 얼마나 속을 끓이고 살았을 거야? 장애인이 받는 차별은 감히 입 밖으로 내지도 못하던 시절이 있었지. 식민지의 시민이 품은 울화는 오죽했을 거야? 차별을 하다못해 식민지에 사는 자국 이주자까지도 차별했지. 프랑스 식민지였던 알제리의 이주자 가족이었던 작가 카뮈가 세상을 온통 부조리극으로 봤던 게 너무나 이해돼. 나라 간 갈등으로 변방의 경계인으로 사는 사람들이 겪는 갈등은 오죽해? 내전으로 갈라진 국민은 얼마나 끔찍한 시간을 보내겠어?

지금 사회에선 그런 일이 없을 거라고? 그럴 리가? 분노와 눈물을 자아내는 구조적 상황은 지금도 계속돼. 당장 주변을 돌아봐. 성차별, 계층 차별, 계급 차별, 특권층의 전횡, 성 소수자 차별, 이민자 차별, 다문화 차별, 장애인 차별, 지역 차별, 내전 갈등, 지역 갈등, 국지전, 권력자의 독재 등 수많은 종류의 폭력이 있지. 이런 사회에서 어떤 마음, 자세와 태도로 살아가야 할지, 선택은 힘들어. 강자 편에 붙겠다고? 만약 약자 편에 속한다면?

드라마 《미스터 선샤인》(김은숙 작가, 2018)은 분노와 눈물에 대한 수없는 명대사를 탄생시켰어. 계급사회에 대한 분노, 나라가 찢어발겨지고 강탈되는 분노, 전쟁의 학살과 희생, 외세의 약탈과 착취, 매국으로 호의호식하는 고위층에 대한 분노, 학대와 멸시에 대한 분노, 좌절하고 체념하는 슬픔, 고향을 떠나 도피하는 슬픔이 고스란히 담겨 있지. 그런 비극 속에서도 피어나는 사랑과 우정, 이름 없는 민중의 투쟁과 동지애 등이 그려진 명드라마야.

나는 애신의 이 대사가 너무 좋더라. 자기가 다른 양반들과 다를 줄 알았지만 그렇지 못했기에 자신이 품었던 대의 역시 모순이었다는 고백이야. "난 여직 가마 안에서 한 걸음도 나아가지 못한 호강에 겨운 양반 계집일 뿐이었소." 이렇게 절절한 자기반성이 있을까? 일제에 대항하는 투사로서 우국지사의 긍지로 가득해서 죽음까지 각오하며 불꽃처럼 살겠다고 하던 애신은 미국 장교 신분으로 고국에 돌아온 유진 초이가 자신이 종의 자식이었음을 고백하자 온 세상이 무너지는 충격을 받지. 유진이 당연히 양반이었으리라 여겼던 자신이 얼마나 위선적 인간임을 깨닫게 된 애신은 뼈아프게 고백해. 이 고백을 통해 애신은 하나의 인간으로 다시 태어나지. 공평한 인간, 아픔을 공유하는 인간, 계급적 허위의식을 벗어난 인간, 자신의 모자람을 스스로 인정하는 성찰적 인간으로 훌쩍 자란 거지.

사람은 그렇게 자기가 스스로 알을 깨야 자랄 수 있어. 누구에게나 알게 모르게 갇혀 있는 고정관념, 편견, 허위의식, 계급의식, 위선, 가식, 허영심, 자부심, 믿음, 가치관 등이 있지. 알, 성, 둥지, 고치 등 뭐라고 표현해도 좋아. 그 한계와 제약을 깨닫고 반성하고 스스로 성찰해야 그 안에서 나올 수 있어. 그래야 자신만의 분노와 슬픔이 아니라 더 큰 분노와 슬픔과 공감하는 지점이 생기는 거지. 자신의 분노 지점이 어딘지, 자신의 눈물 지점이 언제인지 파악하고, 그 이상으로 나아가 보자고.

분노하지 않는 자, 울지 않는 자

노무현 대통령이 남긴 명언이 무척 많은데, 그중에서 내가 아주 좋아하는 말은 주황색 손수건에 적힌 말이야. "사람이 되어야 합니다. 따뜻한 사람이 되어야 합니다. 나하고 가까운 우리에게만 따뜻한 사람이 아니라 넓은 우리에게 따뜻한 사람이어야 합니다. 따뜻한 사람은 불의에 대한 분노가 있는 사람이지요."

사람이 되어야 한다는 것엔 누구나 동의하겠지? 따뜻한 사람이 되어야 한다는 것에도 누구나 동의하겠지? 그런데 중요한 조건이 있어. 나하고 가까운 우리에게 따뜻한 건 누구나 할 수 있어. 가족, 친척, 친구, 애인, 고향 사람, 선후배, 동료 등, 연고 있는 사람을 따뜻하게 대하기란 쉽지. 하물며 그 잔혹한 히틀러도 가까운 사람에게는 자상하고 따뜻한 사람으로 기억된다니 말이야. 관건은 '넓은 우리'에게 따뜻한 사람이 되어야 한다는 거지. '넓은 우리'라는 건 바로 '공적公的'이 된다는 뜻이야. 사적 세계에서 공적 세계로 세계가 넓어지는 거지. '공공公共'이란 말이 '공평할 공(公)'과 '함께 공(共)'으로 이루어진 건 참 절묘하다는 생각이 들어. 함께 공평한 사회를 말하는 거야. 바로 넓은 우리가 되는 거지.

'넓은 우리에게 따뜻하다'는 뜻은 아주 쉽고도 어려워. '사람으로서 나의 권리는 너도 갖는다. 내가 아픈 건 너도 아플 거다. 그러니 우리 같이 조심하고 같이 아파한다. 내가 너의 권리를 존중하듯, 너도 나의 권리를 존중한다. 나의 책임을 다하듯 너의 책임을 다한다. 그렇게 함께 지키는 약속을 만든다. 우리 같이 쓰는 자원이니 같이 아끼고 보살피고 비용을 분담한다. 내가 많이 가지고 있다면, 넓은 우리를 위해서 좀 더 나눔을 부담한다. 내 생명이 귀하듯 우리 모두의 생명이 귀하다. 더 넓은 우리를 지키기 위해서 내가 담당해야 할 것은 무얼까?' 등.

원칙은 쉽지만, 실천은 무척 어려워. 왜? 이기심, 무책임, 탐욕, 회피, 시기, 다툼, 분쟁, 착취, 억압, 차별 등, 인간 사회의 악은 뿌리 깊기 때문이지. 왜 그렇게 많은 분쟁이 있겠어? 왜 그리 많은 다툼이 있겠어? 어떻게 그리 많은 범죄 종류가 있겠어? 사기, 횡령, 폭력, 권력남용, 주가조작, 학대, 절도, 살인, 내란, 전쟁 등. 그런 위협에서 나만 안전하면 되는 걸까? 내 가족만 안전하면 되는 걸까?

사적 분노는 누구나 가질 수 있고, 사적 눈물은 누구나 흘릴 수 있어. 사적 분노와 눈물이 개인의 성장에 긍정적 자극을 주는 건 분명하지만 사적 분노에 사로잡히다가는 자칫 자신을 망치고 사회에 해악을 끼칠 위험이 크지. 사적 슬픔에 사로잡혀서 세상을 등지고 자기 안으로 침잠할 수도 있고 복수심에 사로잡힐 수도 있지. 그래서 공적 훈련이 필요해. 세상에 나가는 거지. 남의 눈에 자신을 드러내고, 다른 사람들의 생각에 비추어 자기 생각을 평가해 보고, 다른 사람의 판단과 자신의 판단에 공명을 이루는 거야.

공적 훈련이 되어 있다는 뜻은, 구체적으로, 첫째, 공사를 구분하는 훈련이 되어 있다는 뜻이고, 둘째, 사적 분노의 원인을 개념화해서 그것이 자신만의 분노가 아니라 넓은 우리가 고통받는 분노임을 이해하는 훈련이 되어 있다는 뜻이고, 셋째, 다른 사람과 공유할 수 있는 공적 분노를 사회 이슈로 만들고 같이 풀어내는 훈련이 되어 있다는 뜻이야.

공적 훈련이 모자란 사람을 너무 많이 봐. 첫째 훈련이 안 되면 사적 분노를 공적으로 터뜨리는 분노조절 장애가 있는 사람이 되거나, 자신의 위치를 사적 분노를 터뜨리고 사적 이익을 실현하고 복수심을 해소하는 데 이용하는 사익적 인간이 될 위험이 있지. 공사 구분이 전혀 안 되는, 무척 위험한 인간이지. 둘째 훈련이 안 되면 공적 분노와 공적 슬픔 자체를 느끼지 못하는, 아주 위험한 반사회적 인간이 될 수 있어. 셋째 훈련이 안 되면 공인의 역할, 즉 소통하고 교류하며 문제를 풀어내는 역량이 모자라게 돼. 우리가 비판하는 공직자들이 대체로 이런 점에서 무능한 사람들이지.

그래서 공적 훈련이 필요해. 공적 마인드가 무엇인지, 더 넓은 우리를 위해 품어야 할 공적 분노를 어떻게 설정할지, 소통하기 위해 어떤 역량을 갖춰야 할지 고민해야 하지. 사적 세계에서 공적 세계로 넓히는 건 인간 성장에 아주 중요한 과제야. 공사를 구분하고, 공적 세계에서 일어나는 불의에 분노하고, 그로 인한 고통에 같이 눈물 흘릴 수 있게 되는 거지.

좋은 사회란 공적 세계의 불의에 대해 분노하는 자, 눈물을 흘리는 자에 대한 존경을 품을 수 있는 사회야. 그런 사람이 좋은 인간, 좋은 시민이라고 정의하는 사회지. 그런 좋은 사회에서는 세상의 불공평과 불평등과 불합리에 대한 분노가 쌓여서 지치고 울음을 터뜨리고 절망하다가 포기해 버리고 스러지는 일이 줄어들 거야. 그 절망을 깨고 세상으로 나오는 용기를 내는 사람이 많아질 거야. 너희가 그런 사람이 되기를. 효과적으로 싸우고 근사하게 이기기를!

가끔은, 펑펑 울어!

눈물은 슬플 때만 나오는 게 아니라, 기쁠 때도 나오고, 아플 때도 나오고, 감동할 때도 나오고, 분노할 때도 나오고, 양파 썰면서 나오고, 배꼽 잡고 웃다가도 나오고, 깜짝 놀랄 때도 나오지. 그리워서 울고, 불쌍해서 울고, 죄책감으로 울고, 분노에 못 이겨 울고, 후회감으로 울지. 그렁그렁 눈망울에 한가득 담기고, 한 방울 톡 떨어지고, 주르륵 흐르고, 주체할 길 없이 폭포수처럼 흘러내리고, 통곡을 하다못해 눈물 콧물 뒤범벅이 되기도 하지.

웃었던 기억보다는 울었던 기억이 훨씬 더 강하게 남지? 왜 그럴까? 눈물의 메커니즘을 알면 그 이유를 알 것 같아. 눈물은 감정의 폭풍에 사로잡혔을 때 극도의 긴장을 풀기 위한 생리적 반응이거든. 눈물로라도 풀지 않으면 자칫 과도한 자극이 우리 몸을 망가뜨리기 십상이지. 그러니까 긴장을 풀려면 울어야 해. 눈물을 흘리고 소리를 내고 우는 게 필요해.

젊은 시절에 봤던 「브로드캐스트 뉴스」(제임스 L. 브룩스 감독, 1987)에 야심만만한 여성 뉴스 피디가 나와. 터프한 활약은 입이 떡 벌어질 정도인데, 괴벽이 하나 있어. 하루에 한 번씩 평평 우는 거야. 자리를 잡고 서서히 예열한 후에 훌쩍이기 시작해서 이윽고 왕왕 울고 난 후에, 티슈 한 장 뽑아서 코를 힝 풀고 언제 그랬냐는 둥 말짱한 얼굴로 돌아와서 다시 열혈 피디로 일하지. 일에서 오는 극한 긴장을 풀려는 자기만의 의식이야. 그럴듯해 보여서 나도 따라 해봤는데, 결론은, 도저히 못 하겠더라. 대신에 나만의 다른 의식을 만들었지.

속이 터질 듯이 분통이 쌓이면 나는 임재범의 〈낙인〉을 종일 틀어놓고 들어. 가슴을 덴 듯, 눈물에 패인 듯하다는 첫대목부터 목이 터지라 외치는 절규에 무너질 것만 같지. 얼마나 타는 것처럼 괴로우면 불에 덴 것 같다고 표현하겠어? 얼마나 흐르고 또 흐르면 눈물에 패인 것 같다고 하겠어? 지워지지 않는 상처, 그게 낙인이야. 뜨거운 불에 달군 쇠붙이로 피부에 지져서 절대로 없어지지 않는 상처, 죽음이 아니면 절대 벗어날 수 없는 굴레가 낙인이야.

이 노래를 듣고 듣다가 견디기 힘들어지면, 임재범의 〈비상〉을 들으며 벗어나려 하지. 깊은 절망에 빠져서 내 세계 속에 숨다가 이제 세상에 나가서 내 꿈을 보여주고 싶다는 생각이 무럭무럭 나는 거야. 아무리 세상이 낙인을 찍고 분노의 고통에 나를 묶어 놓고, 아무리 꼭꼭 숨고만 싶더라도, 세상에 나갈 때가 된 거야. 날개가 돋아날 것 같아.

가끔은 펑펑 울어! 주체할 수 없을 정도로, 온 긴장이 다 풀리도록. 녹초가 되어버리도록 펑펑 울어. 울 때는 온몸, 온 영혼을 다 쓰지. 눈물이 눈물을 불러오고, 감정이 또 다른 감정을 불러오지. 왜 우는지 모르겠을 때 우는 건 더 효과적인 카타르시스가 되거든. 알지 못할 감정이 뭔지 샅샅이 훑어보고, 근원을 찾으면서, 자신의 비극과 우울과 깊은 한탄을 눈물로 정화하고 새로운 영혼이 된 듯한, 그게 그리스 시대로부터 파악된 카타르시스의 역할이지.

눈물은 모두 자기 내면으로부터 나와. 다른 사람이 불쌍해서, 안타까워서, 슬퍼서 운다고 하지만, 실은 우리 자신에게 감정이입을 하는 거지. 남의 처지에 나를 대입하고, 언젠가 내게 닥칠지도 모를 서러움과 위험과 고통과 슬픔과 분노가 상상되는 거야. 그래서 더 서럽고, 억울하고, 원통하고, 분통이 터지며 눈물이 흐르는 거지.

외로워도 슬퍼도 나는 울지 않는다는 그 유명한 『캔디』의 만화 주제가가 있지. 울 일이 너무 많았기에 그렇게 다짐했을 거야. 어린 나는 캔디와는 다른 다짐을 했었어. '남 앞에서는 절대 울지 않겠다'라고. 약한 모습을 보이지 않겠다는 각오였지. 여자애들이 툭하면 울고, 그걸 악용하는 남자아이들의 짓궂은 장난이 못마땅했지. 효과는 있었어. 안 우니까 못 건드리더라.

물론 혼자서는 많이 울었어. 엄마를 잃고 흘렸던 눈물, 친구를 잃고 흘렸던 눈물, 언니를 잃고 흘렸던 눈물, 나의 강아지 울럼과 임당, 고양이 마누를 떠나보내고 흘렸던 눈물은 물론, 영화를 보고 책을 읽으며 많이 울었지. 울다 보니 내가 어떤 때 우는지 잘 알게 되더군. 나의 눈물 지점은 정확히, 강아지, 아이, 그리고 서로 마음을 알아주는 순간의 감격이야.

그러다가, 커서 다른 사람들과 같이 눈치 안 보고 마음껏 울었을 때, 그게 진짜 카타르시스임을 깨닫게 됐어. 민주화운동 열사, 사회적 참사 희생자, 사랑하고 존경하던 인물의 죽음을 기리는 노제路祭에서 사람들과 함께 펑펑 흘렸던 눈물, 월드컵 거리 응원에서 승리의 웃음과 눈물이 범벅됐던 경험 등. 사람들과 같이 펑펑 우니까 카타르시스 효과가 백배 천배 커지더라. 분노의 눈물, 슬픔의 눈물, 비극의 눈물, 감동의 눈물은 우리 자신을 해방하고 또 다른 더 큰 무엇을 기대하게 해.

우리 가끔은 펑펑 울자! 함께 펑펑 울자! 너희 삶에서 다양한 눈물 경험을 맛보기를 바라. 너 자신을 불쌍해하면서 펑펑 울어! 분통이 터져서 견딜 수 없을 때 왕왕 울어! 다시 힘을 낼 수 있을 거야. 펑펑 울면서 카타르시스를 얻고 나면 또 다른 시작을 할 수 있으니까.

슬픔을 이야기하는 힘

아무렇지도 않은 말에 갑자기 눈물이 날 것 같은 때가 있지. 가슴을 파고드는 힘 때문이야. "모든 슬픔은 그것을 이야기로 만들거나, 그것에 관해 이야기할 수 있다면 견딜 수 있다." 그렇게 내 가슴을 파고들었던 말이야.

내 인생의 책인 『인간의 조건』에서 철학자 한나 아렌트가 인용한 구절을 통해서 만났는데, 보자마자 가슴이 아려 오더라. 작가 카렌 블릭센(필명 이자크 디네센)이 했던 말이래. 궁금해져서 어떤 작가인지 찾아봤지. 덴마크 작가로 우리에겐 영화 「아웃 오브 아프리카」(시드니 폴락 감독, 1986)의 실제 주인공이자 원작자로 알려져 있지. 아렌트가 인용했던 걸 보면 그의 가슴도 울렸던 모양이야. 같은 울림을 공유했다는 것만으로 한나 아렌트와 더 가까워지는 것 같았어.

그래서 이자크 디네센의 다른 작품, 『바베트의 만찬』(1958 초판)을 찾아 읽었어. 정치적 혼란 시기에 한 마을에 숨어 살던 요리사가 우연히 재산을 상속받게 되자 그 돈으로 최고급 요리 재료를 사서 모든 이웃을 초대해서 직접 만든 요리로 만찬을 대접해. 맛있는 요리를 먹으며 반목했던 마을 사람들의 마음이 녹아내리며 평화를 이루게 되는 동화 같은 이야기야. 요리의 힘이 치유의 힘이 되는 과정을 묘사한 이 단순한 이야기에서 슬픔의 힘과 기쁨의 힘은 통한다는 걸 느꼈어. 이야기의 힘이지.

인생에서 슬펐던 때를 생각해 봐. 그 이야기를 하기까지에는 시간이 필요해. 가슴이 너무 아프고, 생각날 때마다 눈물이 흘러서 입을 열 수가 없어. 이야기하면 내 슬픔의 진정성이 다칠 것 같고, 슬픔이 더 깊어질 것 같고, 기억이 흩어질 것 같고, 기억 속의 존재마저도 사라질 것 같아서 입을 못 여는 것도 있어.

열아홉 살 임당이가 떠났을 때 한동안 그 이야기를 못 했어. 임당이가 살아 있는 척, 집에 있는 척, 옆에 있는 척하며 살았어. 여러 달이 지나서야 임당이 떠난 이야기를 주변에 할 수 있었지. 임당이를 기억해 주는 사람들, 당신의 반려견을 떠나보냈던 사람들, 나이 든 아이가 떠날까 봐 두려워하고 있는 사람들, 단순히 내 그리움에 공감해 준 사람들과 이야기를 나누면서 비로소 임당이가 떠났다는 걸 실감하고, 마음껏 울고, 이야기하면서 울고 또 우니, 이제 진짜 떠나보냈다는 느낌이 들더라. "임당이는 무지개 너머에 갔어. 보고 싶다. 우리 가서 만나자." 이야기할 때면 다시 눈물이 솟지만, 이제 괜찮아.

완전한 삶을 살고 떠난 임당이의 죽음을 이야기하는 데도 이렇게 힘들었는데, 이 세상엔 얼마나 슬픈 죽음들이 있어? 아이를 먼저 보내고 가슴에 아이를 묻었다고 하는 뜻을 잘 몰랐었는데, 울 언니가 죽고 일 년이 지나서야 울 엄마가 언니 이야기를 하면서 눈물이 그렁그렁해졌을 때, 비로소 그 뜻을 알게 됐었어, 아, 엄마는 언니를 엄마 가슴에 묻었구나! 세월호 가족들이 여러 해가 지나고 겨우 입을 떼고 아이들 이야기를 할 수 있게 됐다고 하셨을 때, 이태원 유족들이 아이들의 밝은 모습을 더듬으며 흐뭇하게 웃다가도 눈물을 터뜨릴 때, 나는 가슴에 아이를 묻는다는 뜻을 다시 떠올렸지.

그런 슬픈 이야기들은 우리 가슴에 많이 있지? 너무 억울했던 이야기, 너무 분통이 터졌던 이야기, 너무 속상했던 이야기, 너무 아팠던 이야기, 너무 서러웠던 이야기, 너무 자존심 상했던 이야기, 너무 비통했던 이야기, 너무 배고팠던 이야기, 너무 힘들었던 이야기, 너무 무기력했던 이야기, 너무 좌절했던 이야기, 너무 도망치고 싶었던 이야기, 너무 애통했던 이야기, 너무 분노스러웠던 이야기, 너무 혐오스러웠던 이야기 등, 다 우리 마음에 흔적을 남기는 슬픈 이야기들이지.

슬픈 이야기들은 결코 '무덤까지 갖고 갈 비밀'은 아니야. 그 슬픔을 이야기로 만들거나, 그 슬픔에 관해 이야기할 수 있게 되면 이겨낼 수 있어. 작가 카렌 블릭센이 그런 말을 했던 이유는, 자신의 슬픔을 이야기로 만들었을 때 드디어 슬픔을 이겨낼 수 있던 경험을 얘기한 것일 거야. 물론 우리도 마찬가지 경험을 할 수 있지.

슬픔은 우리 모두 갖는 감정이야. 슬픔을 모르고 우리는 성장할 수 없어. 그 슬픔을 가슴에 꾹꾹 누르고만 있으면 상처가 심해질 뿐이야. 이윽고 때가 되었을 때 그 슬픔에 관해 이야기해. 왜 슬펐는지, 무엇이 그리 아프게 했던지, 얽혔던 사연이 무엇이었는지, 오해는 어떤 것이었고 이제 무엇을 이해하게 되었는지, 그 슬픔이 자기에게 남긴 게 무엇인지. 그렇게 얘기하는 과정에서 공감은 커지고 자기만의 슬픔이 아니라 더 큰 우리와 같이할 수 있는 슬픔이 된다. 너의 슬픔을 우리와 나눌 때 우리는 더 커지고, 그렇게 슬픔은 새로운 탄생의 시작이 될 수 있는 거야.

11장 정치와 권력

권력 의지는 키우고, 금기는 깨고

'정치란 변화에 대한 희망'이야.

> 다니와 여름이 이야기

변화의 씨앗, 희망의 힘

아래윗집으로 살면서 우리 커플은 미국인 다니 아빠에게 많이 배우고 있다. 나름 진보적이라고 자처하는 우리를 다니 아빠는 다양한 방식으로 자극한다. 예컨대, 내가 "다니가 싱글라이프를 선택해도 오케이!"라고 하면, 한 걸음 더 나아가서 "다니가 동성 결혼을 하겠다면요?" 하고 묻는다. 우리 커플의 한계를 시험하면서 우리의 위선을 은근히 지적하려는 것이리라. 좋다. 도전적인 질문을 공격적이지 않게 던지는 기술이 좋다. 개방적 문화에서 자라면서 자연스럽게 익힌 기술이라 짐작한다.

몇 년 후 학교에 다닐 다니는 얼마나 다양한 문제들을 집으로 가져올까? 곧 사춘기에 들어설 여름이는 또 얼마나 까다로운 과제를 가져올까? '친구, 선생님, 공부, 인간관계, 사춘기, 성장, 첫 키스, 풋사랑, 연애, 실연, 섹스, 전공 선택, 종교, 자원봉사, 일자리, 파트너 선택, 결혼, 아이, 창업, 출마, 투표?' 일생을 통해서 해야 할 선택은 많고도 많다.

나의 세대는 굴곡 많은 역사의 현장에서 슬프고 아픈 시간을 수없이 건너왔다. 변혁적인 정치의 현장에서 시민으로서의 정치적 선택을 고민해 오기도 했다. 앞으로 올 세대들이 살아갈 인생에서도 수많은 문제에 부닥치며 선택에 고민하리라. 종종 꺾이고 울분에 찬 사건을 마주하겠지만, 더 큰 세상에서 공감하고 연대하며 용기를 내어 건투하기를 바랄 뿐이다. 변화에 대한 희망의 힘은 세다.

더 큰 세계에서 더 큰 너희를 만났어, 환한 빛과 함께

이 책의 초고를 탈고한 후에 엄청난 사건이 일어났어. 2024년 12월 3일 밤에 일어난 비상계엄, 대한민국의 흑역사로 남을 사건이지. 대통령이 밤 10시 29분 TV를 통해 선포한 계엄령에 소스라치게 놀란 시민들이 국회 앞으로 달려가 계엄군에 맞섰지. 봉쇄된 국회 담장을 넘어 가까스로 본회의장에 모인 190명의 국회의원이 한밤 1시 2분에 계엄 해제를 의결했고 새벽 4시 반 경에 계엄이 공식 해제되었어. 악몽의 밤이자 기적의 밤이었지.

이 계엄의 밤은 우리 안에 잠자고 있던 트라우마를 일깨웠어. 아니 우리는 이미 선진국 문턱을 넘어섰다고 생각했는데, 이미 민주주의가 공고해졌다고 생각했는데, 21세기에 계엄이 웬 말이냐, 더구나 대통령이 나서서 친위 쿠데타를 일으키다니, 경악을 금치 못했지. 1960년 5·16 군사정변, 1972년 10월 유신 계엄, 1979년 12·12 군사 반란, 1980년의 5·18 비극을 낳은 비상계엄 등 온갖 흑역사가 떠올랐지. 그 악몽을 다시는 되풀이하지 않겠다는 국민이 광장에 구름처럼 모여서 대통령 탄핵을 외쳤고 열

하루 만에 국회가 탄핵 소추안을 의결했어. 광화문 앞, 여의도 국회 앞, 헌법재판소 앞, 한남동 대통령 관저 앞, 남태령 고개 위에서 시민의 분노가 뜨겁게 타올랐지. 그리고 2025년 4월 4일에 헌법재판소의 탄핵 소추 인용 판결이 나왔어. 2017년에 이어 두 번째의 현역 대통령 탄핵을 기록하게 된 거야.

이 진통의 과정을 역사는 '빛의 혁명'으로 기록할 거야. 독재와 싸우며 민주주의를 지키려 피를 흘렸던 '피의 혁명'을 넘어서, 촛불을 밝히며 평화적으로 민주주의 염원을 모으던 '촛불 혁명'을 거쳐서 또 한 번 진화한 거야. 누가 처음 시작했는지, 자기가 가진 가장 소중한 빛을 가져온다며 반짝반짝 응원봉을 광장에 밝히며 빛의 혁명을 이루었지.

참 많은 눈물을 흘렸어. 세계는 K-민주주의를 지켜낸 대한민국 빛의 혁명을 찬양했지. 수만, 수십만이 모여서, 충돌 하나 없이, 다 같이 노래 부르고, 반짝반짝 응원봉을 흔들고, 서슴없이 무대에 올라 자유 발언을 하고, 선결제로 푸드트럭과 난방 버스를 보내 응원하고, 같이 쓰레기를 깨끗이 치우고, 시민 스스로 만든 깃발을 들고 거리를 행진했어. 〈임의 행진곡〉과 〈아침이슬〉을 부르던 촛불 세대가 K-팝을 부르는 응원봉 세대와 만났어. 소녀시대가 불렀던 〈다시 만난 세계〉는 새로운 상징곡으로 떠올랐지. 다른 세대의 노래를 배워서 같이 부르겠다고 플레이리스트까지 등장했어. 이젠 모든 세대가 다 같이 노래를 따라 불러.

물론 후폭풍은 거셌고 여진은 꽤 오래 진행되었어. 정치 분열이 심해지고 내란을 기도했던 계엄을 넘어 혹시나 내전까지 이어지는 게 아닌가 하는 불안에 시달렸어. 경제는 흔들리고, 민생은 폭망하고, 일은 손에 안 잡히고, 불면의 밤이 계속되고, 깜짝 놀라는 가슴을 주체하지 못하겠고, 속보를 확인하지 않으면 진정되지 않는 트라우마도 남았지. 왜 우리가 난데없이 이런 일을 겪어야 하는지 이해가 안 되고, 혹시 독재 시대로 퇴행하지 않는지 불안하고, 나라의 성장이 여기서 꺾여버리는 게 아닌가 하는 걱정도 찾아왔어.

하지만 큰 흐름을 생각하면 가슴이 웅장해져, 새로운 역사가 쓰이고 있다는 희망이 솟아. 말 그대로 '다시 만나는 세계'야. 역사의 현장, 역사의 순간을 같이한 이 경험은 너무도 소중해. 입에서 입으로 전해지고, 밈으로 퍼지고, SNS로 공유되면서, 우리 기억 속에 오래 남을 거야. 그래서 이 장을 새롭게 쓰기로 했어. 희망을 담아서!

빛의 혁명이 이루어지는 광장에 나온 수많은 시민, 노심초사하며 유튜브 중계로 보고 있는 수많은 국민에는 압도적으로 젊은 세대가 많았고, 2030뿐 아니라 1020 세대도 합류했지. 그리고 압도적으로 여성이 많이 등장했어. 정확한 통계는 알 수 없겠지만, 발언대에 오르는 장면, 목청껏 노래 부르는 장면. 더구나 남태령 고개 위의 트랙터 농민 집회에서 손이 빨개지도록 추운 밤을 같이 지새우며 연대하던 장면, 한남동 관저 앞에서 은박 담요를 뒤집어쓰고 밤새 내린 폭설에 마치 은박지에 싸인 초콜릿처럼 '키세스 군단'이 되어가는 장면에도 여성의 모습이 많이 보였어. 안쓰럽고 걱정되는 가운데에도 고맙고 미안하고 존경스럽더라.

빛의 혁명이 일어나기 이전에, 나를 포함해서 기성세대는 젊은 세대를 걱정했었지. 고까워할 필요는 없어. 젊은 세대가 기성세대를 비판할 권리가 있는 것과 같이, 기성세대는 젊은 세대를 걱정할 의무가 있으니까. 대부분은 쓸데없는 걱정이야. 하지만 절절한 걱정도 있지. 젊은 세대가 아무리 똑똑하고 유능하고 셈법에 능하더라도 혹시 뜨거운 가슴을 잃고 있는 건 아닐까? 치열한 생존경쟁에 시달려서 혹시 사회 현장을 외면하는 게 아닐까? 혹시 안온한 소비에 익숙해지면서 정작 진정한 변화 의지를 잃고 있는 것 아닐까? 혹시 자아실현에만 매진하다가 사회와의 연결고리를 못 찾는 것 아닐까? 한마디로, 사회와 역사와의 의미 있는 관계를 맺지 못하는 시대적 상실감에 젊은 세대가 사로잡힐까 봐 걱정했던 거지.

다 기우였어. 너희에게 필요했던 것은 다만 불씨였던 거야. 스파크가 붙으면 타오를 수 있는 내공은 이미 갖고 있었던 거야. 시대적 상실감을 회복하는 힘을 너희 안에 갖추고 있었던 거야. 경쾌하고 쌉싸름하고 은유 가득한 K-팝 노래를 따라 부르며 절실한 희망을 키웠던 거야.「1987」(장준환 감독, 2017),「서울의 봄」(김성수 감독, 2023) 등 어두운 시대를 그린 영화를 보면서 역사의 교훈을 되씹고 있었던 거야. 한강 작가의 『소년이 온다』

(2014), 『작별하지 않는다』(2021)를 읽으면서 과거와 오늘과 미래와의 관계를 고민하고 있었던 거야. 그 에너지가 이번 빛의 혁명으로 폭발한 거지.

너희 세대에게 어떤 이름이 붙을까? 우리는 수많은 세대 이름을 갖고 있잖아. 베이비붐 세대, 냉전 세대, 4·19세대, 86세대, IMF 세대, 월드컵 세대, 촛불 세대 등, 시대의 흐름과 아픔과 기쁨을 널리 공유한 세대에게 붙여진 표현이지. 이번 빛의 혁명에서 보여준 너희의 공감과 연대와 용기에 대해 후대는 어떤 이름을 붙일까? 이 역사의 현장을 살아낸 너희에게 그 이름이 명예로운 훈장이 되기를 바라.

이제는 크게 걱정하지는 않을래. 너희는 이제 아주 외롭진 않을 거야. 너희는 쉽게 지치지 않을 거야. 너희는 길게 무기력감에 빠지지 않을 거야. 너희는 지레 패배감에 지지 않을 거야. 너희는 공감을 이루었고, 연대했고, 목소리를 내고 행동하는 용기를 냈어. 이 기억은 너희 몸에 깊이 또 길게 기억될 거야. 그 기억의 힘으로 살아갈 힘, 이겨낼 희망, 행동하는 용기를 갖게 될 거야. 더욱 커진 세계에서 더욱 크게 자란 너희의 삶을 응원할게. 고마워.

여자도 타락해, 특히 권력욕에 사로잡히면

짜릿짜릿한 혁명의 시간에서 일상의 시간으로 돌아오면 여전히 수없는 오류와 시행착오와 불쾌함과 사악함이 자리하고 있지. 혁명의 시간뿐 아니라 일상의 시간도 이겨낼 힘이 필요해. 훨씬 더 어렵기도 해. 온 사방에 유혹과 위협이 있으니까. 여자라고 타락하지 않는 게 아니거니와 오히려 교묘한 덫이 다채로운 양태로 사방에 존재하니까.

여자는 상대적으로 깨끗하다는 평판이 있어. 성실하다는 평판도 있지. 공감 잘하고 배려를 잘해준다는 평판도 있어. 이런 평판은 일하는 여자에게 상당한 이점으로 작용해. 특히 책임자급이 되는 데에 도움이 되지. 거친 도시건축 판에서 내가 살아남을 수 있었던 데에는 이런 평판이 적잖이 유리했어. '속이지 않을 테고, 열심히 일해줄 테고, 클라이언트와 소비자의 말을 잘 듣고 세심하게 설계에 반영할 테고' 등의 기대가 작용하는 거지. 내가 여자 파트너를 택할 때도 이런 기대가 은근히 작용하는데, 많이들 그렇겠지?

하지만 여자라고 항상 깨끗한 것도 아니고, 성실한 것도, 공감과 배려를 잘하는 것도 아니야. 도적질, 사기질은 물론이고 나르시시즘에 빠져서 악랄하게 사람을 이용하고 간교한 농간으로 배신도 하고, 더 나쁜 식으로 타락하기도 하지. 특히 권력욕에 사로잡히고 더구나 쉽게 권력을 얻으려 든다면 위험은 더욱 커지지.

너희에게도 수많은 유혹이 찾아올 거야. 스스로 유혹에 빠지기도 하지만 주변에서 여자에게 특정한 역할을 요구하고 부추기기도 해. 그 메커니즘을 의식하고 상황에 따라 잘 처신해야 한다는 말밖에 할 수 없네. 부패에의 유혹은 감미롭게 찾아오고 편리함과 이익으로 손짓하고 이윽고 덫을 만들어서 꼼짝하지 못하게 만들거든. 어느새 길들고 움쩍달싹 못 하게 되어 악행의 굴레로 치닫게 하거든.

어떤 유혹이 있을까? 여러 종류의 '계計'로 분류해 보지. 첫째는, '미인계'. 남자를 권력 획득 도구로 삼는 건 인류의 오래된 기법이지. 결혼을 통해서건 은밀한 관계를 통해서건, 전쟁, 첩보전, 통치와 외교에서 사용되었어. 지금도 신분 상승 도구로 사용되고 직장 정치에서도 종종 사용되지. 사례가 금방 떠오르지? 성적 관계가 아니더라도 미인계가 통하는 게 현실이잖아. 너희는 활용과 경계 사이에서 고민하게 될 거야. '예쁜 여자, 잘생긴 남자는 외모를 이용하려 드는 경향이 있다'고 하면, 편견이라 해도 일단의 진실은 담고 있거든.

둘째는, '동정계'. 약한 여자는 보호되어야 한다는 통념을 교묘하게 이용하는 수법이지. 신사도는 나쁘지 않은 전통이지만 공적 세계에서 자칫 악용될 위험이 있지. 여자에게는 '적대적 차별'만 있는 게 아니라 '호의적 차별'도 있거든. 잔업이든 초과근무든, 야근이든 출장이든, 부담이 큰 업무에서 빼주고, 가정과 아이가 있으니까 빼주고, 스스로 평계를 삼기도 해. 문제는, 동정에 안주하면 자칫 제대로 일하고 성장할 기회도 함께 사라진다는 거야. 그러니 혹시 호의적 차별을 은근히 누리는 게 아닌가, 그래서 기회가 줄어드는 게 아닐까 고민해야지. 남녀 모두 사적 상황에 상관없이 동일 조건으로 일하는 환경이어야 함께 성장할 수 있지.

셋째는 '젊음계'. 젊음에 부여되는 프리미엄을 분별없이 누리다가는 자칫 일찍 꺾여. 여성에게나 남성에게나, 나는 이걸 정말 고약한 계략이라고 봐. 우리가 젊은이에게 기대가 큰 것은, 참신한 시각과 생동감 있는 활력을 기대할 뿐 아니라 미래 효용 기간이 길다는 이유 때문이지. 그런데 주목받는 자리에 너무 일찍 발탁되거나, 준비되지 않은 상태로 책임이 높은 자리에 앉았다가 자칫 성장이 멈춰버리는 걸 상당히 많이 봤어. 이런 기회가 올 때 스스로 되물어 봐야 해. 혹시 내 젊음을 잠시 소비하려는 것 아닐까, 내 젊음이 언제까지 보호막이 될 것인가 등. 젊음이란 기회이자 위기야.

넷째는 '친근계'. 부드러운 분위기 연출은 여자의 특장이기도 하지만, 조직이 자주 요구하는 기법이지. 친근하게 다가서려는 제스처에 여자가 자주 동원돼. 영업과 마케팅에 여성 우위가 되거나 홍보와 미디어 분야에 여성에게 기회가 많은 이유이기도 해. 이건 양날의 칼이지. 잘 쓰면 약이 되고 잘못 쓰면 독이 돼. 초보 때는 기회가 많다가 경력직이 되면 유리 천장이 두꺼워지는 경우가 왕왕 생겨. 부드럽고 친절하고 배려심이 많다는 것만으로 헤쳐갈 수 없는 직능이 상당히 많다는 것을 잊지 말아야겠지.

다섯째는 '무례계'. 이건 넷째 기법의 반전이지. 여자를 앞세워 뻔뻔하고 무례하게 장을 주도하려는 수법이야. 우리 사회에 존재하는 '아줌마에 대한 부정적 이미지'를 사악하게 이용하는 거지. 억지 쓰고 목청 높이고 고집 세우고 때로는 몸싸움도 마다하지 않는 자리에 여성을 앞세우는 거야. 건강하지 않은 조직이 불합리한 목적을 이루려 할 때 자주 쓰는 수법이자, 일부 여자는 의도적으로 이런 수법을 선택하기도 해. 이런 상황을 마주치면 아주 곤혹스러워. 방어와 개선의 원칙을 잘 세우는 게 필요해.

여섯째는 '이간계'. 전쟁에서 이기는 유효한 수법이 상대를 분열시켜서 약화하는 건데, 제국주의자나 독재자만 이간계를 쓰는 게 아니야. 권력을 좇는 남성뿐 아니라 권력자 여성도 자주 쓰는 수법이야. 이 말 저 말 옮기고, 이 안 저 안 제시하고, 이 일 저 일에 사람과 조직을 끌어들이면서 갖은 방식으로 편을 나누고 편을 먹으려 들지. 이런 이간계에 여성이 플레이어로 동원되는 경우가 많아. 이간계를 쓰든 당하든 간에 상황을 잘 파악하는 게 중요해.

일곱째는 '악녀계'. '악한'의 다른 버전이야. 영화에 등장하는 캐릭터가 실제 현실에도 있어. 남자만 악한이 되리란 법이 있나, 여자도 당연히 악녀가 될 수 있지. 권력과 허영에 집착하는 여자가 얼마나 흉악하고 잔인하고 사악할 수 있는지는 역사가 증명하지. 현대 사회에서는 활약이 더욱 두드러져, 겉으로는 악녀로 보이지 않을지도 몰라. 때로는 아름답고, 화려하고, 기품 있고, 실력 있고, 높은 지위일 수 있고, 때로는 선한 이미지로 포장하기도 해. 하지만 자신의 권력과 지위와 부와 명성을 위해 법을 이용하고 로비를 동원하고 언론을 활용하는 데 능할 뿐 아니라 악행을 감추는 데에도 능수능란하지. 그 위선과 가식과 기만을 파악하는 능력을 키워야 맞설 수 있어.

이렇게 각종 '계'를 거론하니 마키아벨리적으로 들리지? 마키아벨리는 기만적인 인간 본성을 냉철하게 파악하고 그에 대응하며 한 사회를 유지하는 권력의 효능을 고민했는데, 귀 기울일 대목이 많아. 그가 『군주론』(1513 초판)을 썼을 때 여성을 상정하지는 않았던 것 같지만, 권력을 좇고, 획득하고, 유지하고, 행사하는 데에는 남성 여성이 따로 없어. 권력자의 역량으로 마키아벨리가 강조한 '시민으로부터 호의를 끌어내는 능력'과 '막강하고 충성하는 군사력'은 시대에 맞게 재해석되어야 하지. 이 시대의 여성은 이런 역량을 갖추기 위해 더욱 지혜롭게 각종 '계'를 활용하고 또 견제하는 데에 능해야겠지?

동양의 고전인 『손자병법』(기원전 6세기경)에서 가장 귀 기울일 대목이라면, '싸우지 않고 이기는 게 최고이고, 싸워야 한다면 이기는 싸움을 준비하라!'일 거야. 이 시대를 헤쳐가는 여성이 이런 철학을 잘 익히고 다양한 전략 전술을 구사하게 되기를 바라. 권력이란 그렇게 위험하고 또 막중한 책임이 있는 것이고, 선한 의지만으로 권력의 역할을 다할 수 있는 것은 아니니까.

이 글을 읽으면서 너희 머릿속에 권력의 유혹에 타락했던 여자의 이름이 많이 떠오를 거야. 주변에 있는 인물이 떠오를지도 몰라. 온갖 방식으로 권력을 좇는 여자, 권력을 누리는 여자, 권력을 휘두르는 여자를 떠올리면서 학을 뗄지도 몰라. 하지만 권력을 잘 행사하며 책임을 다하려 노력하는 여자도 떠오르겠지? 너희가 그런 인물이 되어 봐.

후발 주자 여성들의 권력 의지

빛의 혁명이 일어나는 광장의 젊은 여성들을 바라보면서 사람들 사이에서는 '이 여성들 사이에서 여성 대통령이 나올 것이다'라는 말이 많이 나왔어. 흐뭇한 이야기지만 '뭘 그렇게 오래 기다려야 하느냐'는 불만도 있을 것 같네.

 권력 의지가 있는 여성을 나는 좋아해. 대통령이 되겠다고 생각한 적은 한 번도 없지만 대통령이 되겠다는 의지가 있는 여성을 응원하지. 우리에게는 이미 여성 대통령이 있었어. 정치 지향은 달랐어도 박근혜 대통령이 취임했을 때 나는 기대했어. 정치적 자산이 컸던 만큼 성공적으로 대통령직을 수행할 여건이 충분하다고 봤거든. 불명예스럽게 탄핵으로 끝난 박근혜의 실패에는 여러 요인이 있지만, 딱 하나만 꼽는다면, 그가 대통령 지위를 원했을 뿐 대통령직의 의무를 고민하고 그 일을 해내겠다는 포부가 모자랐던 데에 기인했던 것 아닐까? 그래서 '지위를 탐내는 권력욕'이 아니라 '그 직의 일을 하려는 권력 의지'가 충만한 여성이 나오기를 정말 바라지.

내 스스로 다짐한 약속이자 후배 여성에게 강조해 온 다짐이 있어. '우리 여성은 사회적 후발 후자다. 후발 주자로의 약점도 있고 후발 주자로서의 강점도 있다. 약점은 빨리 극복하고 강점은 최대한 발휘하자!'라는 거야.

여자는 사회적으로 어쩔 수 없는 후발 주자야. 투표권을 가지게 된 게, 나라마다 다르지만, 백 년 안팎이야. 보편적인 직업권을 인정받게 된 건 수십 년에 불과해. 완전한 직업의 자유를 누리게 된 것은 비교적 최근에 와서고, 아직도 여성 1세대가 나오는 직종이 수없이 많아. 22세기까지 살 여자들이 개척할 전대미문의 분야가 엄청나게 많겠지. '최초'라는 수식이 사라지기를 바라. 남성에게나 여성에게나 진출 제한 영역이 없어지리라 믿어.

사회 후발 주자로서 여성은 어떤 약점이 있을까? 당연히 인적 네트워크가 약해. 끌어줄 선배도 어깨를 같이 할 동지도 받쳐줄 후배의 층이 얇지. 조직이 약하고 동원할 인재도 부족하고 정보를 얻을 루트도 약해. 자본도 모자라서 창업 비용 마련이 쉽지 않고, 고객 기반도 상대적으로 약해. 그래서 뭔가 하려 할 때 정보와 인재와 조직 문제에 시달리고 시작할 때는 물론 시련기를 견딜 재정도 모자라지. 도전과 개척과 모험을 시도하기에 막막한 상황에 부닥쳐서 외롭고 힘들지, 돌아보니, 눈물 날 것 같네.

그렇다면 사회 후발 주자로서 여성은 어떤 강점이 있을까? 무엇보다 여성은 세상에 대해 신선한 시선과 기대를 품고 있어서 문제의식도 참신하고 해결 방식도 창의적일 수 있지. 선발 주자 남성들이 기성 시스템에서 자기도 모르게 길든 것과 다르게 후발 주자 여성은 제도와 관행에 의문을 품고 혁신에 나설 수 있어. 경제 분야에서 기술 혁신과 새 수요에 대응하는 상품서비스 혁신으로 소비층을 개척하고, 관료적 행정 조직에서 시민에 다가서는 서비스를 발굴하는 데 참신한 기획력을 제시할 수도 있고, 시민사회에서 환경과 돌봄과 건강과 문화 분야 등에서 다양한 연대를 추진할 수 있지. 후발 주자 여성의 권력 의지는 바로 이런 신선한 시선과 참신한 문제의식에서부터 비롯되어야 할 거야.

후발 주자 여성이라 해서 꼭 잘하라는 법이 있나? 현실에서 오염되고 타락하는 여성을 볼 때면 '너희도 기득권이 되고 권력을 잡으니 똑같아지는구나.' 실망이 커지지. 전체 숫자도 많아지고 고위직 특히 선출직 여성이 늘어나는 추세인데, 올라갈수록 출세와 영달에 매달리고 권력을 누리려는 숫자도 따라서 많아져서 눈살이 찌푸려지지. 남자나 여자나 나락에 빠지는 과정은 거기서 거기야. '탐욕, 부패, 나태, 무능, 타락'의 단계를 거치는 거지. 크고 작은 이익을 탐하다가, 부패의 유혹에 지고, 점점 더 게을러지다가, 갈데없이 무능해지고, 그러다가 구제할 길 없이 타락해 버리는 거지.

그런데 나는 역설적인 주장을 하고 싶어. 후발 주자 여성이 종종 기대에 못 미치는 것은 '권력욕이 아닌 권력 의지가 부족하기 때문'이라는 생각이야. 말하자면, 큰 권력을 추구하는 큰 꿈이 부족한 게 제약으로 작동하는 것이지. 권력욕에만 그치면 자리 챙기고 눈치 보고 줄 잘 서려고만 들고 성급해지고 유혹에 쉽게 넘어간다. 권력 의지로 큰 꿈을 꾸면 달콤한 유혹에 잘 안 넘어가고 스스로 자제하고 길게 보고 무엇보다 실리 이상으로 명분을 더 중요하게 여기지.

권력 의지의 조건이라면, '첫째, 권력의 자리에서 하고자 하는 일이 뚜렷할 것. 둘째, 그 일이 사익보다 공익에 합당할 것. 셋째, 공익에 대한 끊임없는 고민과 성찰을 할 것'이야. 이른바 좋은 정치, 공익을 위한 정치를 하려는 의지이지.

나쁜 정치가 어떤 건지는 누구나 알아. 사람들이 정치를 혐오하는 것은 '사익을 위한 정치'에 학을 떼기 때문이지. 자리 차지하려고, 승진하려고, 사업권을 따내려고, 예산을 타내려고, 거들먹거리며 행세하려고, 자신을 구명하려고 현실 정치를 이용하는 사람들이 워낙 많잖아? 사적 욕망을 채우기 위한 나쁜 정치를 구별하기란 어렵지 않아. 딜레마는 실제 그런 상황이 자기 앞에 놓일 때 어떤 선택을 하느냐지. 유혹을 느끼게 되거든. 아는 사람, 가까운 사람, 친분 있는 사람이 높은 자리를 잡으면 뭔가 이익이 있지 않을까, 조금이라도 봐주지 않을까, 뭔가 떡고물이라도 떨어지지 않을까? 현실 세계는 이런 잇속으로 가득 차 있고, 현실 정치인이건 비정치인이건 나쁜 정치를 대놓고 하는 족속들이 대놓고 유혹하고 압력을 가하지.

그렇다면 좋은 정치란? 항상 그렇듯, 나쁜 걸 규정하기는 쉬워도 좋은 걸 똑 부러지게 정의하기란 훨씬 더 어려워. 나쁜 건

좁지만, 좋은 건 한없이 넓기 때문이지. 나쁜 건 소수가 누리지만, 좋은 건 다수가 누리기 때문이기도 해. 다수가 되니 좋음에 대한 정의도 훨씬 더 다양해지고 복잡해지지. 변하는 상황에 따라 공익에 대한 개념도 새롭게 정의하고 공감대를 넓혀야 하지. 좋은 정치, 공익을 위한 정치를 하려는 사람이 깨어 있는 이유가 되기도 해. 후발 주자 여성에게 아주 적합한 조건이지.

당연히 의문도 생겨. 이 세상에 공익만 생각하는 사람이 있을까? 인간은 누구나 자신을 먼저 생각하지 않나? 아무리 대승적인 인간이라고 해도 어떻게 사익에 무관심할 수 있나? 이런 의문이 생길 때, 이렇게 정의해 보면 어떨까? '개인의 가치와 정치 지향 가치의 울림이 같을 때 좋은 정치가 가능하다.' 다르게 표현하면, '사익과 공익의 결이 같으면 좋은 정치를 할 가능성이 높다.' 즉, '권력의 자리가 목표가 아니라, 일을 하기 위해서 권력이 필요하다'고 생각하며 정치를 한다면, 꽤 좋은 정치가 될 가능성이 커지는 거지.

다시 강조해. 건강한 권력 의지는 후발 주자 여성에서 특히 필요해. 여성의 성장 과정에는 은근히 권력 의지를 누르는 사회적 억압이 작동해. 나 역시 그런 억압에 영향을 받았음을 부인하지 못해. 세속적인 권력욕에 대한 거부감 때문에 더욱 그렇게 되는 경향이 있지. 젊은 세대는 확 달라지겠지? 이미 상당히 달라지기도 했거니와 건강한 권력 의지를 표방하는 데에 더욱 당당해지겠지? 부디 너희 힘을 키워. 그리고 그 힘을 잘 써! 큰 꿈을 갖는 것을 주저하지 마. 권력의 자리를 차지하는 게 아니라 너희가 세상을 위해 해야 하고 또 하고 싶은 일을 하기 위해서 '권력 의지'를 키워 봐.

"그 더러운 걸 왜 해요?"

"건축가로 작가로 너무 좋아했는데, 정치를 하니까 안 좋아요." 내가 자주 듣는 말이야. 이 말은 그나마 좋은 버전이지. 나를 좋아하는 듯하면서 정치 염증을 표현하는 거니까. 다른 버전도 많아. "정치 그 더러운 걸 왜 해요? 할 일 많으실 텐데." 이 말에는 정치적 반대자가 정치 혐오를 핑계로 내가 자기 편이 아닌 걸 비난하려는 의도가 다분히 담겨 있지.

SNS 댓글은 익명으로 가능하니까 더 노골적인 게 많아. 욕설이나 '멸칭(멸시하는 호칭)'이 난무하는 혐오 댓글은 무시하지만, 선한 의문이 담긴 댓글에는 답하려 노력하지. 여러 상황을 겪으니 나도 꽤 멘탈이 튼튼해져서 짧은 멘트 속의 의미를 잘 파악하게 됐어. 내가 하는 답은 이런 것들이야. "왜요? 모든 게 정치랍니다." "정치는 공기와 같답니다. 깨끗해야 숨쉬기 편안해요." "정치하기 때문에 저를 더 좋아하는 사람도 많답니다." "정치 때문에 스트레스받으시죠? 그럴수록 더 관심!" "그래도 투표는 꼭 하세요." "정치 싫다고 외면하지 마세요. 그럼 더 나빠져요." 내 소신이 보이지?

　너희에게도 '정치란 나쁜 것, 정치는 더러운 것, 정치와 거리를 두라' 등 별별 압력이 다 가해질 거야. 속지 마. 그거 다 속임수이고, 이미 속임수에 넘어간 사람들이 퍼뜨리는 편견이야. 정치 혐오는 사회 기득권자와 권력욕 가득한 정치꾼들이 놓는 아주 고약한 덫이야. 젊은 층의 투표율 상승을 별로 반기지 않는 기득권자들이 은근히 퍼뜨리는 선입관이지. 정치 혐오를 깔고 쓰는 모든 언론, 정책 소신을 밝히면 정치 발언이라고 매도하는 모든 언론은 근본적으로 사회에 해악을 끼치고 있는 거야.

　정치란 숨 쉬는 것과 같아. 공기처럼 어디에나 있어. 모든 게 정치야. 좋은 정치란 무척 희귀하고, 나쁜 정치는 너무 무성하지만, 그중에서도 가장 해로운 것이, 정치 무관심과 정치 중립을 표방하는 정치 혐오지. 왜 무관심해? 왜 투표를 안 해? 정치가 우리의 삶을 하나하나 다 좌우하는데, 왜 내 삶을 내가 결정하지 말라는 거야? 선택하는 용기를 내는데 중립이라는 게 있을 수 있어? 왜 정치를 혐오해? 정치가 없으면 인간 사회가 굴러가지 못하는데? 조금이라도 인간 사회를 낫게 만들고, 잘하면 인간 사회를 구원할 수 있는 게 정치인데?

　두 사람만 모여도 필요해지는 게 정치야. 정치란 인간관계의 다른 이름이거든. 생각이 다르고 욕구가 다른 사람들이 모여 살면서 되도록 서로를 덜 다치고 갈등을 덜 만들면서 같이 살 수 있도록 하는 게 정치의 기본 기능이야. 같이 사는 약속을 만들고,

공유 자원을 효과적으로 공평하게 쓰게 하고, 약속을 안 지킬 때 져야 할 책임에 대해 약속을 만드는 게 정치의 기능이지. 그래서 집에도 정치가 있고, 직장에도 오피스 정치학이 있지. 커플은 일상적으로 커플 정치학을 구사하고, 엄마 아빠는 끊임없이 부부 정치학을 구사하고, 부모와 자식 사이에도 부모 자식 정치학을 구사하지. 정치란 인간관계인 거야.

국가는 집이나 직장, 사회조직보다 훨씬 더 크니까 정치는 더 복잡해지지. 게다가 국가는 공공 권력을 독점하고 있어. 합법적으로 폭력을 쓸 수 있고(군대, 경찰), 합법적으로 인신을 구속할 수 있고(검찰, 사법), 합법적으로 세금을 걷어 쓸 수 있고, 합법적으로 국토와 도시와 동네의 인프라와 사업을 결정하지. 그러니 정치의 질에 따라 모든 게 영향을 받는 거야. 아무리 시장의 힘이 커도 정치 본연의 기능이 제대로 작동해야 시장의 힘도 지켜낼 수 있지.

천만다행으로 국가 권력은 합법적인 방식으로 바꿀 수 있어. 선거를 통해서 또 입법을 통해서 말이야. 민주공화국의 정신이야. 권력 주체를 바꾸며 국민이 직접 변화를 선택할 수 있는 거지. 그래서 더욱, 모든 건 정치란다. 정치에 의해 영향을 받지 않는 건 이 세상에 없어. 그러니 세상을 바꾸려면, 조금이라도 더 나은 세상으로 만들려면, 정치의 힘을 잘 활용해야 해. 세상을 변화시키는, 유일하진 않아도 가장 강력한 힘이 정치야.

너희 세대는 정치 본연의 기능에 대해 긍정적인 생각을 갖고 정치 참여가 자연스러운 세대가 되기를 바라. 그렇게 될 가능성은 크지. 수백 년 동안 민주주의와 공화주의의 전통이 운영되면서 상대적으로 정치 체제가 안정되고 정치 참여가 자연스럽게 자리 잡힌 유럽이나 미국에서처럼 어릴 적부터 정치 참여에 자연스러워질 수 있을 테니까.

캘리포니아에서 자란 작은 사위는 선거에 무덤덤해. 캘리포니아는 민주당이 대세인 주라서 더 그렇겠지. 연방제인 미국에서는 각 주가 하나의 나라처럼 운영되는데, 대통령 선거에서 각 주의 선거인단이 국민투표에서 이긴 정당의 후보에게 표를 몰아주는 진기한 간접 투표방식을 아직도 고수하고 있거든. '위너 테이크스 올(winner takes all, 승자독식)' 원칙인지라 캘리포니아에서는 상대적으로 대선에 관한 관심이 약하지. 이른바 스윙 스테이트(swing states, 공화당과 민주당을 번갈아 선택하는 주)에 사는 주민들은 투표의 위력을 의식하고 살겠지?

그런데 흥미로운 건, 작은 사위는 정책에 대한 찬반투표에는 무척 관심이 많더라고. 자치주 안에서 아주 소소한 정책까지 주민 투표에 부치는 건 민주주의가 성숙한 지역의 전통인데, 그 전통 안에서 살아왔기 때문일 거야. 우리 사회에서도 정책에 대한 국민투표가 활발해졌으면 좋겠어. 공연히 국회 안에서 이해관계에 따라 찬반이 벌어지는 와중에 이해집단이 로비하는 꼴을 보는 게 괴롭잖아. 정책에 의해 영향받는 우리가 직접 결정하고 싶잖아?

외국에서 살면 정치 참여 강도가 약해지는 경향이 있는데, 큰딸은 외국에 살아서 더 선거에 관심이 높아지는 경우야. 재외선거가 생긴 후로 더 뜨겁게 투표권을 행사하지. 투표 안 하는 걸 쿨하게 생각하는 잘못된 유행에 말려들지 않아서 다행이야. 작은딸은 우리 사회 젊은 세대 프로들처럼 적절하게 정치적 성향을 드러내지 않으려 노력하지. 일상 대화에서는 정치나 선거 주제에 거리를 두는데, 그 과정에서 자기 성향이 드러나지 않을까 우려되어서일 거야. 비밀 투표 원칙을 완벽히 고수하면서 부모와 부부 사이에도 투표 선택을 절대 밝히지 않는데, 젊은 세대의 당당한 정치 독립 선언이라 볼 만하지.

  22세기까지 살 너희들의 정치 참여 문화는 달라지겠지? 정치에 관한 이야기가 삶에 관한 이야기처럼 자연스러워지기를, 성향이 드러날까 봐 우려하는 분위기가 없어지기를, 정책에 관한 소신을 밝히는 데 주저함이 없기를, 편 가르기 당할까 봐 걱정하지 않게 되기를 바라. 너희에게도 특정 정치인이 매력적으로 다가올 거야. 정치인도 일종의 셀럽이라서, 그런 현상은 자연스럽지. 매력적으로 다가오는 정치인을 후원하고 격려하면서 정치 관심이 높아지면 아주 좋은 현상이지. 어떤 경우에나, 투표는 너에게 주어진 최소한의, 그리고 가장 강력한 정치 행위야. 투표만큼은 꼭 해. 어떤 정치인을 지지하든, 어떤 정당을 지지하든, 어떤 정책을 지지하든. 투표 한 장으로 세상을 바꿀 수 있거든.

금기가 없어지는 세상이 올까? 그럴 리가!

"결혼을 하는 좋은 이유는? 섹스에 대해서 눈치 안 보고 얘기할 수 있다는 것이지." 30여 년 전 『나의 테마는 사람, 나의 프로젝트는 세계』(1995)에서 '섹스와 정치' 장에서 내가 썼던 말이야. 말의 족쇄가 답답했지. 섹스에 관한 이야기뿐이야? 정치에 대한 말 봉쇄도 심각했지. 어둡고 갑갑한 시대였어.

지금은 달라졌을까? 일견 개방적인 분위기가 됐어. 성에 대한 인식이 넓어졌고 결혼제도에 대한 인식도 다양해졌지. 일찍부터 성교육을 하고, 혼전 순결이라는 말 대신 피임을 가르치고, 섹스의 즐거움과 그에 따르는 책임감을 가르치고, 결혼은 선택이라는 인식 속에 비혼과 동거의 선택이 자연스럽고, 이혼과 재혼에 대해 기꺼이 축복해 주는 분위기가 우세해. 민주공화국의 헌법적 가치가 뿌리내리고 선거를 통한 정권교체가 여러 번 일어나면서 정치적 자유에 대한 개념도 넓어졌고 정치적 논쟁도 훨씬 더 자유스러워졌어. '표현의 자유'라는 말이 요즘처럼 대세가 된 적이 없다고 할 정도야.

하지만 그렇기만 할까? 너희들 세상은 훨씬 더 복잡해. 개방적인 듯하면서 더 배타적이기도 해. 포용의 논리보다 배제의 논리가 기승을 부려. 보호라는 미명으로 교묘한 차별 상황도 많이 생겨. 눈치 보지 않고 살게 된 것 같지만 눈치 볼 일은 더 많아져. 주장은 자유로워졌어도 소통은 오히려 더 안 돼. 논쟁을 부추기기만 하고 토론을 통한 합의는 어려워. 자유라는 이름으로 편을 나눠서 혐오와 증오 심리에 사로잡히기도 해. 갈등이 심해지고 모순이 더 증폭되기도 해.

입맞춤과 스킨십과 섹스 장면 묘사가 대담해진 이 시대, 섹스에 관한 이야기를 서슴없이 하는 이 시대, 그런데도 한 편으론 '몰카'와 '딥페이크' 같은 성범죄가 극성을 떠는 이 시대, '미투' 운동에도 불구하고 여전히 끊이지 않는 권력형 성범죄, 고전적 성 산업이 쇠락하는 추세에도 신종 매매춘 기법이 다양해지는 이 시대, 동성 결혼을 합법화하는 세계적 변화 속에서도 여전히 퀴어 축제조차 불허하자는 주장이 사라지지 않는 시대, 이런 모순이 너무 혼란스럽지 않아?

정치는 점점 더 맹목적 대립과 혐오 문화에 찌들어가고 있어. 치열해지는 경제 전쟁 속에서 각자도생과 자국 우선주의가 거세지는 와중에 극우화가 기승을 부리고, 이 분위기를 틈타 혐오와 갈등 조장 전략이 정치 최전선에 두드러지지. 유튜브와 SNS가 혐오와 분열 조장에 강력한 도구를 제공하는 것도 사실이야. 편 가르기, 편 먹기, 상대편 조롱하기, 증오하기, 폄훼하기 현상이 극성을 떨지. 역사적 사실마저 왜곡하고 개인의 인격을 말살하면서까지 이런 짓이 벌어질 때면 인간성에 대한 근본적인 회의가 들어. 인터넷 공간에서 벌어지는 언어폭력을 보면 '정말 큰 일이야!'라는 말이 저절로 나올 정도지. 언어폭력은 결국 물리적 폭력으로 이어질 수 있으니 정말 위험해.

섹스와 정치라는 주제에 벌어지는 현상은 공통점이 꽤 많아. 위선과 가식이 횡행하고, 권력의 향배에 따라 역학이 달라지고 편을 나누고 기만적인 행태가 난무하지. 참 어렵고 힘든 시대야. 너희는 부디 이런 위선과 기만을 벗어나기를 바라. 섹스에 대한 위선이 성문화의 타락을 낳고, 정치에 대한 기만이 사회의 추락을 낳거든. 정직해지자고, 솔직해지자고. 서로의 본능과 욕망을 인정하자고. 더 건강한 성문화와 정치문화를 즐겨보자고.

여러 전제가 있겠지? 누구나 성적 본능이 있다는 것, 누구나 성적 해소가 필요하다는 것, 남녀노소를 가리지 않고 누구나 성 이야기를 자연스럽게 발화할 수 있을 것, 섹스에 대한 본능적 관심을 누르지 말 것, 섹스란 인간 생명력을 축복하고 생의 기쁨을 누리는 것임을 인정하는 것 등. '정치를 혐오한다면서도 정치권력에는 납작 엎드려야' 같은 위선이 없어질 것, 슬기로운 인간 생활을 위한 정치의 순기능을 추구할 것, 정치 참여가 일상이 될 것, 정치의 본분에 대한 공감대를 넓힐 것, 현실 정치를 깨끗하게 만들 구조적 해법을 고심할 것 등.

섹스와 정치만이 사회적 금기의 주제는 아니지. 인간이 만드는 금기 주제는 어리석도록 많아. 종교, 인종, 다문화, 통일, 동성애, 결혼, 동물권, 성평등, 나이와 신분 등. 그뿐일까? 옷 문화, 식문화, 스킨십 문화, 노출 문화, 언어문화, 풍자 문화, 프라이버시 등 주제에 대해서 금기시하는 건 참으로 많지.

사회적 금기가 없어지는 날이 올까? 쉽지는 않을 거야. 인간 사회의 어리석음이란 때로 너무 깊고 넓게 퍼지니까. 그래. 나는 순진하지는 않아. 금기가 없어지지는 않을 거야. 차별과 갈등을 유발하고 서로를 적대시하는 주제를 일부러 만들지도 몰라. 하지만 편견과 선입견을 줄이는 세상은 가능하다고 믿어. 모든 인간의 욕망은 동등하며, 남녀노소와 인종과 종족과 특정 국민을 가리지 않고 동등한 권리를 누리고 그에 대한 책임을 지는 것임을 인정하는 세상은 가능해. 정치란 갈등을 예방하고 조정하는 지혜가 될 수 있고, 차이는 있어도 차별은 없어져야 하고, 갈등이 있더라도 혐오는 없어져야 한다는 것에 대한 합의를 이루는 세상은 가능해. 희망도 없이 살 수는 없잖아?

변화에 대한 희망의 힘

"언제 현실 정치에 참여하게 될지 모른다, 그 가능성을 배제하지 말고 활동해라!" 후배에게 자주 하는 말이야. 이런 마음으로 일하면 자기 일에 부여하는 의미가 꽤 달라져. 너희가 어떤 분야에서 일하게 되든, 일하다 보면 다음과 같은 네 가지 단계를 거치게 될 거야.

첫째 단계. "이건 내 실력의 문제야. 그러니 열심히 실력을 닦자." 전문가의 정직한 태도이지. 이런 마음으로 열심히 공부하고, 인턴으로 훈련하고, 아르바이트도 하고, 일자리 얻고, 열심히 프로젝트에 참여하고, 실력을 쌓고 인정받아서 드디어 팀장의 위치에 올라 프로젝트에 매진하지. 어떻게 보면 일 자체에 몰입하는, 가장 행복한 단계지.

둘째 단계. "이건 내가 아니라 회사의 문제. 윗사람의 문제. 보스의 문제야. 그러니까 조직을 바꿔보자." 뭔가 헝클어지고 목표가 꺾이고 특히 납득하기 어려운 이유로 좌절하는 일이 잦아지면 찾아오는 인식이지. 의사결정 구조, 업무 우선순위, 인사 배치, 조직 구성의 문제 등 조직 문화를 바꾸려고 노력하게 돼. 머리가 복잡해지지만, 그만큼 훅 자라는 단계야.

셋째 단계. "아니야, 이건 정책의 문제야. 그러니 정책을 바꾸자." 외부 변수에 좌우되는 일이 자주 생기면 바깥을 보게 되지. 관련 법 제도 규정을 검토하다 보면 볼수록 속이 터져. 게다가 발주, 예산, 기준에 대한 관련 정책들이 얼마나 허술하고 변화에 대응하고 있지 못한지 알게 돼. 그래서 정책 제안도 하고 관련 공무원, 정치인을 열심히 설득하는 노력도 하지. 이런 과정에서 네트워크가 넓어지고 세상 돌아가는 이치도 더 잘 보이게 돼.

넷째 단계. "아니야, 아니야. 이건 정치의 문제야! 정치를 바꿔야 해." 드디어 각성이 와. 정책 제안을 해도 소극적인 공무원들이 움직이지 않고, 정치인들은 표가 되지 않을 것 같으면 꿈쩍도 하지 않고 하세월로 시간 보내는 걸 지켜보다가 그나마 가졌던 희망조차 와르르 무너지지. 어디서 돌파구를 찾아야 할까, 속을 끓이지. '이거 직접 나서야 하는 거 아냐?' 의문표가 찾아오는 단계가 되는 거야.

　물론 꼭 이런 단계로 진행되는 것은 아니야. 여러 깨달음이 한꺼번에 오기도 하고, 건너뛰기도 하지. 한 단계에서 갖은 노력을 투입하다가 실망과 좌절을 거듭하면서 아예 분야를 떠나기도 해. 정치를 바꿔야 한다는 생각이 들어도 당장 직접 나설 수도 없지. 기대되는 정치인을 후원하고 선거를 지원할 수도 있어. 요즘 유행하듯, 정치인 팬 사이트에서 활동할 수도 있지. 정책 토론이 펼쳐질 때 SNS를 통해서 자기 의견을 밝힐 수도 있어. 그러다가 직접 참여의 기회가 찾아올 수도 있어.

　'정치란 변화에 대한 희망'이야. 정치에 대한 나의 으뜸 정의야. 좋은 변화에 대한 희망을 잃지 않게 하는 게 정치의 본질이지. 세상에 좋은 변화를 불러오는 유일한 힘은 아니더라도, 가장 효과적인 힘이 정치라 정의하는 거지. '좋은 변화'가 어떤 것인지에 대해선 계속 고민해. 나의 좋음과 사회의 좋음이 어떻게 같이 갈 수 있는가를 계속 고민하지. 권력의 자리에는 별 관심이 없지만, 그 자리에 있다면 어떤 일을 해야 하는지 끊임없이 생각하지.

　열심히 너 자신의 역량을 변화시키려고 일해. 열심히 회사를 변화시키려 노력해. 열심히 정책을 변화시키려는 제안도 해봐. 열심히 정치를 바꾸려는 궁리도 해봐. 그러다가 이윽고 현실 정치에서 무언가 너의 역할이 떠오르면 마다하지 마. 정치를 통해 일으킬 수 있는 좋은 변화가 무엇인지 궁리하고 토론하고 탐색해 봐. 네가 하고 싶은 그 일을 하기 위해 필요한 권력이 어떤 것인지 생각해 봐. 일하는 게 훨씬 더 뜻깊어질 거야. 너의 일에 사회적 의미, 정치적 의미, 문화적 의미, 역사적 의미가 드리워지는 거거든.

정치란 남의 일이라고? 정치 유전자를 가진 사람이나 하는 거라고? 정치는 꾼이나 하는 거라고? 아니, 그렇지 않아. 지금 광장에서 울고 웃으며 만나는 너희들에게 어떤 기회가 다가올지는 누구도 알 수 없어. 바로 그때, 변화에 대한 희망의 힘을 발휘해! 희망은 힘이 세.

12장

소녀와 엄마와 '함니'

인생이란 첫 경험의 연속이야!

내가 지금 너희의 미래를 걱정하면서도
백 년 인생을 즐기기를 축복하듯이,
너희도 너희 손녀딸 세대의 미래를 걱정하면서도 축복해 주렴.
삶을 이어가고 일상을 이어가는 것이야말로 기적이야.

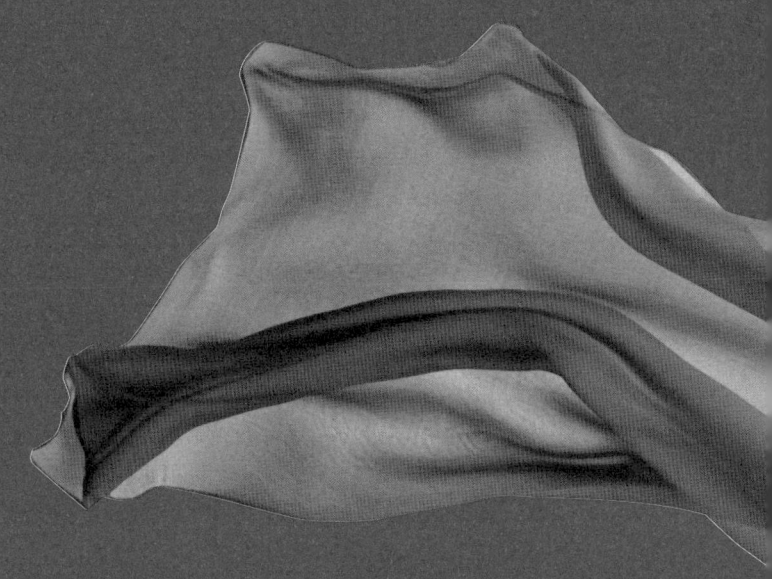

다니와 여름이 이야기

인생이 선사하는 완벽한 기쁨의 순간들

한 살 여름이가 딸기를 처음 맛봤을 때의 표정은 압권이었다. 순수한 놀라움, 완벽한 기쁨. "세상에 이런 맛이?" 바로 그 표정이었다. 아직 몇 단어 못 할 때였는데 바로 "딸~끼!"라 부르짖었다. 아침에 잠 깨고 방에서 나오면서 "딸~끼, 딸~끼"라고 소리쳐서 폭소를 터뜨리게 만들었다. 사과, 배, 단감을 처음 맛봤을 때도 좋아했지만, 딸기 맛은 천상의 기쁨이었던 모양이다. 역시 우리 과일 맛은 최고!

막 걷기 시작한 다니가 처음 물놀이할 때의 폭풍 열광은 놀라웠다. 평소 욕조에서 하는 물놀이를 좋아해서 아빠가 옥상에 간이 수영장을 설치했는데, 다니가 온몸을 불사르며 기쁨을 터뜨려서 우리는 모두 감탄했다. 물놀이가 저리 좋을까? 다음 해엔 처음으로 강화 바다에 갔는데, 개펄에 앉아 돌을 모으고 모래를 던지며 한참을 한마디도 없이 혼자 놀더니만 갑자기 "돌!"하고 말을 했다. 그 몰입의 순간에 무슨 깨달음이라도 얻었던 걸까?

이런 완벽한 기쁨의 순간이 우리 인생에서 얼마나 많이 또 자주 일어날까? 소녀로 살아가는 기쁨, 엄마가 되는 기쁨, 함니가 되는 기쁨에 더하여 인생 내내 일어날 첫 경험의 순수한 기쁨을 발견하는 인생이 되기를!

소녀는 별로였어, 엄마 된 건 좋았어, '함니'된 건 더 좋았어

모두 다 부러워하는 소녀 시절은 영 별로였어. 콤플렉스에 시달렸고, 차별에 분노했고, 굴욕감과 모욕감이 싫었지. 세상이 나를 이래저래 평가하는 게 싫었고, '○○답지 않다'라는 말에 자주 상처받았고, 미래 생각에 불안했고, 내 힘으로 할 수 있는 게 별로 없다는 무력감에도 빠졌지. 물론 꿈은 있었어. 이 세상 모든 아이처럼, '어른이 되면 뭐든 할 수 있을 거'라 생각했고, '자유롭게 살 수 있을 거'라 여겼고, '어디든 여행을 떠나리라!' 싶었지. 다행히 내 무력감을 달래줄 데를 많이 찾았지. 책 세계, 영화 세계, 음악 세계는 최고였어. 환상적인 모험을 할 수 있었고, 내 세계를 자꾸 넓히는 느낌이 좋았어.

'공부'는 유망한 비상구로 보였지. '내 손으로 벌어서 먹고살 거야!'는 열 살 소녀의 절박한 소망이었고, 열다섯에는 "1년 동안 공부만 할 거야!" 결단하고 독하게 지켰어. 건축과에 가겠다는, 그 시대로서는 과감한 선택을 하고 수년 동안 가슴에 품고만 있다가 대학 진학할 때 공개하자 주변에선 난리가 났었지. 그 반대를 뚫고 건축학과에 진학한 건 내 인생에서 가장 잘한 선택 중 하나였어. 잘 모르고 한 선택이 축복의 선택이 된 행운, 바로 그거였지.

엄마가 된 건 참 좋았어. 결혼은 독립하기 위한 좋은 탈출구라 여길 정도였지만, 아이를 키우는 건 꼭 해보고 싶었거든. 대가족 사이에서 자라서 아이들에게 지쳤을 법도 하련만 왜 아이 키우기를 그렇게 원했는지, 생각하면 이상한 일이야. 아가는 진정 기적이었지. 생명을 낳는 그 순간에 나 자신이 마치 신이 된 듯한 느낌이었고, 처음으로 젖을 물릴 때 자궁이 수축하는 느낌이 너무 신기했어.

창밖에 눈이 펄펄 날리던 날에 아가랑 둘만 있던 시간의 충만함을 기억하고 있어. 도와줄 사람 하나 없는 유학 중에 막내를 낳아서 막막한 중에도 최고의 순간이었지. 큰딸은 학교 가고 아빠는 직장 간 후에 눈이 소복소복 내리는 창밖을 바라보며 젖을 먹이는데, 아가와 완벽하게 홀로 있다는 느낌이 너무 좋더라. 한국에서 큰딸을 낳았을 때는 주변에 사람들이 많은데도 외려 더 외로웠어. 주변 사람들이 위해 준다면서 초보 엄마에게 던지는 무심한 잔소리들이 그리 유쾌하지 않았거든.

엄마 노릇은 힘들지만 언제나 좋았어. 두 딸은 일에 바쁜 엄마를 종종 시험대에 올리곤 했지. "엄마는 뭐가 제일 중요해?" 내 가치관을 시험했지. "학교에서 밥할 줄 아는 친구는 나뿐이야." 두 딸은 불만을 터뜨리곤 했어. 하지만 내 나름의 방식으로 엄마 노릇을 하려고 했지. 너희가 질색했던 '독후감 토론, 글짓기, 컴퓨터 숙제'는 대표적이지. 딸들아, 그때 싫어했던 훈련이 꽤 도움이 됐지? '발표 들어주기, 이력서 쓰기, 지원서 쓰기'를 도와줬었는데, 이제는 너희가 네 딸을 도와줄 차례지. 엄마 노릇은 수고롭지만, 더 큰 기쁨으로 돌아왔어.

그런데 함니가 된 건 더 좋았어. '손주는 예쁠 때만 봐도 돼서 더 예쁘다'는 속설은 확실히 맞는 말이야. 여름이는 외국에 살면서 어쩌다 서울에 오니까 더 반갑고, 다니는 아래윗집에서 사니 보고 싶을 땐 언제나 볼 수 있어서 좋아. 물론 경험치상, 엄마와 딸이 보내는 달콤한 시간을 아무 때나 방해하고 싶지는 않았어. 부모 자식의 온전한 관계를 훼방하는 함니 하삐는 되지 말자는 게 우리 커플의 소신이야.

아이 키우기는 인생살이에서 가장 에너지가 들었지만 그만큼 에너지를 얻는 일이었지. 아이의 눈으로 세상을 다시 살아 보는 건 참 신기한 기쁨이야. 이런 기쁨도 유전자가 자기 보존을 위해 우리에게 심어준 감정에 불과하다고? 그렇다 하더라도, 좋아. 나를 닮은, 그러나 분명 다른 꼴의 인간이 다양한 상황에서 새롭게 세상을 발견하는 모습을 보는 건 아주 신기한 체험이야. 아, 이렇게 비슷하구나! 아, 이렇게 다르구나! 아, 이렇게 더 근사해지는구나!

내가 엄마 노릇, 함니 노릇을 예찬한다고 해서 너희가 꼭 엄마가 되고 함니가 되어야 한다는 뜻은 결코 아니야. 엄마 되기를 망설이는 이 시대의 수많은 여성의 괴로움을 너무 잘 알거든. 엄마 노릇하기 훨씬 더 힘들어진 이 시대의 사회적 압력을 잘 알겠거든. 일하는 엄마의 숨 가쁜 일상이 힘들 뿐 아니라, 자신이 겪는 삶의 힘듦이 미래의 아이에게 되풀이되는 걸 보고 싶지 않다는 심정을 알겠거든. 엄마 되기란 이 시대에 참으로 어려운 선택이고, 엄마 하기란 참으로 어려운 과제니까. 어떤 삶을 택할지는 온전히 너희 몫이야.

딸과 엄마의 끊어지지 않는 탯줄

'친구 같은 엄마, 친구 같은 딸, 자매 같은 엄마와 딸?' 드라마나 광고에서 이런 카피가 무척 많이 나오지. 엄마와 딸이 친구 같고, 자매 같다고? 좋은 말처럼 들리지만, 진실은 아니야. 엄마와 딸은 어디까지나 엄마와 딸이야.

딸과 엄마 사이의 복잡한 감정, 애착, 사랑, 갈등, 싸움, 화해의 여정을 그리는 작품들이 무척 많은데, 그중에서도 「가을 소나타」(잉마르 베리만 감독, 1978)는 고전 중 고전이야. 마치 우리의 김혜자처럼 완벽한 엄마일듯한 고전적 외모의 잉그리드 버그먼이 엄마 역으로 나오는데, 복잡한 감정을 기막히게 표현하지. 딸이 내뱉는 다음 대사는 딸과 엄마 사이에 일어날 수 있는 운명적인 갈등을 날카롭게 읊어내.

"엄마와 딸…. 감정과 혼란, 파괴의 최악의 결합이네요. 모든 것이 가능하고 모든 게 사랑과 걱정이라는 이름으로 정당화되죠. 엄마의 상처를 딸에게 물려주죠. 엄마의 실망에 딸들이 보답해야 하고, 엄마의 불행은 딸의 불행이에요. 잘리지 않은 탯줄이에요. 그래요? 딸의 불행이 엄마의 행복인가요? 내 슬픔이 엄마의 기쁨인가요?" 딸은 자신의 상처에 보복하듯 독하게 엄마를 할퀴는 말을 쏟아내지. 세계적 피아니스트면 뭐해? 곁에 있어 줬으면 할 때 없던 엄마. 혼자 있고 싶다는 말로 다가서는 딸을 내치던 엄마, 딸의 피아노 솜씨를 가차 없이 지적하던 엄마 등, 딸의 마음속 엄마의 이미지는 전통적인 엄마의 모습은 결코 아니야.

나는 이 영화를 유학 첫해에 이웃 학교인 하버드대학에서 특별 상영한다고 해서 늦은 가을밤에 친구랑 가서 봤는데, 보면서 은근히 찔리더라. 두 살 큰딸을 서울에 잠시 떨어뜨리고 왔던 때였거든. 아마도 내 인생에서 잉그리드 버그먼 같은 엄마로 비칠 가능성이 농후하다고 생각하며 예방주사를 맞는 심정이었지. 자기 존재를 추구하는 여성 인간과 전통적 엄마 역할을 의식하는 여성 사이에는 수많은 갈등이 있게 마련이니까.

딸과 엄마의 관계는 아들과 엄마와의 관계와 확실히 다를 거야. 나는 아들이 없어 다행이라는 생각을 가끔 했어. 아들에게서 남편보다 더 나은 뭔가를 바라는 엄마, 아들의 잘남을 끝없이 자랑하고 싶어 하는 엄마, 다 자란 아들을 치마폭 안에서 과잉보호하는 엄마의 모습을 볼 때 질색했거든. 아들의 인간적 자립을 방해하는 엄마를 보는 건 아주 괴로워. '내가 아들을 키웠으면 아주 근사한 남자 하나를 세상에 내보냈으리라' 농담했지만, 과연 그럴 수 있었을지 의문스러워. 인간적 자립을 강조하는 엄마에게 불만을 토하는 아들도 많이 봤으니까.

「마더」(봉준호 감독, 2009)에서 엄마 김혜자의 자폐증 아들에 대한 맹목적인 보호 본능은 진저리가 날 정도였지. 아들 대신 범인으로 잡힌 청년을 찾아간 김혜자가 "너, 엄마 없어?" 하면서 피눈물을 삼키는 모습은 너무 처절했어. 아들을 구하려 살인까지 마다하지 않는 엄마, 그러고 나서 그 엄마가 관광버스에서 광기의 춤을 출 때 다 미쳐버릴 것만 같았지.

　아버지와 아들의 관계는 가부장제의 고약한 딜레마를 보여주곤 하지. 아들에게 아버지는 역할 모델이자 승계할 대상이자 이겨낼 경쟁자야. 그래서 아버지는 아들에게 한없는 기대로 당근도 주고 채찍도 휘두르지. 아들은 그 기대에 부합하느라 격려도 받지만 때로는 죽을힘을 다하느라 스트레스를 받지. 아들이 '아버지를 죽여야' 새 시대를 연다는 말도 있고, 차마 '아버지를 죽이지 못한' 아들의 한계를 표현하는 말도 있어. 역사적으로 권력자 아버지와 아들 사이에서 벌어진 비극은 처연하지. 우리 역사 속에서도 태종과 세종 사이의 역학, 영조와 사도세자 사이의 비극 등, 부자간에 일어나는 파워게임은 무서울 정도야.

　적어도 딸과 엄마 사이에서는 파워게임은 없지 않나? 여성이 세속적 권력의 주체가 아닌 경우가 많으니 말이야. 다만 미묘한 심리적 관계가 형성되는 건 확실해. 닮은꼴인 딸에게 자기 운명을 물려주지 않으려 기를 쓰는 엄마, 그런가 하면 운명처럼 딸에게 자신의 닮은꼴 삶을 물려주는 엄마, 그래서 딸은 반발하고 거부하고 저항하고 반항하고 적대적인 감정에 사로잡히고 그로 인한 죄책감에도 사로잡히지. "왜 엄마는 그렇게 살아? 왜 그렇게 살았어? 왜 그리 바보 같았어? 왜 나한테 그 많은 걸 바래? 왜 나한테 엄마 불행을 보상받으려고 해? 나는 엄마 대신 행복해지는 존재가 아니야. 엄마가 저지른 일을 내가 감당해야 해?" 등. "왜 너마저 나를 따라 하는 거야? 너는 나처럼 되면 안 되지. 꼴 좋다. 내 그럴 줄 알았다. 엄마 말 들어서 손해 볼 일 있니?" 날 선 감정과 말들이 오가는 거지.

나도 엄마한테 엄청나게 못되게 군 적이 있어. 대학 시절이었어. 시아버님이 돌아가셨는데, 당시엔 집에서 상을 치르니 엄마는 상주로 온갖 궂은일을 도맡아 하다가 허리가 망가져서 꼼짝하지 못하게 됐어. 중풍으로 누워계시던 시어머님까지 모셨으니 배겨낼 수가 있었겠어? 그때 나는 "엄마 그렇게 살면 안 돼!" 하며 소리치곤 했어. 왜 나는 아픈 엄마에게 험한 말을 쏟아냈을까? 곰곰이 내 심리를 들여다보니, 엄마가 걱정된 것도 있지만 엄마가 짊어진 짐 때문에 나까지 힘들어지는 게 너무 싫었던 거야. 언니 오빠는 결혼했고 내가 집에서 제일 큰 자식이었으니까 안팎으로 스트레스가 심했거든. "아니, 사람이 엄살도 피우며 일을 좀 줄여야지, 왜 몸까지 버려가며 멸사봉공하냐고? 엄마 건강이 집에서 제일 중요한 거 몰라? 엄마 스스로 안 챙기면 누구도 못 챙긴다니까." 이보다 더 심한 소리도 서슴지 않았지.

내가 못되게 굴었던 덕분인지 엄마는 내 눈치를 보면서 그나마 몸보신에 좀 더 신경 쓰게 되긴 했어. 딸의 역할에는 가끔 엄마에게 못됐다는 얘길 들을 정도로 직언하고, 잔소리하고, 으름장을 놓는 것도 있는 거야. 사실 어느 집에서나 일어나지. 어렸던 딸이 성장하고 독립하고 자기 생각이 확고해지면서 힘의 균형이 달라지는 거지. 자연의 이치야. 나의 엄마도 그 이후 내 눈치를 볼 뿐 아니라 많이 의지하게 됐어. 상대적으로 사회적 힘이 있는 나는 아직 딸들보다 센 편이라고 자부하지만, 이윽고 딸들에게 의지하게 될 게 분명하지.

나의 못됨을 자책했는데 내가 영혼의 멘토로 삼는 박경리 선생의 이야기는 꽤 위안이 되었어. 박경리 작가는 아내와 딸을 버린 아버지와의 불화를 적나라한 글로 남겨서 적이 놀랐는데, 아버지에 대한 증오와 원한, 어머니에 대한 경멸과 연민 사이에서 딸은 얼마나 괴로웠을까? 박경리의 작품에서 엄마와의 갈등 장면을 읽다 보면, 서로를 못마땅해하면서도 또 애틋해하는 끊어지지 않는 탯줄의 질긴 운명을 느끼게 되지.

결론이라면, 이 세상에 완벽한 엄마는 없어. 엄마에게 바라는 모습은 아주 다양하지. '엄마다운 엄마'란 소설이나 드라마에서 있을 뿐, 엄마 역시 불완전하고 감정에 휘둘리고 욕망은 크나 역량은 부족한 하나의 인간일 뿐이야. 마찬가지로, 이 세상에 완벽한 딸도 없어. 딸에게 바라는 모습은 더 다양하고 복합적이야. 가능성이 크기에 기대도 더 커지지. 인간적 자립과 경제적 독립과 사회적 주체성이 강하길 바라면서도 가족을 이루기를 바라고, 개성이 강하면서도 엄마에겐 한없이 다정하기를 바라지. 하지만 이상적인 '딸다운 딸'이란 없고, 불완전하고 감정에 휘둘리고 욕망은 커도 역량은 부족한 하나의 인간이 있을 뿐이지.

딸과 엄마는 닮은꼴이지만 다른 꼴이야. 닮은꼴인데 다른 모습을 보일 때 흐뭇하고, 다른 꼴이라 생각했는데 문득 닮은꼴이란 걸 발견할 때 너무 신기하지. 딸과 엄마, 아들과 아버지는 동성이기에 동병상련하는 데가 많아서 생기는 현상일 거야. 각별하면서도 복잡한 사이가 되는 거지. 딸과 아버지, 아들과 엄마는 다른 성이면서 닮은꼴이기에 신기함과 감탄과 기대가 더 높아지는 관계가 되는 건지도 몰라. 아빠한테 '딸 바보', 엄마한테 '아들 바보'라는 말이 자주 붙는 건 이 때문일 거야. 다르면서 닮은꼴을 느끼니까 더 애틋해지는 거겠지.

딸 바보 아빠, 아들 바보 엄마가 다 자란 딸과 아들에게 거꾸로 애물단지가 되는 건 어쩔 수 없는 이치야. 아이들의 독립적 삶을 온전히 인정하지 못할 때 부모는 귀찮은 존재로 전락해 버리지. 부모의 마음을 알기에 부담감이 커지고 어쩐지 죄책감을 느껴서 더 피하고 싶어지는 관계가 되기도 해. 부모 자식 관계란 계속 변화하는 건데, 그 변화를 받아들이지 못하는 것은 근본적으로 각자를 독립적 주체로 보지 않고 '끊어지지 않는 탯줄 관계'로 여기기 때문이지. 채근과 격려의 잔소리, 지나친 사랑 표현도 아이들에겐 다 귀찮아져. "내가 알아서 해요!" 답이라도 하면 다행이지, 아예 묵살하고 무시해 버리는 일까지 다반사로 일어나지. 못된 자식이 되어버리는 순간은 누구에게나 일어날 수 있어.

내가 나의 엄마한테 좋은 딸이었냐고? 그럴 때도 있었겠지만 때로는 무척 못된 딸이었지. 내가 앞에서 자백한 못된 시기뿐 아니라 시시때때로 엄마를 계몽하려 드는 딸이었으니까. 내가 나의 아버지한테 좋은 딸이었냐고? 그럴 때도 있었겠지만 꽤 골치 아픈 딸이었을 거야. 아버지의 보수 성향에 정면으로 도전하고 논쟁을 마다하지 않는 딸이었으니까.

내가 엄마를 추억할 때 떠올리는 수많은 감탄부호에도 불구하고 엄마가 나한테 좋은 엄마이기만 했나? 그렇지만은 않았어. 엄마는 나름 모든 자식을 공평하게 사랑했지만, 뿌리 깊은 남녀차별의식을 극복하지 못해서 나는 시시때때로 상처받았지. 엄마의 오지랖은 나만 피곤하게 한 게 아니라 집안 전체를 피곤하게 만드는 때도 많았지. '울 엄마 같은 시어머니는 절대 안 만나고 싶다'는 농담도 했었어.

내친김에 '제도권 어머니mother-in-law'인 시어머니 얘기도 해볼까? '딸 같은 며느리'라는 말을 들으면 나는 오글오글해져. 성립되지 않는 말이니까. 왜 며느리한테 딸 역할을 기대하는 거야? 엄마와 딸은 성장의 시간 속에서 수많은 웃음과 눈물, 잔소리와 말다툼, 잠 못 드는 밤과 설렘을 공유한 관계인데, 그게 며느리와 시어머니 사이에 가능해? 어림도 없지. 딸과 엄마 사이에 흐르는 애틋함, 애련함, 자랑스러움, 깊은 믿음, 탯줄 감정을 이겨낼 수가 없지.

물론 도리로 얽혀진 고부 사이에도 정이 쌓이고 신뢰 관계가 맺어질 수 있어. 나와 시어머님은 서로 전혀 맞지 않는 인간형이었지만, 나는 오히려 그래서 좋았다고 생각하거든. 시어머님은 나의 대외 활동을 질투심과 부러움으로 기꺼이 인정하셨고, 나는 시어머님이 든든하게 버텨주심에 고마워했지. 시어머님이 나를 좋아했는지는 자신이 없지만 신뢰하고 의지하는 건 느꼈어. 오죽 신뢰했으면 치매가 깊어졌을 때도 나만큼은 항상 기억하셨다는 걸 나는 자랑하곤 했어. 이게 제도로 맺어진 고부 사이라면 충분하지 않아?

너희가 엄마가 될지 아닐 진 모르지만 우리는 모두 어떤 엄마의 딸이야. 닮은꼴 딸을 보면 신기해도 닮은꼴 엄마를 보면 어딘가 어색하기도 해. 엄마를 보면서 나의 미래를 보는 게 안심될 때도 있지만 은근히 걱정도 되거든. 엄마와 딸 사이에는 눈에 안 보이는 싸움이 계속될 수밖에 없어. 차라리 눈에 보이는 싸움으로 만드는 게 나을지도 몰라. 물론 눈에 안 보이는 싸움으로 내버려두는 게 나을 때도 있어. 참 어렵지? 정답은, 엄마가 엄마의 삶을 살았듯 너는 너의 삶을 살아가는 거야. 태어났을 때 우리 사이의 탯줄은 끊어졌거든.

인생은 '의외로' 멋지다! 나의 묘비명

한 인간의 인생관을 압축해서 보여주기로는 묘비명만 한 게 없지? 무게 잡는 것보다는 경쾌하고 신랄한 묘비명이 난 좋더라. 사실 묘비명은 자신이 쓰기보다는 다른 사람이 써주는 경우가 많으니까 남이 본 그 사람의 인생관이라 할 수 있겠지. '우물쭈물하다가 내 그럴 줄 알았지!'로 알려진 철학자 버트런드 러셀의 유쾌한 묘비명은 누가 썼듯 간에 썩 괜찮지 않아? '아름다운 이 세상 소풍 끝내는 날"이라는 천상병 시인의 묘비명은 그의 시구에서 따왔다는데 인생을 소풍으로 비유한 게 참 좋더라. 어쩌다 오게 된 소풍에 감사한 마음이 절로 들어.

우리 커플은 묘비명을 써뒀어. 아예 가족묘에 박아놨지. "인생은 '의외로' 멋지다." 어때? 몇 년 전에 시아버님 이장을 해야 하는 사정이 생겨서 가족묘를 장만했는데 비석에 써둘 묘비명이 필요해졌어. 쓸데없이 무게 잡지 않으면서도 우리의 철학을 보여주는 말이 무얼까 여러 날 궁리하다가 "『인생은 '의외로' 멋지다』 어때? 내 책 제목처럼 말이야"라고 말했더니, 남편이 "그거 좋다!" 하며 맞장구를 친 거야. 다른 어떤 말보다 우리 마음에 다가와서 결국 그리 정해졌어. 웃기지? 그런 묘비명을 쓴 사람은 우리밖에 없을 거야.

정말이야. 인생은 결코 항상 멋지지 않아. 어쩌다가 '의외로' 멋진 순간이 있을 뿐이지. 그 '의외로' 멋진 순간들이 인생을 멋지다고 여기게 만드는 거야. 나는 '인생은 고해'라는 정의로 시작해. 불교 철학이 스며들었는지도 모르지만 실제로 인생은 괴로움이 넘실대는 거대한 바다야. 생로병사의 이치 속에서 생명체로 생존한다는 것, 엄혹한 사회를 헤쳐가며 살아간다는 것, 사람과 부대끼며 관계를 맺고 살아야 하는 자체가 크고 작은 괴로움을 동반해. 나의 괴로움만이 아니라 다른 사람들이 겪는 괴로움까지 더해져서 괴로움을 키우지.

하지만 기쁨이 폭발하는 순간이 있지. 웃음이 터지고 흐뭇해지고 살아 있는 자체가 아름답다고 느껴지는 순간들 말이야. 그야말로 의외의 순간에 찾아와. 기대하지 않고 있을 때 찾아오는 기쁨은 우리를 더욱 기쁘게 만들지. 나는 너희들이 만날 '의외로' 멋진 인생의 순간이 벌써 부러워져. 얼마나 기쁠까? 얼마나 멋질까? 얼마나 아름다울까?

친구 하나는 봄이 되면 "봄꽃을 보고 싶어서 죽기 싫어!"라고 해. 맛있는 아롱사태 찜을 먹으며 "이 맛난 거 먹고 싶어서 죽기 싫어!"라고 하는 친구도 있어. 삶의 기쁨이란 그렇게 다채롭고 아무것도 아닌 것에서 다가와. 길섶에 핀 꽃, 서늘한 그늘을 드리워주는 가로수길, 어쩌다 들어간 작은 식당에서 만난 의외의 맛, 뭐가 그리 재미있는지 깔깔 웃어대는 아기, 주름진 노인이 가만히 보내는 흐뭇한 미소, 어디선가 들려오는 들어본 듯한 노래 등, 삶의 곳곳에서 하루의 그 어느 순간에 튀어나올지 모를 의외로 멋진 순간을 잘 포착해 보자고.

기찬 노래를 만났을 때의 짜릿짜릿한 기쁨을 나는 기억해. 영혼을 울리는 클래식이 줬던 떨림을 나는 기억해. 이승을 초월하는 듯한 판소리에 빠질 때의 전율을 나는 기억해. 바빠서 한동안 멀리했던 소설 읽는 기쁨을 몇 년에 한 번씩 다시 맞을 때마다 이야기의 마술에 빠져드는 기쁨이 너무 좋아. 멋진 영화의 대사에 반해서 보고 또 보면서 외우며 잠드는 순간이 너무 좋아. 지금도 새롭게 등장하는 인생 영화 속에서 삶의 이야기를 발견하는 기쁨이 너무 멋져.

너희의 삶에서 얼마나 많은 기쁨의 순간을 만나게 될까? 음악과 소설과 영화뿐이겠어? 춤과 공연과 스포츠, 공간과 도시와 자연에서 숨 막힐 듯한 감동의 순간이 다가올 거야. 맛있는 음식과 음료는 물론, 목이 탈 때 마시는 한 잔의 물, 땀 뻘뻘 흘린 후 만난 계곡의 물, 갑자기 불어오는 시원한 바람, 구름이 만드는 신기한 형상, 쏟아지는 폭우 뒤에 홀연히 떠오른 무지개 등, 인생의 멋짐은 '의외의' 순간에 네 앞에 다가올 거야.

두 살 여름이가 그네를 타다가 하늘을 발견했어. 짧은 혀로 "구듬 있어 구듬…". 파란 하늘에 하얀 구름이 떠 있는 풍경의 아름다움을 포착하며 자연의 마법에 걸린 순간이지. 앞으로 얼마나 많은 감격의 순간을 맞이할까? 감이 동하는 건, 정말 아름다운 순간이야. 부럽다. 살아 있음의 멋짐은 의외의 순간에 찾아올지니.

인생은 짧지만, 기억을 품은 인생은 길어

책과 음악, 영화, 노래와 같은 간접 체험도 좋지만, 인생 최고의 기쁨은 역시 직접 체험으로부터 비롯되지. "여행의 시간은 짧지만, 여행을 품은 인생은 길다"라고 『여행의 시간』(2023)에 쓴 발문을 많은 독자가 좋아하는데, 패러디하자면, "인생은 짧지만, 기억을 품은 인생은 길다"라고 할 수 있겠지? 직접 몸으로 경험했을 때 기억은 생생해지고 오래 남아.

여행의 시간이 각별한 기억의 시간으로 남는 것은 세 가지 이유 때문일 거야. 첫째, 새로운 경험이라는 것, 둘째, 온몸으로 체험한다는 것, 셋째, 시시때때로 떠올린다는 것. 평소와 다른 문물과 사람과 풍경을 만나니 모든 자극이 발동되지. 여행이란 근본적으로 걷기 행위이고 다리와 발바닥을 쓰면서 우리 온몸 곳곳을 쓰니 모든 감각이 작동하지. 시각, 미각, 후각, 청각, 촉각, 그리고 육감까지도(길을 찾고 위험을 피하고 흥미로운 걸 찾아내는 육감은 놀랍잖아?). 여행에서 벌어졌던 사건은 수시로 다시 생각나고 그 이야기를 곱씹고 다른 사람들과 이야기하면서 기억이 더 생생해지지.

기억이 어떻게 작동하는지에 대한 연구가 나는 너무 흥미롭더라. 컴퓨터가 아니라 생명체인 우리의 뇌가 작동하는 방식이 너무 신비로워. 내가 좋아하는 책 『통제 불능』을 읽으면서 나는 번쩍했어. 첫째, 뇌는 기억을 분산 저장한다는 거야. 사건일지처럼 파일 하나로 저장하는 게 아니라 뇌 여기저기에 쪼개서 저장한다는 게 너무 신기하지 않아? 뇌 곳곳이 담당하는 기능이 달라서 그런가 봐. 둘째, 그래서 기억을 떠올릴 때 사진기억처럼 고대로 기억나는 게 아니라 기억의 조합이 일어난다는 거야. 떠올리는 기억이 매번 똑같지 않은 이유지.

셋째, 기억이란 마치 강의 흐름에 갑자기 돌이 튀어나와 있을 때 주변에 급류와 회오리가 생기는 현상과 같다는 거야. 잔잔히 흐르던 물이 갑자기 흐름이 빨라지고 뱅뱅 돌다가 뚝 떨어지다 하는 것, 이것이 우리가 갑자기 특정한 기억을 떠올릴 때 일어나는 현상과 비슷하다는 거지. 기억의 급류를 일으키는 돌은 장면 하나, 생각 한 조각, 특정한 감정, 독특한 맛이나 냄새 같은 것인데, 우리 기억이 특정 자극을 받아서 돌발적으로 떠오르는 현상을 설명해 주지. 너무 흥미롭지 않아? 내가 어떤 기억을 떠올리는 이유는 바로 지금 일어나는 어떤 자극 때문인 거야. 과거와 현재가 이어지는 순간이지. 그렇게 깨어난 기억을 떠올리면 떠올릴수록 그 기억은 깊게 새겨지고 오래가는 기억이 되는 거지.

백 년이 긴 것 같지만 '일장춘몽一場春夢'이란 말처럼 순식간이라고 하지. 억겁億劫의 시간 속에서 인생 백 년이란 그야말로 눈 깜짝할 시간에 불과해. 그런가 하면 찰나刹那에 영원의 의미가 담길 수도 있어. 영원의 순간이란 말이 그래서 생기는 거지. 영화「첨밀밀」(진가신 감독, 1996)에서 연인이 마주하는 1분처럼, 온전히 집중하는 1분은 영원히 각인되는 순간이 되는 거지. 인생의 순간, 순간이 중요한 이유야.

인간을 인간답게 하는 기억, 영화 「블레이드 러너 2019」에서 생명과학자가 바로 이 점에 착안했지. 4년 시한부 생명인 인조인간에게 기억을 삽입하면 자신을 인간으로 알고 감정이 발생하고 그 감정으로 인해 더욱 기량을 발휘한다는 거야. 애착, 소망, 희망, 욕망 때로는 슬픔과 절망의 감정이 인조인간의 능력까지 잘 발휘하게 만든다면, 인간에 대해서는 더 말할 게 없겠지. 기억으로 인해 더욱 다채로워지고 더욱 깊어지는 감정과 생각은 인간의 잠재력을 한없이 키워줄 수 있는 거야.

이 책 역시 일종의 기억 사진첩이야. 사진이 아니라 글이라서 더 기억의 힘이 작동하겠지? 글을 쓰면서 나의 감정과 생각과 기억을 떠올리고 버무리며 그 감정과 생각과 기억을 더욱 그윽하고 깊게 만드는 거지. 실제로 글을 쓰면서 그동안 잊고 살아왔던 기억을 곱씹고 그동안의 내 인생에 드리운 영향과 지금 시점에서 다가오는 의미를 되새기게 되는 건 확실해.

기억 사진첩에는 여행의 기억이 가장 강렬하게 남을지도 몰라. 항상 새롭고 강렬하고 곱씹게 만드니까. 너희는 나보다 더 많은 지구별 여행을 할 거야. 내가 못 가본 남극에도 갈지 몰라. 너희는 달 여행은 물론 우주여행, 인터스텔라 여행까지 하게 될지도 몰라. 너희의 백 년 인생에 성간 여행이 가능하게 될지는 모르겠으나 「인터스텔라」 영화에서처럼 인류의 생존이 경각에 달할 정도로 지구가 황폐해진다면, 인간이 살 만한 다른 행성을 찾기 위해 별별 시도를 다 하게 되겠지.

자칫 과잉 관광이 지구별 환경을 망칠지도 모르니까, 관광이 아니라 여행을 해. 지구별 곳곳은 물론 우리나라 방방곡곡의 이야기를 맛봐. 내가 못 해볼 것 같은 북한의 방방곡곡까지 가보기를 바라. 무엇보다도 매일매일 일상에 여행의 시간을 끼워 넣어. 모든 일상의 오가기는 일종의 여행이거든. 내가 도시 여행을 최고의 여행이라고 하는 이유야. 다람쥐 쳇바퀴 같은 일상에도 잠시 잠깐 여행의 분위기를 불어넣을 수 있거든. 그러면 숨통이 트이지.

인생 자체가 여행이야. 소풍 같은 짧은 여행일지도 몰라. 우리는 기껏 백 년을 살고 기억을 쌓지만, 유전자를 공유하는 온 지구 사람의 기억을 우리는 공유할 수 있어. 나는 잠깐 있다가 가지만 인류가 쌓아가는 기억은 미래의 시간을 살아갈 후손에게 아주 소중한 기억으로 남을 거야. 나는 하나의 딸이지만, 이 세상의 수많은 딸과 앞으로 올 수많은 딸과 함께 기억을 공유할 수 있어. 내가 쓰는 이 책은 그 나눔을 위한 거지.

너희 인생에 직접 체험이 많을수록 기억의 순간은 더 많아지겠지? 무엇이든 많이 해봐, 해보지 않은 건 기회 닿는 대로 해봐. 다녀봐, 만나봐, 이야기해 봐, 생각해 봐, 느껴봐, 눈으로 보고 귀로 들어봐. 손으로 만지고 발로 걸어봐. 앉아보고 누워봐. 말을 걸고 질문을 해봐. 기억을 떠올리는 순간도 많이 만들어봐. 자기 전에 떠올리고 꿈에서 재생해 봐. 이야기로 엮어보고 글로도 써

봐. 이렇게 체험과 저장과 재생을 거듭하면서 너만의 기억, 너만의 이야기가 만들어질 거야. '의외로' 멋진 인생을 만드는 비법이겠지?

'귀엽다'는 소리를 들으면 이긴 거래

이 책을 읽는 너는 지금 소녀야? 엄마가 됐어? 함니가 되는 행운을 맞았어? 어떤 일을 해? 얼마나 많은 실패를 했어? 많이 도전해 봤어? 혼자 여행을 감행해 본 적 있어? 매일매일 걷고 있어? 너한테 맞는 운동법을 찾았어? 요리 재미를 맛보고 있어? 아예 부엌을 멀리 해? 맛집 잘 찾아? 책을 읽어? 시 한 구절 외워? 노래 한 소절 뽑을 줄 알아? 영화는 얼마나 봤어? 잠은 잘 자? 사랑에 빠져봤어? 눈물은 얼마나 많이 흘렸어? '의외로' 멋진 순간을 얼마나 만났어?

너희는 어떤 백 년을 살게 될까? 20세기 중반에 태어난 나는 아무리 오래 산들 21세기 중반이면 사라질 거야. 1995년에 광복 50주년 다큐를 보면서 뿌듯해져서 '광복 100주년 기념 다큐를 보면 얼마나 뿌듯할까? 꼭 보고 죽어야겠다!'라고 했더니, 친구들이 나보고 엉뚱하다며 폭소를 터뜨렸지. 못 이룰 꿈 같았는데, 요즘 같은 백 세 시대엔 이룰 수 있을 듯도 싶어.

바라는 것은, 내가 지금 너희의 미래를 걱정하면서도 백 년 인생을 즐기기를 축복하듯이, 너희도 너희 손녀딸 세대의 미래를 걱정하면서도 또 다른 백 년 인생을 축복해 주게 되는 거지. 삶을 이어가고 일상을 이어가는 것이야말로 기적이야. 백 년 후 너희 모습을 보면 얼마나 재미있을까?

그거 알아? '귀엽다'는 소리를 들으면 인생 성공한 거래. 어릴 때는 아무렇지 않게 듣던 '귀엽다'라는 말을 어른이 되어서는 여간해서 듣기 어렵지. 나도 그랬어. 십 대부터 '심각하다, 진지하다, 세다'라는 말을 주로 들었고 '무겁다, 심지어는 무섭다'라는 말까지 들었지. 좋다는 인상평도 '유쾌하다, 멋지다, 재미있다' 정도였어. 그러던 내가 '귀엽다'는 말을 듣게 된 거야. 어쩌다가? 처음에는 당황스럽다가 자꾸 들으니 재미있어졌어. 그리고 곰곰이 생각해 봤어. 왜 귀엽다는 말을 종종 듣게 된 걸까? 물론 요즘 귀엽다라는 말이 유행해서 그런 것도 있겠지. 그래도 들을 때마다 신선해.

우리는 언제 귀엽다고 할까? 나는 일 잘하는 사람을 예쁘게 보고, 유머러스한 사람을 멋진 사람으로 보는데, 귀여운 사람은 어떤 사람을 칭하는 걸까? 모든 생명체의 아기는 '귀엽게' 보이기 위해 설계됐다고 하지. 얼굴이 짧고, 이목구비가 작고, 포동포동하고, 살결 보들보들하고, 눈빛 반짝이고, 분홍색 입술에, 빨간 볼에, 아장아장 앙증맞으면 그저 앙 깨물고 싶어지지. 귀엽게 보이면 보살펴 주고 안아주고 놀아주고 사랑을 주고 싶어지잖아? 귀여움이란 어린 생명체의 생존 본능의 발현일 거야.

하지만 영원히 아기로 남아 있을 수는 없잖아? 어른이 되어 아기의 외모가 그대로 있다면 부자연스럽지. 그러니까 어른에게 귀엽다고 하는 건 외모가 아니야. 뭘까? 생각해 보면 아기의 귀여움도 외모에서만 오는 건 아니야. 태도와 마음과 영혼이지. 첫째는 태도, 호기심일 거야. 신기해하고 알고 싶어 하고 기뻐하는 모습이 너무 귀여워서 기분 좋아지지. 둘째는 마음, 호의와 선의일 거야. 아기가 다가올 때는 나에게서 선의를 느끼고 호감으로 다가오는 거잖아. 나를 좋아하는 사람을 싫어할 수는 없잖아. 셋째는 영혼, 아기에게선 근본적으로 인간으로 소통하고자 하는 에너지가 느껴지지. 나와 통하고 싶어 하는 거울 뉴런이 발동하는 게 확실해. 공감의 순간, 우리는 영혼이 통한다고 느끼지.

'귀엽다'는 말 한마디에 참 여러 가지로 의미를 부여하지? 나는 '귀엽다'는 말이 유행하는 현상에서 우리 시대의 소망이 느껴져. 서로에 대한 호기심을 발동하고 싶고, 호의와 선의를 나누고 싶고, 서로 에너지를 통하고 공감하고 싶어 하는 소망 말이야. 그만큼 아이의 귀여움과 같은 해맑은 태도와 마음과 영혼이 부족한 사회라는 뜻이기도 하고, 그만큼 서로의 보살핌과 사랑과 소통을 갈구하는 사회라는 뜻이기도 하고, 그래서 어쩌다가 그런 가능성을 발견하면 '귀엽다' 하면서 좋아하는 거겠지.

귀여움은 절대로 못 이긴다는 말도 맞아. 내가 귀엽다는 소리를 듣고 흐뭇해하는 게 이해되지? 이렇게 흐뭇해하는 자체가 귀엽지? 귀엽다는 말을 듣기 시작한 게 내가 할미가 되고 나서라는 건 우연이 아닐 거야. 손녀딸의 귀여움을 발견하며 나의 귀여움을 표현하는 방식을 새삼 발견했나 봐. 긴장을 풀고, 어깨에 힘을 빼고, 마음을 내려놓고, 있는 그대로의 나를 표현하는 데에 자연스러워졌던 거야. 너희는 귀엽다는 소리 들을까 봐 지레 겁먹지 말고 아이와 같은 자유로운 태도와 마음과 영혼을 마음껏 풀어헤치면서 살기를 바라.

첫 경험의 기쁨을 이어가는 힘

오늘이 첫날인 것처럼, 이 만남이 첫 만남인 것처럼, 이 순간이 처음 겪는 순간처럼 매일매일, 순간순간이 두근두근 설레면 얼마나 신나게 살 수 있을까? 하지만 이건 말도 안 돼. 만약 그렇게 산다면 조증躁症을 의심해 봐야 할지도 몰라. 계속 감정이 고조된 상태로 산다면 우리 몸이 버텨내질 못해. 계속 울증鬱症으로 산다면 그 우울감을 버틸 재간이 없듯이 말이야. 우리는 하늘 위에서 살 수도 없고 늪에 빠져서 살 수도 없고 땅에 발을 붙이고 살아야 하는 거지. 다만 가끔, 어쩌다가, 갑자기, 날아오를 듯한 느낌, 날개가 돋는 듯한 느낌, 여기가 천국인가 하는 느낌에 빠지는 거지. 놀랍고 기쁘고 황홀하고 신나는 기분이야.

그게 첫 경험의 느낌일 거야. '첫사랑, 첫 뽀뽀, 첫 키스, 첫 포옹, 첫 성 경험' 같은 내밀한 것만이 첫 경험은 아니야. 첫걸음마의 느낌을 기억하지는 못하지만, 첫걸음을 뗀 아기의 의기양양한 모습을 보면 나도 저렇게 스스로 놀라고 대견해했을 걸 짐작할 수 있지. 두발자전거를 처음으로 탔을 때의 폭발할 듯한 승리감을 기억해? 처음으로 운전할 때의 그 마구 뛰쳐나가고프던 자유로움을 기억해? 처음으로 수영할 때의 그 멋진 부유감을 기억해? "엄마, 나 봐! 아빠, 나 봐!" 소리가 절로 나오지. 경이로운 순간들이야.

우리 인생은 첫 경험의 연속이야. 내 첫 방, 첫 집, 첫 직장, 첫 월급, 첫 발표, 첫 합격, 첫 승진, 첫아기, 첫 프로젝트 등, 인생이 우연의 연속이고 보면 우리는 매일매일 첫 경험을 만날 상황에서 사는 거지. 길에서 마주치는 이름 모를 사람들, 가게에서 부딪칠 장면들, 카페에서 스치는 손님 등 예측 불가한 상황에서 한 시간 후, 하루 뒤에 어떤 일이 일어날지 몰라. 그 모든 게 첫 경험으로 다가오는 거지. 십 대 이십 대도 첫 경험이고, 삼십 사십 오십 대도 첫 경험이고, 육칠십 대도 첫 경험이야. 인생을 살아가는 자체가 첫 경험이지. 그래서 우리는 항상 서투를 수밖에 없어.

이 서투름, 낯섦, 막연함이 불안해서 우리는 빨리 익숙함을 만들어내고 그 익숙함 속에서 안정감을 느끼려 하지. 인간 활동의 대부분은 익숙해지고자 하는 눈물겨운 노력이라 해도 다름없을 정도야. 그런데 참 이상도 하지. 능숙해지고 숙련되고 노련해져서 익숙함이 자리 잡고 안정감이 생기면 어느새 심드렁해지고 싫증 나고 지루해지니 말이야. 변덕을 부리는 이 마음을 어떻게 할 거야?

그래서 기껏 삼 년 지속된다는 사랑 호르몬을 핑계 삼아 파트너를 바꾸고, 친구와 연인과 동료와 이웃과 친척까지 바꿔가며 살려 들지 몰라. 직장도, 집도, 사는 도시도 바꿔가며 새로운 경험을 찾아다닐지도 몰라. 효과가 있을까? 있을 수도, 없을 수도 있지. 이런 루틴이 반복되면 또 익숙해지고 상투적으로 느껴지고 또 지루해질 수 있으니까. 어떻게 지루함을 이겨낼 수 있을까? 사실 이건 나에게 인생 내내 큰 과제였어. 나를 분석해 보건대 가장 잘 못 참는 게 지루함과 반복이라고 판단했거든. 참을성과 끈기를 기르려는 노력도 기울였지만, 그보다는 스스로 동기 부여를 하려는 시도를 더 많이 했지.

그래서 나만의 프로젝트를 계속 발굴했지. 해내야 할 프로젝트가 있으면 기운이 솟잖아? 인생에는 수많은 프로젝트가 가능하지. 내가 설정하는 프로젝트일수록, 먹고사는 문제나 돈 벌기와 상관이 없는 프로젝트일수록 동기 부여가 잘되지. 일종의 '연애'라고도 할 수 있어. 사람과의 연애는 자칫 위험해지지만, 프로젝트와의 연애는 안전하고 또 영양가도 높거든.

너희도 첫 경험의 아찔한 즐거움을 이어갈 비법을 찾아봐. 사람마다 다를 테니까. 너만의 프로젝트를 구상하면서 너의 연애 감정을 인생 내내 이어가 봐. 첫 경험의 기쁨은 인생 내내 새로워질 수 있으니까.

에필로그

문을 열고 더 큰 세계로 나아가라!

이 책을 지으며 열두 개의 문을 열었다. 딸들이 하나하나 열게 될 마음의 문이자 세계로 통하는 문이다. 열두 대문을 다 열고 나면 딸들의 집은 훨씬 더 넓어져 있고 딸들은 더 큰 세계로 나아가 있을 것이다.

 문은 스스로 열어야 한다. 누구도 대신 열어줄 수 없다. 문을 찾아서, 손잡이를 돌려 밀고 열어서, 문밖 세계로 걸어 나가는 건 자신만이 할 수 있다. 주변에 있는 우리는 격려와 응원을 해줄 수 있을 뿐이다. 자신의 문을 찾아, 열고, 나가는 자체가 인생의 여정이다. 망설임과 서성임과 흔들림은 당연하다. 실수하고 상처 입고 낭패 볼 일은 수없이 많다. 하지만 그 실수도 상처도 낭패도 모두 인생의 한 부분이다. 인생은 직선이 아니다. 변화하는 리듬에 맞춰 다양한 스텝을 밟고, 의문표와 느낌표를 곳곳에서 만나면서 평생 자라는 과정이 인생이다.

미래를 살아갈 딸들은 내가 살아온 세계보다 훨씬 더 복잡하고 훨씬 더 위태롭고 훨씬 더 유혹 가득하고 훨씬 더 큰 세계를 살아갈 것이다. 어떤 놀라움과 어떤 슬픔과 어떤 기쁨을 만나게 될까? 내가 벌써 두근두근한다.

자기 안의 힘을 마음껏 쓰라! 힘을 낼수록 힘은 자꾸 커진다. 문을 열고 더 큰 세계로 나아가라!

다니와 여름이에게:
딱 한마디만 남긴다면?

이 책을 마무리하면서 뭔가 근사한 말 하나쯤 너희에게 주고 싶은데, 어떻게 딱 한 마디만 하겠니? 백 년을 살아낼 너희에게.

"짐은 질 수 있는 사람한테 온단다"라는 울 엄마의 말이 나는 그리 좋더라. 안팎으로 힘들어서 왜 나한텐 이렇게 일이 쏟아지냐며 하소연했더니 엄마가 무심코 던진 말이었어. 정신이 번쩍 나더군. 그렇구나, 내가 지는 짐은 내가 질 수 있어서 나에게 온 거구나! 나보다 훨씬 더 힘든 시절을 보낸 엄마 세대는 훨씬 더 무거운 짐을 짊어지고 살아왔는데, 이런 태도가 엄마를 버텨준 거였구나. 엄마의 말은 내내 나에게 힘이 됐어.

말의 힘은 커. 좋은 말은 주문과 같은 효과가 있어. 위로되는 말, 깨달음을 주는 말, 기쁘게 해주는 말, 힘이 되는 말이 있지. 삶의 단계마다 달라질 거야. 무심코 지나치던 말이 갑자기 사무치게

다가올 거야. 귀를 기울여 봐. 네 안에서 울리는 말을 잘 들어봐. 주문처럼 외워봐. 힘이 될 거야. 힘을 내면, 힘이 자라.

다니야, 여름아! 22세기까지 살아갈 너희에게 딱 한 마디만 한다면, 살아남아! 위태로운 운명을 맞을지도 모를 이 아름다운 지구별에서, 이 복잡다단하고 흥미롭고 '의외로' 멋진 세계에서, 이 험하고 끔찍하고 치열한 인간 세상에서, 찬란히 살아남아! 하기는, 이 책을 읽는 너희는 이미 살아남았지? 축하해! 살아남는 게 이기는 거야.

언제나 너희를 응원한다, 건투!

딸들에 관하여

초판 1쇄 인쇄 2025년 9월 9일
초판 1쇄 발행 2025년 9월 17일

지은이 김진애
펴낸이 김선식

부사장 김은영
콘텐츠사업2본부장 박현미
책임편집 차혜린 **책임마케터** 오서영
콘텐츠사업9팀장 차혜린 **콘텐츠사업9팀** 최유진, 노현지
마케팅1팀 박태준, 권오권, 오서영, 문서희
미디어홍보본부장 정명찬
브랜드홍보팀 오수미, 서가을, 김은지, 이소영, 박장미, 박주현
채널홍보팀 김민정, 정세림, 고나연, 변승주, 홍수경
영상홍보팀 이수인, 염아라, 김혜원, 이지연
편집관리팀 조세현, 김호주, 백설희 **저작권팀** 성민경, 이슬, 윤제희
재무관리팀 하미선, 임혜정, 이슬기, 김주영, 오지수
인사총무팀 강미숙, 이정환, 김혜진, 황종원
제작관리팀 이소현, 김소영, 김진경, 이지우, 황인우
물류관리팀 김형기, 김선진, 주정훈, 양문현, 채원석, 박재연, 이준희, 이민운
외부스태프 디자인 데일리루틴 **표지이미지** Tohamina(Freepik.com)

펴낸곳 다산북스 **출판등록** 2005년 12월 23일 제313-2005-00277호
주소 경기도 파주시 회동길 490 다산북스 파주사옥
전화 02-704-1724 **팩스** 02-703-2219 **이메일** dasanbooks@dasanbooks.com
홈페이지 www.dasan.group **블로그** blog.naver.com/dasan_books
종이 스마일몬스터 **인쇄·제본** 한영문화사 **코팅·후가공** 제이오엘앤피

ISBN 979-11-306-7111-6(03190)

· 책값은 뒤표지에 있습니다.
· 파본은 구입하신 서점에서 교환해드립니다.
· 이 책은 저작권법에 의하여 보호를 받는 저작물이므로 무단 전재와 복제를 금합니다.

다산북스(DASANBOOKS)는 책에 관한 독자 여러분의 아이디어와 원고를 기쁜 마음으로 기다리고 있습니다. 출간을 원하는 분은 다산북스 홈페이지 '원고 투고' 항목에 출간 기획서와 원고 샘플 등을 보내주세요. 머뭇거리지 말고 문을 두드리세요.